国家新能源汽车“十三五”重点规划
电动汽车系列教材

电动汽车概论

主　编　姜久春
副主编　时　玮　杜　欣　龚敏明

北京交通大学出版社
·北京·

内容简介

本书主要介绍电动汽车的基本知识。全书共分 6 章，主要包括电动汽车的概述、分类、总体设计、电机驱动系统、动力电池及管理系统、电气系统。全书内容新颖、系统性强、条理清晰。读者通过阅读本书，可以对电动汽车技术有全面、系统的了解。本书适合作为车辆工程专业、电气工程专业、机械工程专业和计算机等相关专业的教材或参考书，也适合汽车工程技术人员、电动汽车从业人员，以及对电动汽车感兴趣的读者阅读。

图书在版编目（CIP）数据

电动汽车概论/姜久春主编．— 北京：北京交通大学出版社，2017.3（2018.8 重印）
ISBN 978 - 7 - 5121 - 3139 - 2

Ⅰ．① 电…　Ⅱ．① 姜…　Ⅲ．① 电传动汽车—概论　Ⅳ．① U469.72

中国版本图书馆 CIP 数据核字（2017）第 015736 号

电动汽车概论
DIANDONG QICHE GAILUN

责任编辑：贾慧娟　　特约编辑：高　军　张瑞仁
出版发行：北京交通大学出版社　　电话：010 - 51686414　　http：//www.bjtup.com.cn
地　　址：北京市海淀区高梁桥斜街 44 号　　邮编：100044
印 刷 者：艺堂印刷（天津）有限公司
经　　销：全国新华书店
开　　本：185 mm×260 mm　　印张：13.25　　字数：331 千字
版　　次：2017 年 3 月第 1 版　　2018 年 8 月第 2 次印刷
书　　号：ISBN 978 - 7 - 5121 - 3139 - 2/U・255
印　　数：2 001～4 000 册　　定价：33.00 元

本书如有质量问题，请向北京交通大学出版社质监组反映。对您的意见和批评，我们表示欢迎和感谢。
投诉电话：010 - 51686043，51686008；传真：010 - 62225406；E-mail：press@bjtu.edu.cn。

电动汽车系列教材
编　委　会

前言

随着工业的快速发展，全世界在能源的供应和需求上存在严峻挑战，全球气候也面临巨大危机，这些因素使得电动汽车越来越受到人们的青睐。电动汽车成为汽车工业发展的趋势和方向，新能源汽车被确立为我国七大战略性新兴产业之一，在“十二五”规划中对新能源汽车产业提出“以纯电驱动为新能源汽车发展和汽车工业转型的主要战略取向，当前重点推进纯电动汽车和插电式混合动力汽车产业化，推进新能源汽车及零部件研究试验基地建设，研究开发新能源汽车专用平台，构建产业技术创新联盟，推进相关基础设施建设。重点突破高性能动力电池、电机、电控等关键零部件和材料核心技术，大幅度提高动力电池和电机安全性与可靠性，降低成本；加强电制动等电动功能部件的研发，提高车身结构和材料轻量化技术水平；推进燃料电池汽车的研究开发和示范应用；初步形成较为完善的产业化体系。建立完整的新能源汽车政策框架体系，强化财税、技术、管理、金融政策的引导和支持力度，促进新能源汽车产业快速发展。”规划明确指出全面实施电动汽车转型战略，重点支持电动汽车的技术研发。经过 2008 年北京奥运会、2010 年上海世博会、2010 年广州亚运会期间的成功示范，我国电动汽车从技术研发向产业化应用大步推进。

电动汽车涉及众多领域，包括机械、电子、电化学、控制等。为了配合和推动我国新能源汽车技术的深入研究和人才队伍的建设，目前迫切需要一系列新能源汽车相关的参考资料和教材。在这样的情况下，《电动汽车概述》作为电动汽车系列教材的第一部，以由浅入深的方式介绍了电动汽车的相关技术及知识，并结合北京交通大学电气工程学院新能源所在电动汽车科研及开发应用中多年积累的宝贵经验，重点讲述了电动汽车的电机驱动、电动汽车的动力电池系统和电动汽车的电气系统的基本工作原理。希望本书能为国内电动汽车领域的研发技术人员提供理论和实践的帮助。本书适合作为车辆工程专业、电气工程专业、机械工程专业和计算机等相关专业的高校师生在进行车辆控制开发、优化设计的研究和学习时的教材或参考书，也适合汽车技术人员、电动汽车从业人员，以及对电动汽车感兴趣的读者阅读。

本书由姜久春教授担任主编，时玮、杜欣、龚敏明老师担任副主编。在编写期间，得到北京交通大学电气学院新能源所的大力支持，研究生王艺钊、白璐瑶、林稚松、王煌等分别协助进行了书稿资料的整理和部分相关章节的编写工作，在此对他们的工作表示衷心的感谢。

由于作者水平有限，书中不妥之处，敬请各位读者谅解并提出宝贵意见，以便修订时予以纠正。

作　者

2016 年 12 月

目录

第1章

概　述

在现代社会，城镇和工业的快速发展大大增加了人们对交通工具的需求，并迅速导致石油、天然气等资源的大量使用，同时急剧增长的汽车尾气排放又给已经恶化的空气质量加以更大的伤害。近年来，全球能源与环境气候的矛盾日益严峻，尤其在发展中国家，这一问题表现得更为突出，能源安全和环境保护问题已经成为全世界汽车工业面临的共同挑战。令人欣慰的是“大力发展节能与环保汽车”的新能源汽车战略已被全球汽车工业广泛采纳，并引起了世界许多国家的高度重视。

本章重点介绍世界范围内的能源现状与新能源汽车的发展现状，回顾了电动汽车的发展历史，简要介绍了电动汽车的国内外发展现状、技术路线及发展趋势。

1.1　能源与交通运输的可持续发展

1.1.1　能源与环境

能源的生产与消费对于世界经济至关重要，无论是生产商品，提供运输，还是保障设备的正常运转等，几乎所有的经济活动都需要消耗能源。能源已经是工业时代和现代社会最重要的生产资料。世界能源通常分为一次能源和二次能源。一次能源是指自然界中以原有形式存在的、未经加工转换的能量资源，又称天然能源。一次能源又分为可再生能源（水能、风能及生物质能）和非再生能源（煤炭、石油、天然气、油页岩等），其中煤炭、石油和天然气是一次能源的核心，也是全球能源的基础。二次能源是指由一次能源加工转换而成的能源产品，如电力、煤气、蒸汽及各种石油制品等。

石油是传统汽车的主要动力来源，也是工业生产活动的必需品。根据 BP（英国石油）《世界能源统计 2015》显示，截至 2014 年年底，全球已探明的石油储量为 17 001 亿桶，以 2014 年的开采速度可开采 52.5 年。我们知道，已经探明的石油储量不能构成石油在地球中的总储藏量，在气候和开采条件适宜的地区，石油主要取自于地壳表层附近。然而其他的地区如西伯利亚和北美靠近北极的地区，尽管位于地壳下方的石油储量巨大，但由于气候条件恶劣及生态环保等问题，开采困难，也给地球石油总量的估算带来了一定的难度。R/P 值通常用来指示石油的可开采年数，R 表示埋藏量（reserve），P 表示生产量（production）。R/P 值自 20 世纪 50 年代起一直保持稳步上升，但随着石油消耗的快速增长，在 20 世纪 60 年代后的一段时期内，R/P 值下降到了 30 年，这意味着石油生产国的石油供应将不可持续，甚至会出现石油枯竭，因此直接导致中东地区实行突然紧缩的石油政策，并引发了第二次石油危机。

石油危机之后，随着开采技术的进步和已探明石油储量的不断增加，石油的可开采年数一直处于稳定的状态，R/P 值逐步稳定在了 40 年以上，但未来待发现的储油量是根据推测计算的，同时近期新发现的油田普遍开采条件较差，而且全球的石油消耗总量仍将继续增长。全球石油消费量在 1950 年为 5 亿 t，1980 年达到了 30 亿 t，2010 年则高达 40.3 亿 t。根据统计，世界一次能源总消费中，石油约占 34%、天然气占 24%、煤炭占 30%。虽然石油仍然是最重要的能源燃料，但是其所占的比例已开始连续下降。总体来看，世界范围内对石油资源的需求将维持年平均 1%左右的增速，而以中国为代表的发展中国家对石油资源的消耗呈逐年快速增加的趋势。值得注意的是，伴随着石油资源的大量消耗，大气中污染物的浓度和二氧化碳排放量也大量增加。由于发展中国家人口大量聚居且经济增速较快，因此这些国家的石油消耗增速远远高于发达国家和地区。快速增长的石油需求对发展中国家的石油供应保障能力提出了更高的要求，能源安全问题所带来的压力也越来越大，同时局部地区的环境压力已经对经济的可持续发展构成了严重的挑战。

表 1 - 1 列出了 1982—2014 年 BP 发布的世界原油可开采年数的相关数据，可以肯定的是，虽然面对人口问题和经济问题的双重压力，但是发展中国家正在努力解决能源消耗与环境污染之间的矛盾。表 1 - 1 中的数据反映了全球的平均水平，其中发达国家在石油生产和石油资源方面的资金投入巨大，然而发展中国家和地区拥有的仅仅是庞大的市场及消费能力，直接导致了发达国家与发展中国家之间石油资源市场的严重不平衡。此外，天然气等主要化石能源的情况也与石油十分相似。

表 1-1 1982—2014 年 BP 发布的世界原油可开采年数

年份	年末储量（R）/10 亿桶	年间生产量（P）/10 亿桶	可开采年数（R/P）/年
1982	725.6	20.9	34.7
1983	737.3	20.7	35.7
1984	774.4	21.1	36.7
1985	802.6	21.0	38.3
1986	907.7	22.1	41.1
1987	938.9	22.2	42.3
1988	1 026.7	23.1	44.4
1989	1 027.3	23.4	44.0
1990	1 027.5	23.9	43.1
1991	1 032.7	23.8	43.4
1992	1 039.3	24.1	43.2
1993	1 041.4	24.1	43.2
1994	1 055.6	24.5	43.1
1995	1 065.9	24.8	43.0
1996	1 088.7	25.6	42.6
1997	1 107.4	26.3	42.1
1998	1 092.9	26.8	40.8
1999	1 237.9	26.4	46.9
2000	1 258.1	27.4	45.8
2001	1 266.8	27.5	46.1
2002	1 321.5	27.4	48.3
2003	1 334.1	28.3	47.1
2004	1 343.7	29.7	45.3
2005	1 353.1	30.0	45.1
2006	1 363.9	30.1	45.2
2007	1 399.3	30.1	46.5
2008	1 471.6	30.4	48.5
2009	1 513.2	29.7	51.0
2010	1 621.6	30.4	53.3
2011	1 661.8	30.7	54.2
2012	1 687.3	31.6	53.5
2013	1 687.9	31.7	53.3
2014	1 700.1	32.4	52.5

1.1.2 交通与环境

交通运输是国民经济中的先行和基础产业，是制约经济与社会发展的一个重要因素。汽车作为被人们广泛采用的交通工具，主要以汽油、柴油或天然气等燃料作为能源。国际能源机构的统计数据表明，2001 年，交通领域的石油消耗占全球石油消耗总量的 57%，其中在美国交通领域的石油消耗占该国石油消耗总量的比重达到了 67%，预计到 2020 年，全球交通领域的石油消耗在全球石油消耗总量中的比重将持续上升至 62%以上。日本国立环境研究所的资料显示，1990—2008 年这一时期内，日本全国汽车的二氧化碳排放量占社会总排放量的比重已达 17%左右，仅次于发电行业。

我国的机动车保有量呈现出快速增长的趋势，从 2000 年的 1 607 万辆增长到 2010 年的 8 500 万辆，10 年间增长了 4.3 倍。与此同时，截止到 2010 年，我国每千人的汽车保有量仅为 60 辆，说明我国汽车增长的潜力很大。图 1-1 列出了中国 2005—2014 年汽车产销量和保有量的变化情况，我国已连续 4 年成为世界汽车产销第一大国。2012 年，我国汽车保有量超过 1.2 亿辆；2014 年年末，全国民用汽车保有量达到了 15 447 万辆，增长 12.4%，千人保有量达到 105 辆。综合各种预测，预计到 2020 年，我国汽车保有量将超过 2 亿辆，与 2014 年的机动车保有总量相当。随着汽车保有量的不断增加，汽车排放对环境污染的程度将进一步加大。

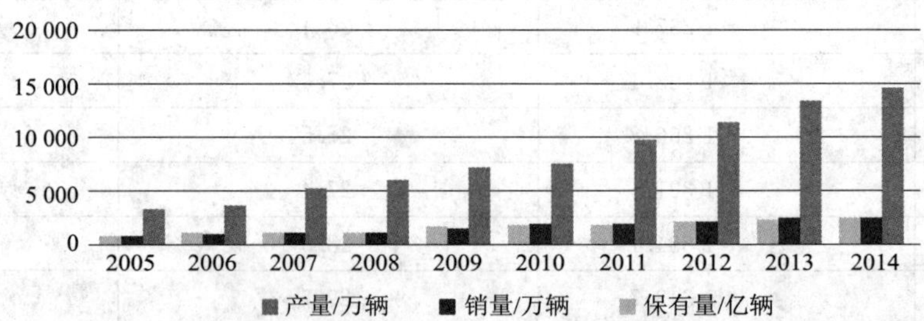

图 1-1　中国 2005—2014 年汽车产销量和保有量的变化情况

近年来，汽车尾气污染已成为我国空气污染的重要来源，也是造成灰霾、光化学烟雾污染的主要原因。传统燃油汽车在行驶过程中会产生大量的有害气体，汽车尾气排放的主要污染物为一氧化碳（CO）、碳氢化合物（HC）、氮氧化物（NO_x）、铅（Pb）、颗粒物（PM）及硫化物等，不仅会造成严重的环境问题，而且还直接对居民的健康造成影响。根据我国环保部公布的数据，按排放标准分类，达到国Ⅳ及以上标准的汽车占 10.1%，符合国Ⅲ标准的汽车占 51.5%，符合国Ⅱ标准的汽车占 15.7%，符合国Ⅰ标准的汽车占 14.9%，其余 7.8%的汽车达不到国Ⅰ标准。按环保标志分类，“绿标车”

占86.6%，高排放的“黄标车”仍占13.4%。尤其值得注意的是，随着机动车保有量的快速增长，我国的城市空气开始呈现出煤烟和机动车尾气复合污染的特点。由于机动车大多行驶在人口密集的区域，尾气排放将会直接影响群众健康。2012年，全国机动车排放污染物4 612.1万t，但4项主要污染物的排放总量与2011年基本持平，其中氮氧化物（NO_x）为640.0万t，颗粒物（PM）为62.2万t，碳氢化合物（HC）为438.2万t，一氧化碳（CO）为3 471.7万t。汽车尾气排放是4种主要污染物总量的主要构成来源，其排放的NO_x和PM贡献了总量中超过90%的比例，HC和CO贡献了总量中超过70%的比例。按车型分类，全国货运车辆排放的NO_x和PM明显高于客运车辆，其中重型货车是主要来源；而客车的CO和HC排放量则明显高于货车。按燃料分类，全国柴油车排放的NO_x接近该污染物汽车排放量总量的70%，排放的PM则超过汽车颗粒污染物排放总量的90%；而汽油车CO和HC的排放量则较高，超过排放总量的70%。按排放标准分类，仅占全国汽车保有量7.8%的国Ⅰ标准的汽车，其排放的4种主要污染物占排放总量的35%以上；而占保有量61.6%的国Ⅲ及以上标准的汽车，其主要污染物的排放量还不到排放总量的30%。按环保标志分类，仅占汽车保有量13.4%的“黄标车”却排放了各主要污染物总量中58.2%的NO_x、81.9%的PM、52.5%的CO和56.8%的HC。

2013年9月，国务院批准发布了《大气污染防治行动计划》，对大气中细颗粒物（$PM_{2.5}$）的治理工作提出了更高的要求，机动车污染的防治成为了关键措施。例如，在北京市全年$PM_{2.5}$的来源中，区域传输占28%～36%，本地污染源排放则占64%～72%。在本地污染源中，机动车、燃煤、工业生产和扬尘为主要来源，其中机动车所占比例约为32%。一方面，机动车直接排放细颗粒污染物$PM_{2.5}$；另一方面，机动车排放的挥发性有机物和氮氧化物等是$PM_{2.5}$中二次有机物和硝酸盐的“原材料”，而且机动车的行驶还对道路扬尘的产生起到了“搅拌器”的作用。汽车尾气排放已成为影响我国空气质量的突出因素，为此我国《大气污染防治行动计划》已经提出要加强城市交通管理，同时提升燃油品质，加速黄标车和老旧车辆的淘汰。

我国汽车的燃油消耗量十分庞大且增长迅速，根据BP发布的统计数据：截至2014年年底，中国石油探明储量为25亿t（折合185亿桶），仅占全球总储量的1.1%，储产比仅为11.9。由此可见，我国石油对外依存度畸高，2015年我国石油对外依存度高达60.6%。据预测，到2030年，我国石油消耗量的80%需要依靠进口。2012年全球原油进口额为16 966.12亿美元，同比增长5.5%。美国原油进口总金额为3 218.59亿美元，占全球原油总进口额的18.97%；2012年中国原油进口金额为2 207.94亿美元，进口总量为27 097.96万t，进口金额在全球石油总进口额中的占比为13.01%，是全球第二大原油进口国。2015年，我国进口原油3.34亿t，较2014年增长8.8%。我国于2001年年底加入世界贸易组织（WTO），自2002年之后的10年间，汽车保有量的快速增长推动了我国汽油和柴油需求规模的高速增长。2012 年，我国的汽油和柴油消费量分别达到了 8 684 万 t 和 16 972 万 t，同比 2001 年的 3 548 万 t 和 7 407 万 t，年均复合增长率分别为 8.48%和 7.8%。2014 年成品油的表观消费量达到了 26 928 万 t，相比 2012 年增长 5.0%。各种数据表明，汽车对石油资源的消耗既严重加大了我国石油的进口依存度，同时也带来了严峻的环境问题。一方面，我国在生产无法满足需求的情况下，通过石油贸易手段获取石油资源将消耗巨额的资金；另一方面，在汽车保有量持续增长的背景下，我国在汽车尾气治理和改善环境方面的资金投入势必会越来越高。

1.1.3 电动汽车的机遇

1. 机遇一：能量利用率必须提高

电动汽车是相对于内燃机汽车的一种汽车类型，它至少包含一种动力单元为车载电源，可以全部或部分由电能驱动。电动汽车的意义在于车载能源来自于电能而不是汽油、柴油等化石能源。电能驱动的电动汽车可以有效改善能源结构，也有利于解决汽车的能源替代问题，还可以降低尾气排放。据测算，将原油提炼成汽油、柴油并用于内燃机汽车驱动时，平均能量利用率仅为 12%左右。而且实际上，内燃机汽车的能量变换效率只是发动机单体的效率，汽油的能量仅 10%～15%转换为驱动力，停车的怠速、急加速、制动减速等行驶模式都增加了无效的燃料消耗，汽油的最终转换效率甚至在 7%以下。纯电动汽车即使仅使用燃烧重油发电，其能量经重油提炼、电厂热电转换、电力输配、电池充电和电机损耗等环节，在电机输出轴也可得到 20%左右的能量，所以电动汽车从原油到车轮驱动的能量转换效率要高于燃油汽车。若增加可再生能源的发电比例，电动汽车的能量利用率将显著增加。图 1－2 介绍了几种不同动力汽车的能量利用率。

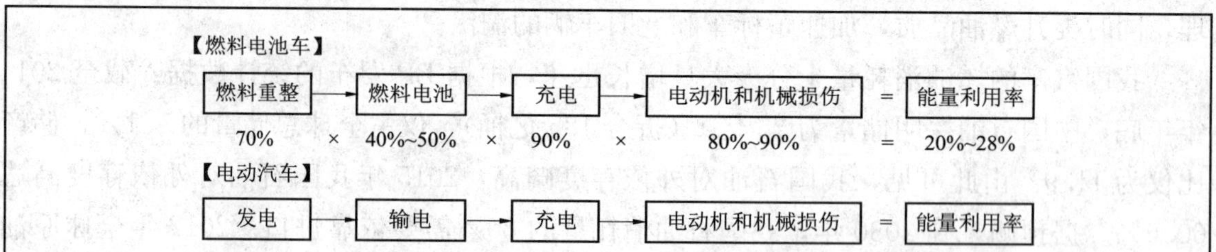

图 1－2　不同动力汽车的能量利用率

2. 机遇二：能源替代必须解决

世界汽车产业能否实现可持续发展，必须解决能源替代的问题，从图1-3可以看出，汽车的动力能源的选择具有可替代性，石油资源的紧缺使得以天然气与清洁电力为燃料的新能源汽车逐步取代传统内燃机汽车成为一个紧迫的需求。大力发展节能与新能源汽车，在降低汽车油耗的同时，加大天然气、生物质、电能、氢能等能源形式的使用力度，是汽车能源来源和发展战略的必然选择。

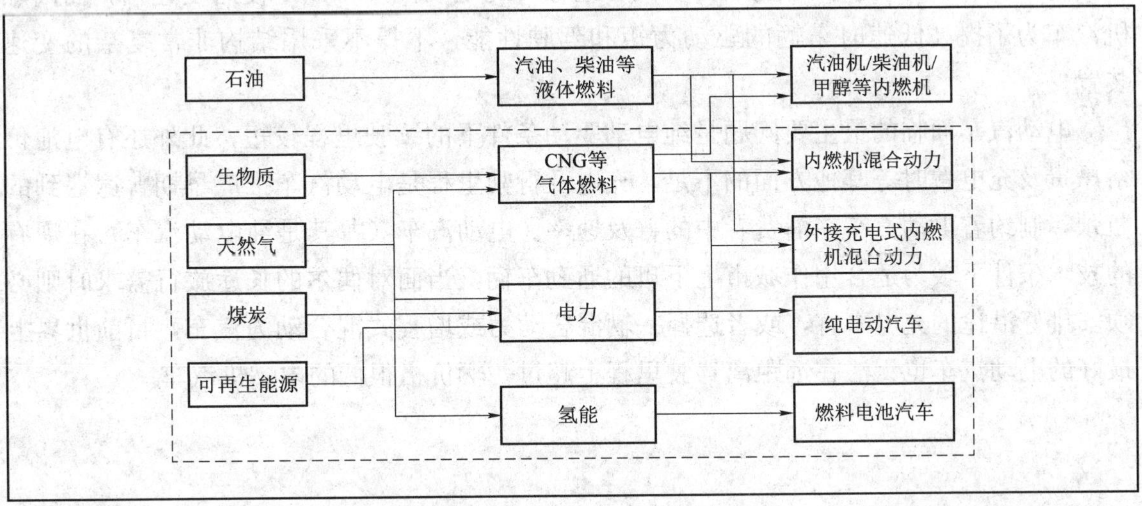

图1-3 汽车动力能源主要类型

3. 机遇三：电动汽车改变汽车族的生活

除了能量利用率高及可替代清洁能源外，各种电动汽车在道路行驶过程中的碳排放可以得到大幅度的减少，纯电动汽车还能实现零排放，显著降低了城市区域的空气污染程度。由于电能相对廉价，因此可以为电动汽车的使用者在很大程度上节约燃料开销。另外，纯电动汽车在行驶过程中除了气流声和轮胎的胎噪外没有其他噪声，能够显著降低汽车的噪声污染。此外，电动汽车在性能方面也拥有众多优点，如加速性能优越、驾驶平稳等，因此也吸引了车主们的广泛关注。随着汽车工业的发展及科技的进步，电动汽车的性能会逐步赶超传统的内燃机汽车，电动汽车将迎来更好的发展机遇。

我国制定和发布实施的《新能源汽车生产准入管理规则》中对新能源汽车的定义如下：新能源汽车是指采用非常规的汽车燃料作为动力来源（或使用常规的车用燃料，采用新型车载动力装置），综合车辆的动力控制和驱动方面的先进技术，形成的技术原理先进，具有新技术、新结构的汽车。面对能源紧缺与环境污染的挑战，发展节能与新能源汽车技术已成为必然。新能源汽车包括混合动力汽车、纯电动汽车、燃料电池电动汽车、氢能源动力汽车和其他类型的新能源汽车等。

电动汽车驱动系统的最主要部件是电动机，并且在各项性能指标中，电动机几乎都优于传统的燃油发动机。在相同的功率输出下，电动机具有更小的体积和更小的质量，并且还具有运动部件少、噪声小和维护少的优点。电动机不需要点火系统、供油系统和排气系统，并且电动机的效率也非常高，发热量小。更重要的是，电动机往往有较高的转矩、较宽的额定转矩输出范围，因此能够有效地将起步加速性能与巡航时的优良性能结合在一起。传统燃油汽车的内燃机在拥挤的城市道路条件下的工作效率很低，然而拥有大功率电动机的电动汽车则明显不同。此外，纯电动汽车可以不使用变速箱，而内燃机汽车为了提高低速时车辆的驱动力矩和驾驶性能，不得不采用结构非常复杂的变速装置。

电动汽车面临的最主要问题是纯电动驱动条件下的续驶里程较短，此外还有电池价格昂贵及充电费时等其他方面的不足。充电及行驶里程是电动汽车推广早期普遍遇到的瓶颈，制约着电动汽车在消费者中的普及速率。电动汽车（尤其是纯电动汽车）在现有的技术条件下较为适合用作城市上下班的通勤车辆，当面对偶尔的长途旅行需求时则必须安排好沿途的充电事宜，或者选择一辆混合动力或增程式混合动力汽车，目前世界上最好的电动汽车也无法在远距离驾驶里程上超过一辆价格很低的内燃机汽车。

1.2　电动汽车的发展历史

1.2.1　电动汽车的出现

电动汽车最早出现在英国。1830 年，苏格兰发明家罗伯特·安德森（Robert Anderson）成功地将电动机安装在一部马车上，随后与托马斯·戴文波特（Thomas Davenport）合作，制作出世界上第一部以电池为动力的电动汽车。该车采用的是不可充电的玻璃封装蓄电池，自此开创了电动车辆发展和应用的历史。这比德国人戈特利布·戴姆勒（Gottlieb Daimler）和卡尔·本茨（Karl Benz）发明的汽油发动机汽车早了数十年。

电池是早期电动汽车唯一的能量存储装置。在 19 世纪，开发电动汽车需要的动力电池在能量密度、功率密度及使用寿命等方面还远远不能满足人们对高速行驶的交通工具的要求。1860 年，法国科学家普兰特·加斯东（Plant Gaston）发明了可重复使用的铅酸电池，之后经历了20多年的持续改进，铅酸电池在系统设计和制造工艺方面有了很大的进步，从而拥有了商业价值。随后，可充电的镍镉电池和镍铁电池也进入了市场。

1881年，法国巴黎的街头上出现了世界上第一辆以可充电电池为动力的电动汽车。它是法国工程师古斯塔夫·图沃（Gustave Trouve）装配的以铅酸电池为动力的三轮车，该车如图1-4所示。

19世纪末，许多美国、英国和法国的公司都开始生产电动汽车。最早的电动汽车制造厂是由Morris和Salom所拥有的电动客车和货车公司。另一个比较早的电动汽车生产商是Pope制造公司，到1898年年底，Pope造了大约500辆Columbia型电动汽车。英国的伦敦电动出租汽车公司在1897年生产了15辆电动出租车，该车型如图1-5所示。

图1-4 以铅酸电池为动力的电动三轮车

图1-5 19世纪末的电动出租车

法国的BGS公司在1899—1906年也生产了几种不同类型的商用型电动汽车，包括小汽车、货车、客车和豪华轿车。

1899年5月，比利时的电动赛车“La Jamais Contente”（永不满足）创下了时速110 km的纪录，也是世界上第一辆时速超过100 km的汽车。

在1890年，全世界共拥有4 200辆汽车，其中有38%是电动汽车，40%是蒸汽机汽车，仅有22%是内燃机汽车。1900年，美国制造的汽车中电动汽车为15 755辆，蒸汽机汽车为1 684辆，而汽油机汽车只有936辆。到1912年美国拥有至少3.4万辆电动汽车，而全世界范围内已经拥有几十万辆电动汽车，被广泛使用于出租车、送货车和公共汽车等领域。

贝克电气公司（Baker）是当时美国最重要的电动汽车制造商，其生产的电动汽车采用传动轴代替链条传递动力，并且价格也相对低廉。底特律电气公司（Detroit

Electric）生产的电动汽车最高时速可达 40 km，续驶里程可达 129 km。1901—1902 年，英国伦敦电动汽车公司生产了后轮轮毂电机式、后轮驱动、斜轮转向和充气轮胎的电动汽车。

19 世纪末期到 20 世纪 20 年代是电动汽车发展的高峰时期之一，由于电动汽车相比内燃机驱动的车辆具有无气味、无噪声和价格低廉等明显的优势，因而成为了当时市场的主导。然而，由于石油开采技术和内燃机技术的进步，内燃机汽车的各项性能取得了飞跃式的提高，因而得到了迅速的发展并取代了电动汽车和蒸汽机汽车，电动汽车的黄金时代仅仅维持了 20 多年。在 1890—1920 年间，全世界的石油生产量增长了 10 倍；1911 年，查尔斯·凯特林（Charles Kettering）发明了内燃机自动启动技术；1913 年，福特公司建立了内燃机汽车生产线，内燃机汽车从此进入了标准化、大批量生产的阶段。图 1-6 为福特汽车公司生产的 T 型车，该车也是世界上第一辆属于普通百姓的汽车——T 型车。虽然同一时期电动汽车用动力电池技术也在飞速发展（如电池存储的能量提高了 35%，使用寿命增长了 300%，电动汽车的行驶里程增长了 230%，价格降低了 63%等），但是汽油等化石燃料的质量比能量密度是电池的 100 倍，体积比能量密度是电池的 40 倍，内燃机汽车在使用性能方面的优势逐渐显现。接下来的一段时期，由于经济发展对长途客货运输的需求，电动汽车续驶里程短、充电时间长等缺陷更加明显，已经批量化生产的内燃机汽车彻底结束了电动汽车的生命。到 20 世纪 30 年代，电动汽车几乎消失了。

图 1-6　福特汽车公司生产的 T 型车

1.2.2　电动汽车的复苏

进入 20 世纪 60 年代后，内燃机汽车的大量应用带来了严重的空气污染和环境问题。1976 年，美国国会通过了“纯电动汽车和混合动力汽车的研究开发和样车试用法令”（The Electric and Hybrid Vehicle Research Development and Demonstration Act），拨款 1.6 亿美元资助电动汽车的开发。1977 年，第一届国际电动汽车会议在美国举行，会议展出了 100 多辆电动汽车。1978 年，美国通过了“第 95-238 公法”（Federal Nonnuclear Act）予以修订并增加对电动汽车研发的拨款，政府同时责令能源部电力研究所与电力公司加大研制电动汽车的技术和资金投入，责成国家阿岗实验室与电池公司合作研制电动汽车用高性能二次电池。从此，电动汽车在国际上开始逐渐复苏，第二轮研发高潮逐渐到来。这段时间的代表产品主要有：

1994 年，日本大发汽车公司开发出电动微型面包车“Hi-Jet EV”。

1995 年，法国标致-雪铁龙公司开发出小型 4 座电动汽车“P106-SAXO”及同动力平台的客货两用车型。

1996 年，美国通用汽车公司开发的纯电动汽车“EV1”（见图 1-7），最高时速可达 128 km，从静止加速到 96 km/h 只需 9 s，一次充电可行驶 144 km。“EV1”正式销售了上千辆。

1996 年，日本丰田公司开发的 5 座小型电动汽车“RAV4 EV”（见图 1-8），将传统的铅酸电池改为镍氢电池，一次充电可行驶 200 km。

图 1-7 通用 EV1

图 1-8 丰田 RAV4 EV

1996 年，法国雷诺公司开发出 4 座小型电动汽车“Ctio”，该车型采用镍铬电池驱动。

1996 年，日本本田公司推出了“EV Plus”纯电动汽车（见图 1-9）。该车型 0～96 km/h 的加速时间为 17.7 s，最高速度被电子限速器限制在 130 km/h，续驶里程为 200 km，车载接触式充电机的输入电压为 110/220 V AC，输出功率为 1.1/4.2 kW，充电时间为 6～8 h（从 20%电量开始充电到充满）。

1997 年，日本丰田公司开始销售 5 座混合动力电动汽车“普锐斯”，该车如图 1-10 所示。

图 1-9　本田 EV Plus

图 1-10　丰田普锐斯

在美国先进电池联照（United States Adranced Battery Consortium，USABC）等组织的支持与倡导下，世界各国大力推动电动汽车用阀控式密封铅酸蓄电池的研发，取得了较大的技术进步，并制定了电动车辆用阀控式密封铅酸蓄电池的技术标准。美国福特公司在 1997 年生产的电动汽车 Ranger 使用了 908 kg 的 VRLA 电池组，该车型如图 1-11 所示。克莱斯勒公司于 1997 年开发出的 EPIC 型电动汽车和通用汽车公司开发出的 Saturm EV1 型电动汽车也都使用了 VRLA 电池组。装有 VRLA 电池组的电动汽车虽然实现了零排放，但是单次充电能够行驶里程较短，因此能量密度更高的 MH/Ni 电池受到了更多的重视。通用汽车公司在使用了 MH/Ni 电池后，单次充电后的行驶里程达到了 160 km。克莱斯勒公司在 EPIC 型电动汽车上换装了 MH/Ni 电池后，单次充电行驶里程也由 68 km 延长到了 90 km。此外，美国通用汽车公司还开发了 2 座轻型电动客货车 S-10。1998 年，日本日产公司开发了 4 座轻型电动汽车“Aitra”。

图 1-11　福特 Ranger 电动车型

20世纪80年代到90年代末这一时期电动汽车的研发以汽车生产商为主导进行开发和推广应用，试图与传统汽车正面竞争。这一阶段的最终结果是除丰田公司的混合动力电动汽车外，世界9大汽车公司的10种纯电动汽车仅实现了小规模生产，其中通用汽车公司EV1和福特汽车公司Ranger EV的产量分别为1 353辆和1 259辆，并没能实现大规模生产，这主要有以下几个方面的原因。

① 这一阶段的电池类型主要以铅酸电池和镍氢电池为主，电池的能量密度和使用寿命等性能直接导致了电动汽车在续驶里程、动力性和使用经济性等方面无法与内燃机汽车相媲美；

② 这一阶段的电动汽车在设计理念上过于超前而没有考虑到实际，在动力性、空间尺寸、最高车速等方面提出了与传统汽车一样或十分接近的要求，而这些设计指标往往由于当时技术水平的限制而无法实现，反而给生产及使用带来了诸多的不便，凸显了电动汽车相对于内燃机汽车的劣势；

③ 这一阶段内燃机汽车产业的惯性也阻碍了电动汽车的发展。企业试生产电动汽车的主要目标是技术的开发和储备，在产业化推进方面并不积极。

1.2.3 电动汽车的再次兴起

进入21世纪后，世界各国电动汽车的研发在已有的基础上继续深入开展，并取得了一系列重要的成果。尤其是随着全球节能环保呼声的日益高涨，以及各国政府、各大汽车公司对电动汽车的发展所达成的统一认识，电动汽车的开发在中国、日本、美国及欧洲等国家和地区得到了进一步的重视，并向产业化和实用化发展。发展电动汽车已成为减缓解环境污染和石油资源紧张的有效和可行的途径。同时，现代高新技术的发展、新材料的诞生及电子信息、电机和计算机技术的广泛应用，都极大地促进了电动汽车技术的更新与发展。以纯电动汽车、混合动力汽车和燃料电池汽车为代表的电动汽车进入了规模更大、技术更先进的发展阶段。这一阶段的推广围绕新能源与节能环保的主题，在前期主要依托各国政府的支持，众多的能源类企业、汽车厂商和电池供应商等相关产业积极参与，随着推广力度的增大及新能源车辆数量的快速增长，逐渐转变为以市场需求为导向、企业所主导的电动汽车的开发和生产体系。这一阶段技术研发的重点是延长续驶里程、缩短充电时间和解决充电基础设施等问题。特斯拉是这一阶段的典型代表，还有聆风、沃蓝达和第三代普锐斯也均获得了市场的广泛认可与好评，这四种车型分别如图1-12（a）～（d）所示。

此外，戴姆勒汽车公司于2010年开始量产纯电动车型smart EV，三菱汽车公司于2009年开始在日本销售纯电动汽车i-MiEV，宝马公司基于成熟车型MINI Cooper开发的纯电动汽车MINI E也先后在多个国家开展了示范运行，宝马i3提供纯电动车型和混合动力

（a）特斯拉

（b）聆风

（c）沃蓝达

（d）普锐斯

图 1-12　具有代表性的电动车型

车型供消费者选择。除丰田普锐斯外，本田公司开发的双座 Insight 混合动力电动汽车也获得了很高的市场份额，本田公司混合动力车型的累计销量在 2012 年超过了 100 万辆。同时，通用、戴姆勒-克莱斯勒、大众、标致-雪铁龙、雷诺、宝马、日产、现代和三菱等世界主要汽车公司也纷纷推出了具有各自特色的混合动力汽车，进入批量生产和应用阶段。

插电式混合动力电动汽车（PHEV）综合了纯电动汽车（EV）与混合动力汽车（HEV）的优势，并且具有更好的实用性和较低廉的价格，因而得到了各大汽车生产企业的高度重视和投入，以及市场和消费者的认可。美国通用汽车公司推出了以串联混合动力为基础的 PHEV，采用大容量锂离子动力电池；日本丰田公司在混联式 THS 系统的基础上，增加了车载电池组的容量和充电插头；发展插电式混合动力电动汽车已经成为美国联邦政府新一代汽车合作计划中实现车辆节能减排的重要技术途径之一。PHEV 面临的关键技术节点与挑战主要为动力电池技术的成本、寿命、安全性和低温性能等方面能否突破，以及电机驱动系统在连续工作、电压等级和热管理方面的整体性能是否得到显著提升，与此同时，PHEV 的大量推广还需要建立相对完善的电动汽车充电网络。

在燃料电池电动汽车方面，目前已从技术上证明了其可行性，现在的技术攻关方向主要集中在提高可靠性和耐久性等方面，同时氢源和基础设施等问题也十分关键。美、日、德、法等发达国家研究较早，已开发出多种型号的样车。2013 年，氢燃料电池电动汽车版 ix35 在韩国下线。该车功率为 100 kW，最高时速可达 151 km，续驶里程为

594 km。储氢罐中可存放 5.6 kg 氢气，平均每千克氢燃料可行驶 106 km。根据 1 kg 氢燃料约等于 3.7 L 汽油所含有的能量，可计算得到该车的燃效约为 28.6 km/L，具有较好的经济性。2014 年年底，丰田全新开发的氢燃料电池电动汽车 Mirai 上市，该车功率为 113 kW，最大扭矩为 335 Nm，续驶里程超过 500 km，只需 3 min 便可以将燃料加满。该车型目前已经实现量产，2015 年年底在日本的销售达到了 400 辆，该车型的成功量产和投入市场也表明燃料电池电动汽车技术在总体上已经取得了突破性的进展。从 Mirai 的售价来看，燃料电池电动汽车距离实用化已经越来越近。

1.3　电动汽车的发展趋势

汽车工业在促进世界经济的快速发展并给人们提供各种便利的同时，也引发了能源和环境方面的巨大危机。由于电动汽车以电能作为动力能源，具有清洁、无污染的优点，并且电能可以有多种获取途径，世界各国的电网体系也已成熟和稳定，因此电动汽车被普遍认为是在 21 世纪具有极其重要意义的交通工具。近年来，电动汽车受到了各国政府的高度重视，并被确立为保障能源安全和向低碳经济转型的重要途径。美国总统奥巴马部署并实施了总额为 48 亿美元的电池与电动汽车的研发及产业化计划，用以推动先进电池技术和电动汽车部件的研发，此外，还在电动汽车基础设施领域投入 4 亿美元开展示范项目。日本将发展电动汽车部件作为“低碳革命”的核心内容，投入 2 亿美元用于开发电动汽车用动力电池，目标是使电池成本下降一半，并计划到 2020 年实现以电动汽车为主体的“下一代汽车”的保有量达到 1 350 万辆的目标。德国于 2009 年 8 月发布了以纯电动汽车和插电式电动汽车为重点的“国家电动汽车发展计划”，联邦政府投入 5 亿欧元的资金用于推动整个电动汽车领域的发展，力争到 2020 年使德国电动汽车的总量超过 100 万辆。法国计划 4 年投入 4 亿欧元进行混合动力和纯电动汽车的研发，政府还计划以贷款等形式投资 15 亿欧元大力建设充电网络，力争到 2020 年使各种充电设施的数量达到 400 万个。2009 年，英国发布了“低碳汽车计划”，将对电动汽车和混合动力汽车部件的研发进行资助，同时也为购买混合动力和纯电动汽车的用户提供补贴。韩国政府也在电动汽车高效电池及其他零部件的研发领域投入了约合 3 亿美元的资金。表 1-2 为 2011—2013 年世界各主要国家新能源汽车的销量数据，表 1-3 为世界各主要汽车生产国新能源汽车的规划目标。经过 2012 年和 2013 年的缓慢增长，2014 年新能源汽车在全球的销量超过了 30 万辆，远远高于 2012 年的 14 万辆和 2013 年的 20 万辆。随着新车型的陆续上市，全球电动汽车销量在 2015 年已突破 50 万辆。2015 年各主要国家新能源汽车的销售量分别为：美国 115 155 辆，日本 25 328 辆，中国 188 726 辆，法国 27 081 辆，挪威 34 336 辆，荷兰 43 282 辆，英国 28 188 辆，德国 24 171 辆。表 1－4 统计了 2014 年全球各新能源汽车品牌的销量排名情况，从表 1－4 可以看出，日本和美国在电动汽车品牌的数量方面保持领先，中国的新能源汽车品牌则取得迅速的进步，在国际电动汽车市场中越来越有存在感，比亚迪秦从 2013 年的第 40 名跃升至了 2014 年的第 7 名，销量达 14 747 辆；众泰 E20 排在第 13 位，销量为 7 341 辆，北汽 E150/E200EV 两款电动汽车的合计销量为 5 234 辆，位于第 16 位；奇瑞 QQ 3 EV 和比亚迪 e6 则分列第 12 名和第 20 名，二者的销量分别为 7 866 辆和 3 611 辆，中国共有 5 个品牌的 7 款车型进入了全球销量前 20 名。

表 1－2　2011—2013 年世界各主要国家新能源汽车的销量数据　　单位：辆

国家	2011			2012			2013		
	纯电动汽车	插电式混合动力电动汽车	合计	纯电动汽车	插电式混合动力电动汽车	合计	纯电动汽车	插电式混合动力电动汽车	合计
美国	10 144	7 671	17 815	14 592	38 585	53 177	47 589	49 043	96 632
日本	13 449	0	13 449	15 943	7 241	23 184	16 661	14 122	30 783
中国	5 576	613	6 189	11 375	1 416	12 791	14 604	3 038	17 642
法国	4 012	36	4 048	9 215	225	9 440	8 260	85	8 345
挪威	2 000	0	2 000	3 945	165	4 110	7 207	89	7 296
荷兰	520	14	534	611	3 142	3 753	2 559	3 000	5 559
英国	930	0	930	1 167	522	1 689	2 464	819	3 283
德国	1 800	241	2 041	2 976	863	3 839	2 846	360	3 206
加拿大	193	275	468	436	1 288	1 724	638	1 143	1 781
瑞典	0	0	0	264	681	945	442	1 105	1 547
瑞士	395	41	436	342	395	737	987	166	1 153
西班牙	426	8	434	614	49	663	882	73	955
意大利	296	0	296	517	100	617	826	26	852
韩国	0	0	0	548	—	548	715	—	715
丹麦	364	2	366	289	21	310	489	7	496
比利时	175	11	186	355	210	565	413	34	447
澳大利亚	49	0	49	172	80	252	188	101	289
葡萄牙	176	0	176	35	17	52	114	7	121
合计	40 505	8 912	49 417	63 396	55 000	118 396	107 884	73 218	181 102

表 1-3 世界各主要汽车生产国新能源汽车的规划目标

国家	规划期/年	新能源汽车的产销量目标	主要新能源车型
中国	2015	累计 50 万辆	纯电动、插电混合
	2020	年产 200 万辆，累计销售 500 万辆	纯电动、插电混合
美国	2015	累计 100 万辆	插电混合、纯电动
日本	2020	年销售 200 万辆	混合动力、纯电动
	2030	占新车年销量的 70%	纯电动、混合动力
德国	2020	累计 100 万辆	纯电动、混合动力
	2030	累计 500 万辆	纯电动、混合动力
法国	2020	累计 50 万辆	纯电动、混合动力
韩国	2020	累计 100 万辆	插电混合、纯电动

表 1-4 2014 年全球各新能源汽车品牌的销售排名

排名	品牌	2014 年销量	市场份额/%	2013 年排名
1	日产 Leaf	61 027	19	1
2	三菱 Outlander	31 689	10	5
3	特斯拉 Model S	31 623	10	4
4	雪佛兰 Volt	21 293	7	2
5	丰田 Prius	19 018	6	3
6	宝马 i3	16 052	5	20
7	比亚迪秦	14 747	5	40
8	福特 Fusion Energi	11 719	4	9
9	雷诺 ZOE	11 323	4	6
10	康迪 EV	10 022	3	—
11	福特 C-MAX Energi	8 705	3	8
12	奇瑞 QQ3EV	7 866	2	11
13	众泰 E20	7 341	2	—
14	Smart Fortwo ED	5 824	2	13
15	大众 up!	5 448	2	19
16	北汽 E150/E200 EV	5 234	2	24
17	沃尔沃 V60	5 149	2	7
18	雷诺 Kangoo ZE	4 257	1	10
19	三菱 i-MiEV	3 936	1	12
20	比亚迪 e6	3 611	1	17
总计		317 895		

我国政府高度重视新能源和电动汽车技术的研发。政策层面，2005 年国务院政府工作报告提出“要鼓励和发展节能环保汽车”；“国民经济和社会发展第十一个五年规划纲

要”提出“增强汽车工业自主创新能力，鼓励开发使用节能环保和新型燃料汽车”；2006年2月，国务院发布的“国家中长期科学和技术发展规划纲要（2006—2020年）”将“低能耗与新能源汽车”列入优先主题和前沿技术；国家发改委在“汽车产业发展政策”中提出“汽车产业要结合国家能源结构调整战略和排放标准的要求，积极开展电动车辆、车用动力电池等新兴动力的研究和产业化，重点发展混合动力汽车和轿车柴油发动机技术”，并要求“国家在科技研究、技术改造、新技术产业化、政策环境等方面采取措施，促进混合动力汽车的生产和使用”；在“节能中长期专项规划”及相应的十大重点节能工程中，强调要“发展混合动力汽车、燃气汽车、醇类燃料汽车、燃料电池汽车、太阳能汽车等清洁汽车”；“中国节能技术政策大纲”中同样也强调要“研究电动汽车等新型动力”。国家四部委适时推出了“十城千辆”“私人购买新能源汽车”示范工程，有力地推动了节能与新能源汽车的产业化发展。至2009年年底，全国13个示范城市已有5 000多辆新能源汽车投入示范运行。2010年“十城千辆”示范城市增加到了25个。2010年9月，“国务院关于加快培育和发展战略性新兴产业的决定”中明确把新能源汽车列为我国七大战略新兴产业。在研发经费支持方面，科技部自2000年以来连续启动了“十五”电动汽车重大专项、“十一五”节能与新能源汽车重大项目，以及“十二五”电动汽车关键技术与系统集成重大项目，支持“三纵三横”技术战略布局的深入研发，纯电动汽车、混合动力电动汽车、燃料电池电动汽车及电机、电控、电池取得重大进展。我国基本掌握了纯电动汽车整车动力系统匹配与集成设计、整车控制技术，样车的动力性和能耗水平与国外相当，在小型纯电动汽车和大型公交客车方面实现了规模生产和示范运行。在2013年9月，四部委出台了“关于继续开展新能源汽车推广应用工作的通知”，2013年11月，公布北京、天津、太原等28个城市或区域被确定为首批新能源汽车推广城市，2014年1月，四部委又公布了沈阳、长春等12个城市或城市群作为第二批新能源汽车推广城市，共39个城市（群）88个城市列入新能源汽车推广应用城市（群）。在新的推广政策中，补贴额度按照乘用车的纯电动行驶里程为标准，插电式混合动力乘用车（含增程式）里程50 km以上每车补贴3.5万元，纯电动乘用车里程80 km以上、150 km以下每车补贴3.5万元；150 km以上、250 km以下每车补贴5万元；250 km以上每车补贴6万元。而对于纯电动客车，每辆补助标准为30万元至50万元，混合动力客车每辆则补贴25万元。另外，纯电动专用车按电池容量每千瓦补贴2 000元，每辆补贴总额不超过15万元；燃料电池推广应用补助标准则分为乘用车和商用车，每辆分别补贴50万元。据统计，2013年我国新能源汽车生产17 533辆，同比增长39.7%，其中，纯电动汽车14 243辆、插电式混合动力汽车3 290辆。2014年新能源汽车累计生产8.39万辆，同比增长近4倍，其中，纯电动乘用车生产3.78万辆，同比增长3倍，插电式混合动力乘用车生产1.67万辆，同比增长近22倍。2015年1月至5

月，新能源汽车累计生产 5.36 万辆，同比增长近 3 倍。其中，纯电动乘用车生产 2.58 万辆，同比增长近 3 倍，插电式混合动力乘用车生产 1.37 万辆，同比增长 3 倍；纯电动商用车生产 9 248 辆，同比增长近 6 倍，插电式混合动力商用车生产 4 761 辆，同比增长 58%。预计到 2020 年，我国自主品牌纯电动和插电式新能源汽车年销量突破 100 万辆，在国内市场占 70%以上；到 2025 年，与国际先进水平同步的新能源汽车年销量 300 万辆，在国内市场占 80%以上。表 1－5 列出了我国已上市的新能源乘用车各主要车型的对比情况。

表 1－5　我国已上市的新能源乘用车各主要车型的对比情况

车型	生产企业	动力类型	整备质量/kg	电池容量/kWh	最高速度/(km/h)	综合工况下纯电续驶里程/km	电池质保年限
和悦 iEV	安徽江淮	纯电动	1 200	19.2	95	160	5 年或 10 万 km
荣威 E50	上海汽车	纯电动	1 080	18	120	120	5 年或 10 万 km
赛欧 SPRINGO	上海通用	纯电动	1 385	21.4	130	130	5 年或 10 万 km
E150EV	北京汽车	纯电动	1 370	24.4	125	120	3 年或 6 万 km
EV200	北京汽车	纯电动	1 295	30.4	125	245	6 年或 15 万 km
e6	比亚迪	纯电动	2 360	61.4	140	300	终身保修
MI-EV	奇瑞	纯电动	1 060	16.2	120	100	5 年或 10 万 km
荣威 550 plug-in	上海汽车	插电式混合动力	1 699	11.8	200	56	5 年或 10 万 km
腾势	比亚迪	纯电动	2 090	47.5	150	253	6 年或 15 万 km
秦	比亚迪	插电式混合动力	1 720	13	185	70	终身保修
沃蓝达（Volt）	通用	增程式混合动力	1 700	16	160	64	6 年或 15 万 km
Model S	特斯拉	纯电动	2 100	60～85	190～210	390～502	8 年或 20 万 km

近年来，随着各国对纯电动汽车技术研发投入的不断加大，车用动力电池、电机及其控制系统等关键技术取得了重大进展，电力电子、控制和信息技术的广泛应用促使纯电动汽车技术深入发展、逐渐完善，产品的可靠性和使用寿命等得到了明显提升，成本得到有效控制，纯电动汽车技术在世界范围内得到快速发展，一批装备了先进动力电池的纯电动汽车已经进入或即将进入消费市场。各种高新技术开始在纯电动汽车上广泛应用，赋予电动汽车新的生命力和发展机遇，主要表现为：

① 动力系统的集成优化技术不断进步，节能效果不断提高；

② 动力电池技术得到了飞速发展，高性能的锂离子电池逐步取代传统的铅酸电池和

镍氢电池，在比能量、比功率、安全性、可靠性、循环寿命和成本等方面取得很大进步；

③ 高效的一体化电力驱动系统取代了传统的直流电机；

④ 电动辅助系统的广泛应用提高了整车的能量利用率和性能；

⑤ 网络系统的应用促进了电动汽车的模块化和智能化；

⑥ 轻量化技术和电气、结构安全性技术在电动汽车上得到了系统的应用；

⑦ 纯电动汽车的推广应用作为系统工程，不仅重视汽车本身的研发，而且开始了充电站等基础设施的规划与建设；

⑧ 在概念车型上，轮毂电机和线控技术等前沿技术得到了初步的应用；

⑨ 纯电动公交车成为城市节能减排和平衡电网负荷的最有效手段，纯电动公交车的示范和推广应用进程加快。

纯电动汽车技术当前的发展趋势主要表现为各种高新技术的广泛应用、形式多样化、示范运行和商业推广的全面展开。相对于普通轿车，公共领域的客车与公交车在城市内行驶，活动区域和范围有限，充电场所也因此相对固定，并且有相应的停车地点，这都为纯电动汽车的充电问题提供了方便。在成本方面，纯电动客车通常由政府批量采购，且数量较大，因此有利于纯电动汽车企业的产业化生产。在补贴方面，由于纯电动客车的运营企业较少，政府可以制定更灵活的补贴措施，也有利于纯电动汽车的推广使用。总体上，纯电动汽车的发展呈现出以应用于城市公共交通等公用领域为主的纯电动公交车、环卫车和以个人日常代步出行为主的小型纯电动汽车两个方向，“控制的分层和网络化、车载电源的标准化和模块化、动力传动的高度集成化”成为技术发展的主流。

受汽车节能和排放法规日趋严格及各国政府对新能源汽车优惠政策陆续出台的影响，混合动力汽车已由小批量生产开始进入快速增长阶段。在美国、日本和欧洲等国家和地区得到商业化的推广应用。以丰田 THS、本田 IMA、欧美 dual-mode 及多种形式的 BSG/ISG 轻度混合为代表的混合动力技术发展迅速，混合动力专用发动机技术和混合度的不断提高（纯电动行驶里程的不断延展）已成为混合动力汽车技术的发展特点。同时，混合动力汽车在研发过程中的技术储备也为未来汽车能源、动力的多样化提供了经验，“混合电源（多电源混合）、混合发动机（电机＋内燃机集成设计），混合动力总成”等深层次全方位的混合动力设计成为混合动力汽车技术发展的总趋势。

燃料电池电动汽车仍被寄予厚望，技术得到深入发展。在未来 20 年，燃料电池汽车的应用速度也会加快，“提高燃料电池动力系统的可靠性和环境适应性、降低系统成本、完善制氢—储氢—加氢站基础设施网建设”仍是技术攻关的关键，“混合动力、燃料电池和电传动的集成化设计、分布式网络化控制”成为技术发展的主流。我国的燃料电池技术在近10年间已获得突破性的进展，在功率密度、寿命和稳定性等方面都取得了显著的进步，但距离国际先进水平仍有一定差距，例如燃料电池整车集成技术、燃料电池发动机技术和高压储氢系统等技术方面，直接制约了我国燃料电池汽车的发展与技术进步。

作为共性技术，电驱动、动力电源、整车集成和控制优化始终是电动汽车技术攻关的核心和焦点，伴随着技术的进步，表现出多样化的解决方案、优良的性能和新的特点。作为电动汽车技术发展的关键，高功率密度电驱动技术、动力电池组的成组应用技术、电动汽车的集成设计和综合控制技术、电动汽车的推广应用工程仍将成为电动汽车长期发展的重点和核心。

第2章

电动汽车的分类

电动汽车是指以车载电源为动力，用电机驱动车轮行驶的汽车。按照电动汽车的车辆驱动原理和技术现状，一般将其划分为纯电动汽车（electric vehicle，EV）、混合动力电动汽车（hybrid electric vehicle，HEV）、插电式混合动力电动汽车（plug-in hybrid electric vehicle，PHEV）和燃料电池电动汽车（fuel cell electric vehicle，FCEV）四种类型。

2.1 纯电动汽车

2.1.1 纯电动汽车的基本结构

纯电动汽车是指利用动力电池作为储能动力源，通过动力电池向驱动电机提供电能，使其运转，从而驱动电动汽车前进的一种新能源汽车，其基本结构如图 2-1 所示。

与燃油汽车相比，纯电动汽车具有以下优点：

① 零排放、零污染、噪声小；

② 结构简单，使用维修方便；

③ 能量转换效率高，可回收制动能量，从而提高能量的利用效率；

④ 可在夜间利用电网的“谷电”进行充电，并起到平抑电网峰谷差的作用。

纯电动汽车研制和开发的关键技术主要包括动力电池、驱动电机、电机控制、车身

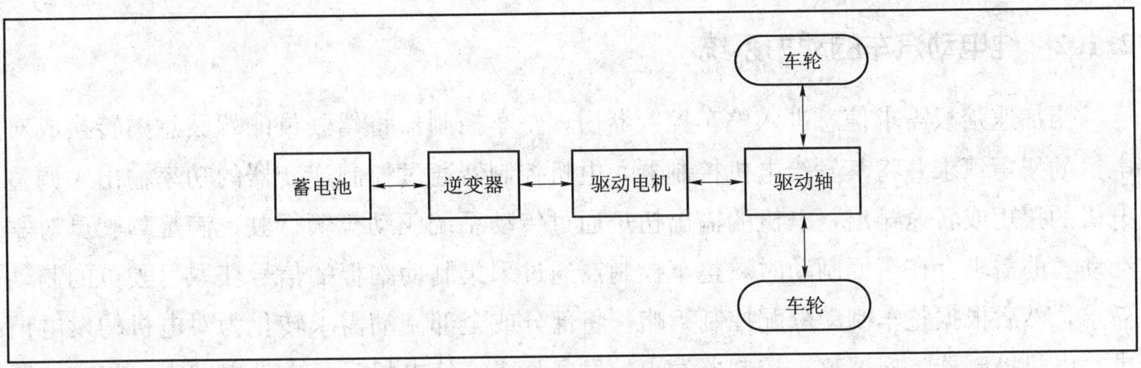

图 2-1　典型的纯电动汽车的基本结构

和底盘设计及能量管理技术等方面。从电气构成的角度分析，纯电动汽车可分为机械子系统、电力电子子系统和信息了系统。

1. 机械子系统

机械子系统由底盘和车身、驱动装置、变速器及电池箱体等组成。目前纯电动汽车机械子系统的技术趋势是将所有动力和传动系统都集中布置在底盘上。底盘与车身分离式设计已经成为设计和制造的主流趋势。随着现代控制技术的逐渐普及，车身和底盘之间可以没有任何机械杆件和液压管路连接，这样的设计理念对于整车的总体布置有很大帮助，可以很容易地实现纯电动汽车整车的模块化设计与制造。

2. 电力电子子系统

电力电子子系统由动力电池、电机及其控制器组成。动力电池的能量通过功率转换装置或逆变装置输出给电机，以使车辆前进或后退。在需要补充电能时，可通过电网连接充电装置对动力电池进行充电。车辆制动时，驱动电机工作在发电状态，能量由电机流向能量存储装置，如电池或超级电容等。一般情况下，驱动电机会在电机控制器的控制下改变工作状态以满足工况需求。为了减轻驱动系统的体积和重量，会使用机电一体化技术将电机和逆变器等装置进行整体设计和制造。

3. 信息子系统

信息子系统用于处理驾驶人员的操作，并监控汽车的运行及电源、电机、控制器和充电装置的状态。电动汽车的信息子系统承担了统筹汽车内部工作的任务。纯电动汽车的整车控制器收集来自踏板、电池、电机及各种关于速度、温度等的传感器的数据，并对这些数据进行整合、计算来决定当前汽车各部分应处于的工作状态，通过发送控制指令来完成对整车的控制，而驱动系统、能量系统、辅助系统等又有各自的控制装置来确保相应指令的执行。

2.1.2 纯电动汽车的动力系统

当加速踏板需求信息进入整车控制器后，整车控制器将驾驶员的驾驶意图转换成对电机的扭矩请求并将其发给电机控制器，电机控制器通过控制逆变器的功率输出来调整电机的扭矩或转速输出，电机的输出扭矩通过传动系统驱动车辆行驶，满足驾驶员对驱动动力的需求。在车辆制动时，整车控制器通过采集制动踏板的信号获取驾驶员的制动需求，然后根据整车制动分配控制策略，将部分或全部制动需求转化为对电机的发电请求，电机控制器将根据整车控制器发出的发电请求，使电机运行在发电状态，将车辆制动时的部分或全部动能转化为电能储存到动力电池中，从而实现辅助车辆制动和能量回收的目的。通常情况下电动汽车的制动都是由电机的电制动和传统的机械式制动共同完成的，电机制动主要启动辅助作用，因此其所回收的能量只是全部制动能量的一部分，电机未能回收的部分动能将由传统制动系统将其转化成热能散失掉。能量回收功能可以提高能源的使用效率，延长整车的续驶里程。

由于纯电动汽车电驱动的特性具有多样性，因此纯电动汽车可以有多种动力系统架构，以下为几种常见的纯电动汽车的动力形式。

在图 2-2（a）中，电动机、单一速比的变速器和差速器构成了纯电动汽车的动力系统。该动力系统结构利用电动机在低速阶段具有恒扭矩和在大范围的转速变化中所具有的恒功率的特性，采用单一速比的减速器替换多速比的减速器，动力系统在采用单一速比的减速器后对离合器的要求也相应降低，从而可以取消离合器；这种传动系统的好处是可以减小机械传动装置的体积和质量，简化驱动系统控制；但该系统的缺点是无法对变工况下电动机工作点效率进行优化，为了同时满足车辆加速/爬坡和高速工况的要求，通常需要选择较大功率的电动机。

图 2-2（b）所示的动力传动系统与传统燃油汽车相似，只是由电动机替代了内燃机，并与离合器、变速器及差速器一起构成了车辆的动力驱动系统。电动机输出驱动力，通过离合器可以实现驱动力与驱动轮的断开或连接，变速器提供不同的传动比来使转速-功率（转矩）曲线匹配载荷的需求，差速器主要用于实现转弯时能够以不同的转速驱动车辆两侧的车轮。

在图 2-2（c）中，电动机、固定速比的减速器和差速器进一步集成，甚至可以组合成一个部件，车轮的驱动半轴直接与该组合体相连，从而使驱动系统得到进一步的简化和小型化。该方案也是目前纯电动汽车中是最为常见的一种驱动形式。

在图 2-2（d）中，机械差速器被取消，由两个电动机分别通过固定速比的减速器驱动各自侧的车轮，在车辆转弯时，通过电子差速器控制两侧的电动机以不同的转速运转，从而实现车辆的正常转弯。

图 2-2（e）为双电动机固定挡直接驱动方式，驱动电机和固定速比的行星齿轮减速器被安装在车轮的轮箍中，这种驱动系统也可以被称为轮边式驱动系统。采用轮边式传动可以使驱动系统得到进一步简化。该驱动系统中行星齿轮减速器的主要作用是降低电动机的转速并增大驱动转矩。

在图 2-2（f）中，驱动系统完全舍弃了电动机和驱动轮之间的机械连接装置，由电动机直接驱动车轮，电动机的转速控制等价于轮速控制，即车速控制。这样的驱动系统结构对电动机提出了特殊要求，如在车辆加速或减速时要求电机具有高转矩特性，因此一般选用低速外转子型电动机。

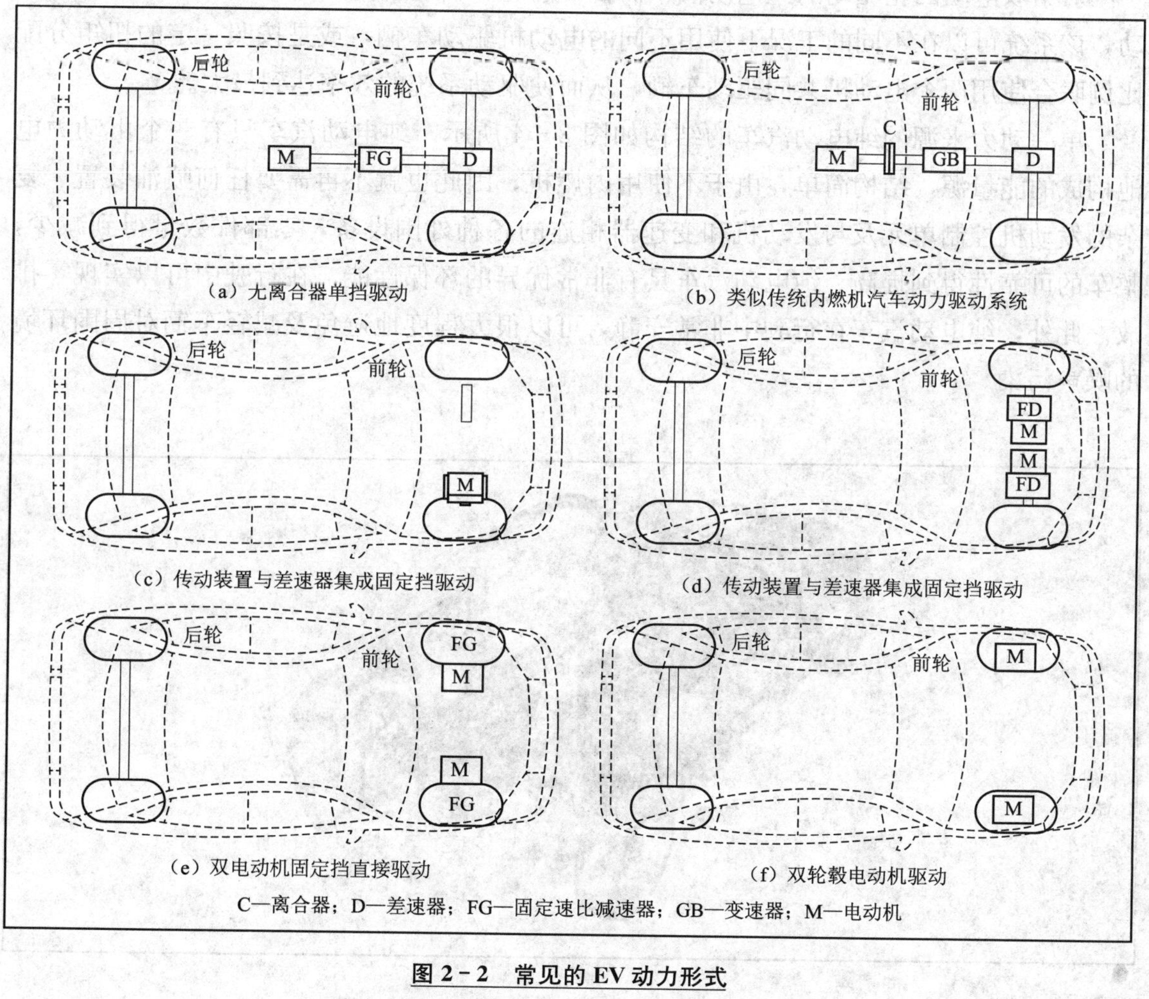

图 2-2　常见的 EV 动力形式

图 2-3 所示为另一种纯电动汽车的驱动结构——双电动机四轮驱动系统。

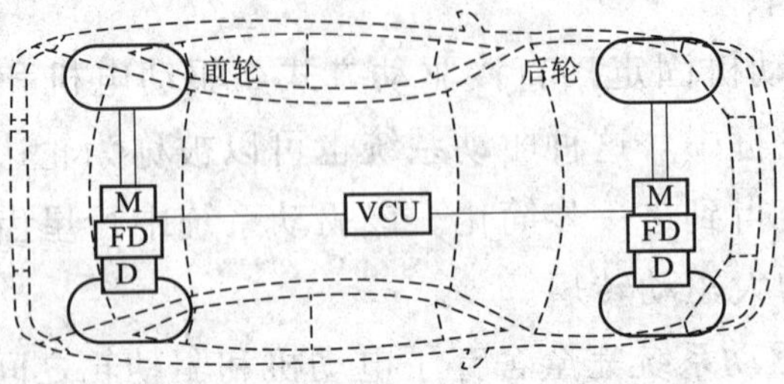

D—差速器；FG—固定速比减速器；M—电动机；VCU—整车控制单元

图 2-3 双电动机四轮驱动系统结构

对于双电动四轮驱动的纯电动汽车而言，前轮和后轮都是由电动机通过差速器来驱动，该系统可以在不同的工况下使用不同的电动机驱动车辆，或是按照一定的扭矩分配比例联合使用两个电动机共同驱动车辆，从而使驱动系统的效率达到最大。

单一动力来源的纯电动汽车的结构如图 2-4 所示。纯电动汽车只有一个由动力电池构成的能量源，结构简单，由于不使用内燃机，因此也就不再需要任何喷油装置、复杂的发动机控制单元及与发动机和变速器相连的各种外围设备，零部件数量得到减少，整车的可靠性得到提高。纯电动汽车具有非常优异的环保性能，在行驶中可以实现零排放。此外，纯电动汽车在行驶中非常安静，可以很大程度地避免及减轻车辆对周围环境的噪声污染。

图 2-4 单一动力来源的纯电动汽车的结构

2.2　混合动力电动汽车

为了对混合动力汽车作进一步的阐述，参考国际能源组织（IEA）的有关文献，对混合动力车辆的定义如下。

能量与功率传递路线具有如下特点的车辆称为混合动力车辆：

① 传送到车轮推进车辆运动的能量至少来自两种不同的能量转换装置（如内燃机、燃气涡轮发动机、斯特林发动机、电机、液压马达、燃料电池等）；

② 这些能量转换装置至少要从两种不同的能量储存装置（如燃油箱、蓄电池、飞轮超级电容、高压储氢罐等）中获取能量；

③ 从储能装置流向车轮的这些通道中至少有一条是可逆的（既可放出能量，也可吸收能量），并至少还有一条是不可逆的；

④ 如果具有可逆能量传递路线的储能装置供应的是电能，则称为混合动力电动汽车。

2.2.1　混合动力系统的分类

混合动力系统有多种分类方式。依据动力混合方式的不同，混合动力系统可以分为串联式、并联式和混联式三种类型；依据动力混合程度的不同，混合动力系统还可以分为弱混合动力、轻度混合动力、中度混合动力、重度混合动力和插电式混合动力五类。

根据混合动力驱动的混合方式，混合动力汽车主要分为串联、并联和混联三类。

1. 串联式混合动力汽车

如图 2-5 所示，串联式混合动力系统由发动机、发电机、电机控制器、电动机和动力电池组成。其工作原理为由发动机带动发电机发电，所产生的电能通过电机控制器提供给电动机，再由电动机转化为动能后驱动车辆。动力电池对发电机产生的电能和电动机需要的电能进行调节，从而保证车辆在各种行驶工况下的功率需求。串联式混合动力系统的特点是通过电方式实现动力耦合，电机控制器也是动力耦合器。系统中有两个电源，即动力电池和发电机，这两个电源通过电机控制器并联在回路中。动力以串联的方式由发电机/电池流向电动机，所以称为串联式混合动力系统。

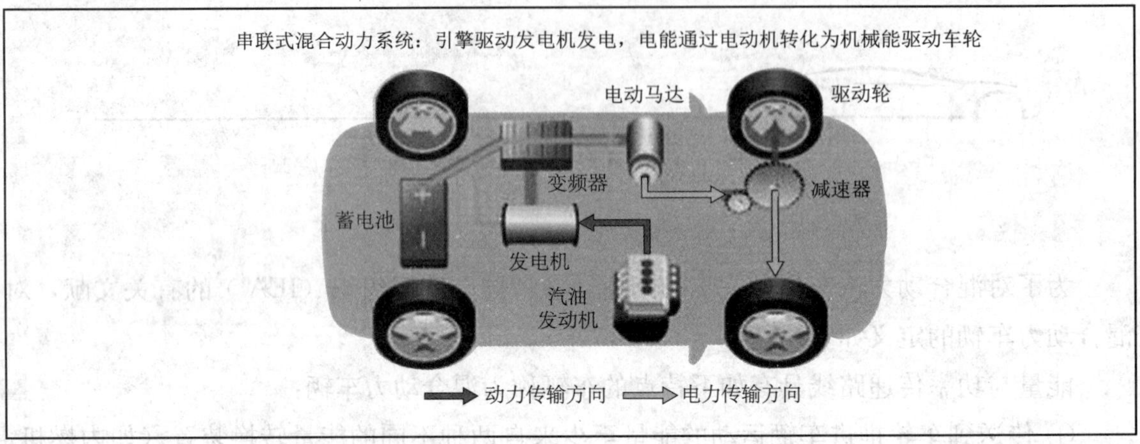

图 2-5　串联式混合动力系统

串联式混合动力系统主要应用于城市公交车，节油率可以达到 20%左右。其中串联式混合动力系统有三种基本工作模式。

(1) 第一种基本工作模式主要利用电池来驱动车辆，仅当电池 SOC 降低到最小限值时内燃机才启动。由于内燃机不直接参与驱动车辆，因此其可以工作在最高效率区并输出恒定功率，当 SOC 回升到最大限值时，内燃机停机。这种模式也称为“恒温器式控制”。

(2) 第二种基本工作模式是“负荷跟随”控制模式。在该模式下，电池的 SOC 保持在规定的范围之内，由内燃机带动发电机工作并尽可能地供应接近车辆行驶所需的电能，电池只起调节负荷的作用。这种模式下电池的充放电量较小，能量损失也最小。这种模式的缺点是内燃机不能工作在最佳转速和负荷下，因此其排放可能变差，效率降低。

(3) 第三种基本工作模式是上述两种模式（或控制策略）的一个折中方案。在电池的 SOC 较高时，主要采用纯电动模式，而当电池的 SOC 降低到设定的范围内时，由内燃机带动发电机工作，考虑到内燃机的排放和效率，需要将其输出功率严格限制在一定的变化范围内。如果能预测到车辆行程内的总能量需求，则一旦电池中储存了足够的能量，在剩余的行程中车辆就可以转换为纯电动模式，到了行程终点正好耗尽电池所允许放出的电能。这种模式或策略也称为最佳串联混合动力驱动模式。

串联式混合动力电动汽车具有如下优点。

① 发动机工作状态不受车辆行驶工况的影响，能够始终在最佳的效率区域内稳定运行，因此具有良好的经济性和较低的排放性能；

② 发动机与电机之间无机械连接，整车结构布置的自由度较大。各种驱动系统元件

可以放在最适合于它的车辆位置，如在低地板公交车上，可以将发动机-发电机组装在车尾部或其他部位并采用电动轮驱动方式，从而降低地板高度；

③ 由于电机的功率较大，制动能量回收的潜力大，从而提高能量的利用效率。

串联式混合动力系统的缺点如下。

① 发动机产生的能量经过两次能量转换才到达驱动轮，能量损失多，效率低；

② 发电机的使用增大了车辆的质量和成本；

③ 由于电动机是驱动车辆的唯一动力源，因此为了满足车辆的加速和爬坡等性能要求，其尺寸较大。

根据以上特点，串联式混合动力电动汽车更适用于市内低速运行的工况，而不适合高速公路行驶工况。

2. 并联式混合动力汽车

如图 2－6 所示，并联式混合动力系统由发动机、变速器、电机、电机控制器和动力电池组成，其中电机既可为车辆提供动力输出，也可作为发电机使用。采用并联式混合动力系统的汽车有两套独立的驱动系统，即发动机驱动系统和电机驱动系统。车辆的驱动力由发动机和电机同时或单独供给，两套动力系统既可以同时协调工作，也可以各自单独工作来驱动汽车。两套动力系统同时工作时，以机械方式实现动力耦合，动力的流向为并联，所以称为并联式混合动力系统。

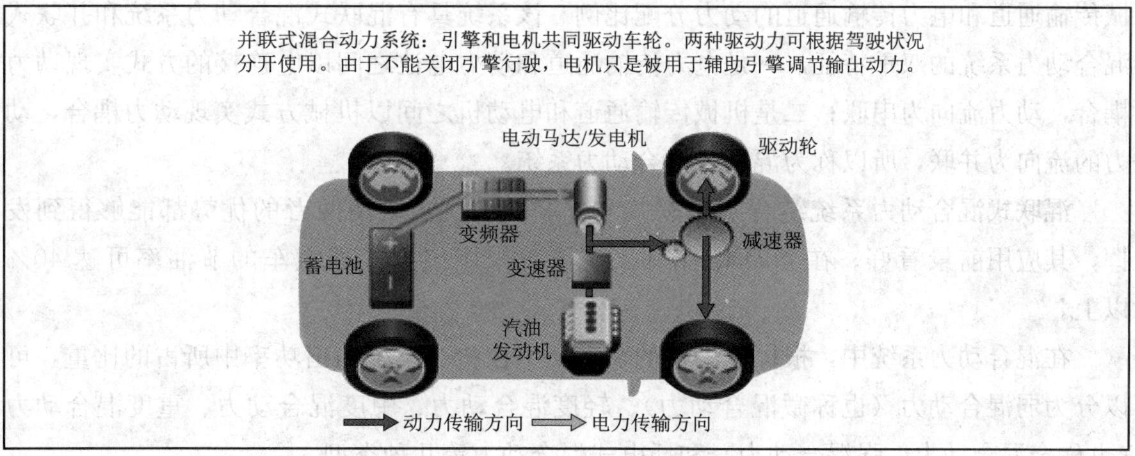

图 2－6　并联式混合动力系统

并联式混合动力系统主要有以下两种基本工作模式。

① 内燃机辅助混合动力模式主要利用电池—电机系统来驱动车辆，仅当以较高的巡航速度行驶、爬坡和急加速时才使用内燃机；

② 电机辅助混合动力模式主要利用内燃机来驱动车辆，电机仅在两种状态下使用：

一是用于瞬间加速或爬坡等需要峰值功率的工况，可使内燃机工作在最高效率区间，以降低排放和减少燃油消耗；二是在车辆减速制动时，电机被用来回收车辆的动能（再生制动）对电池进行充电。

并联式混合动力系统的优点如下：

① 发动机的动力可以直接用来驱动车辆，没有能量转换，能量损失小；

② 电机既可以驱动车辆行驶，也可以作为发电机使用，并且可以采用较小的功率，能够降低成本。

并联式混合动力系统的缺点如下：

① 由于发动机和驱动轮间采用了传统的机械连接，因此发动机的工作点（燃油油耗与动力性能平衡点）不可能总处于最佳区域，发动机的效率得不到充分发挥。需要搭载变速器，且适合搭载自动变速器；

② 混合度较低，不利于向插电式混合动力过渡。

3. 混联式混合动力系统

如图 2-7 所示，混联式混合动力系统由发动机、动力分配机构、发电机、电机控制器、电动机和动力电池组成。发动机的动力经过动力分配器后分成两部分，一部分直接驱动车辆，形成机械传输通道；另一部分带动发电机发电，所产生的电能通过电机控制器提供给电动机驱动车辆，形成电力传输通道。通过调整发电机的转速，可以控制机械传输通道和电力传输通道的动力分配比例。该系统具有混联式混合动力系统和并联式混合动力系统的双重特征，一是电力传输通道和动力电池之间以电连接的方式实现动力耦合，动力流向为串联；二是机械传输通道和电动机之间以机械方式实现动力耦合，动力的流向为并联，所以称为混联式混合动力系统。

混联式混合动力系统结合了串联式和并联式的优点，使两者的优势都能够得到发挥，其应用前景看好。在 NEDC 循环工况下，采用该方式的汽车的节油率可达 40%以上。

在混合动力系统中，根据电动机的输出功率在整个系统输出功率中所占的比重，可以分为弱混合动力（也称微混合动力）、轻度混合动力、中度混合动力、重度混合动力（也称全混合动力，强混合动力）和插电式混合动力等几种类型。

1）弱混合（弱混）动力系统

弱混合动力系统对传统发动机的启动机进行了改造，形成带传动一体式启动/发电机 BSG（belt-driven starter generator）。该电机用来控制发动机实现快速起停，因此可以取消发动机的怠速过程，降低了油耗和排放。弱混合动力系统搭载的电机功率比较小，仅靠电机无法使车辆起步，起步过程仍需要发动机介入，是一种初级的混合动力系

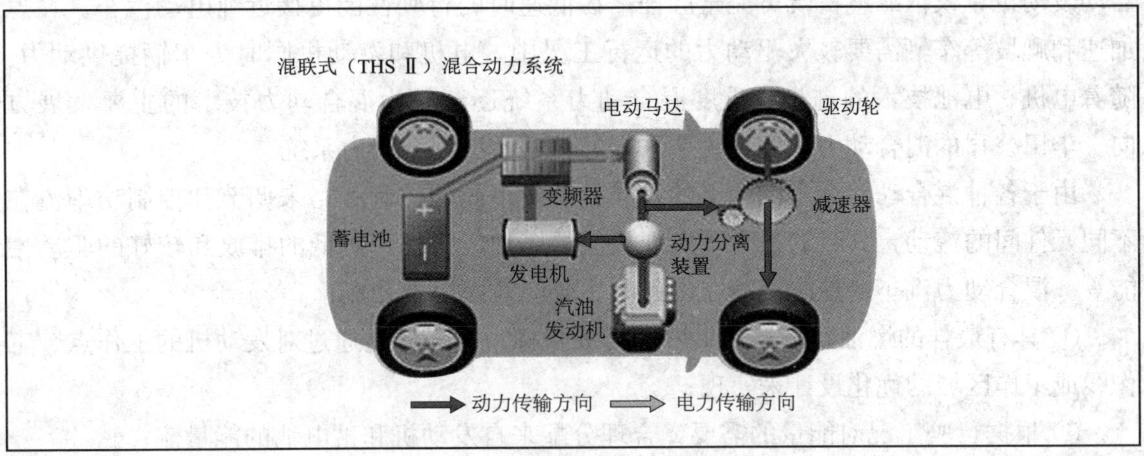

图 2-7　混联式混合动力系统

统。在弱混合动力系统中，电机的电压通常有两种，分别为 12 V 和 42 V，其中 42 V 的电机主要用于柴油混合动力系统。弱混合动力系统在城市循环工况下的节油率一般为 5%～10%。

2）轻度混合（轻混）动力系统

轻度混合动力系统采用了集成启动电机（integrated starter and generator，ISG）。与弱混合动力系统相比，轻度混合动力系统除了能够实现用电机控制发动机的起停外，还能够在车辆制动和下坡工况下对部分能量进行回收；在行驶过程中，发动机的动力可以在车轮的驱动需求和发电机的发电需求之间进行调节。轻度混合动力系统的混合度一般在 20% 以下，代表车型为通用汽车公司的混合动力皮卡。

3）中度混合（中混）动力系统

中度混合动力系统同样采用了 ISG 系统。该系统与轻度混合动力系统的不同之处在于中度混合动力系统采用的是高压电机，在汽车加速或大负荷工况时，电动机能够辅助发动机驱动车辆，补充发动机本身动力输出的不足，提高整车的动力性能。这种系统的混合程度较高，可以达到 30%左右，在城市循环工况下节油率可以达到 20%～30%，目前技术比较成熟，应用广泛。本田汽车公司旗下的混合动力汽车 Insight、Accord 和 Civic 都属于这类系统。

4）重度混合（重混）动力系统

重度混合动力系统采用了 272～650 V 的高压电机，混合度可以达到 50%以上，在城市循环工况下的节油率可以达到 30%～50%。其特点是动力系统以发动机为基础动力，动力电池为辅助动力源。采用的电机功率更为强大，完全可以满足车辆在起步和低速时的动力要求。因此重度混合动力车型无论是在起步还是在低速行驶状态下都不需要启动发动机，仅依靠电机既可完全胜任，在低速时的行驶性能更接近纯电动汽车。在急加速和爬坡等车辆需要较大驱动力的运行工况中，电机和发动机同时为车辆提供动力。随着电机、电池技术的进步，重度混合动力系统逐渐成为混合动力技术的主要发展方向。丰田公司的混合动力车型普锐斯采用的就是重度混合动力系统。

由于各种混合动力汽车结构上的差异，需要不同的控制策略来调节和控制功率流在不同元件间的流动，其目的是为了实现最佳的燃油经济性、更低的排放和较好的驱动性能等。混合动力汽车的控制策略在设计时主要应考虑以下几点：

① 具有最佳的燃油经济性和最好的排放指标，这通常是通过对发动机的工作点、工作线或工作区域的优化设计来实现；

② 根据行驶工况对能量的需要，合理分配来自发动机和蓄电池的能量流；

③ 在复杂的行驶工况下，尽可能地减小发动机工作转速的波动和发动机启停的次数，以及避免发动机在低于某个转速和负荷时运行（当低于某个转速时应将发动机关闭）；

④ 保证蓄电池始终处于合适的荷电状态（SOC）及蓄电池的电压在安全的范围内，使蓄电池有良好的使用寿命。

2.2.2 混合动力系统的技术发展趋势

混合动力汽车技术已经成为汽车行业发展的重点之一。丰田汽车公司于 1997 年推出的混合动力轿车普锐斯目前已经开发至第五代，节油率达到 50%以上。本田汽车公司推出的 IMA 混合动力系统已成功应用于 Civic 和 Insight 等车型上。通用汽车公司以 Escalade 为代表的双模式深度混合动力 SUV 深受欢迎。福特汽车公司的 Escape 和 Mariner 两款混合动力 SUV 的累计销售量也超过了 10 万辆。在混合动力汽车产品的结构和技术中，高电压、高转速、集成化和深度混联是主流的发展趋势。在混合方式方面，由串联或并联形式向混联形式发展，由变速器耦合、离合器耦合向行星齿轮耦合过渡。在混合度方面，随着电池技术的进步，混合度得到了进一步的提升，逐步实现从石油能源向电气能源转化。国内混合动力轿车方面，一汽、东风、上汽、长安、比亚迪、奇瑞、吉利、北汽等公司都投入了大量资源进行开发。在国家科技计划和相关措施的引导和推动下，部分混合动力汽车已经进入市场，如长安的杰勋 HEV、比亚迪的双模 F3DM 等混合动力车型都已经上市。

国外混合动力客车技术经过多年发展，经历了从串联到并联再到混联的发展过程。如日本丰田 Coaster 车型早期的串联系统，日野公司的 HIMR 并联系统，美国 Eaton 公司的并联系统，美国通用汽车公司的混联系统，欧洲 BAE Systems 公司的混联系统等，都是具有代表性的产品。混联系统中，BAE Systems 公司的方案是采用行星齿轮机构和离合器，通过控制离合器、制动器和两个电机的工作状态，实现多种工作模式；通用汽车公司的混联方案是采用两套或三套行星轮机构和两个电机，通过离合器和电机的控制，实现混合动力系统的工作状态切换和换挡。国内混合动力客车技术从国家“九五”规划开始起步，经过十五年的发展，在混合动力客车开发方面取得了较大的进步，已有一汽、东风、金龙、金旅、福田、南车、中通、宇通、黄海等企业开发出混合动力客车样车和试运行产品。一汽客车的混合动力系统采用双轴并联结构；深圳五洲龙采用单轴双离合器混联结构动力总成和单轴双电机混联结构，属于混联、离合器耦合方式，通过控制离合器工作状态，实现串联工况与并联工况的转换；南车时代采用与 BAE systems 类似的方案；湘潭电机公司、厦门金旅及丹东黄海通过离合器实现串联工况与并联工况的转换。从混合动力汽车的技术水平来看，我国仍与国外有较大差距。最大的问题在于动力耦合传动模式没有重大突破，缺少性能优良的动力耦合执行机构，缺乏对关键零部件的控制和集成设计能力，国内各主流汽车企业在结构方案上几乎都采用变速器耦合或离合器耦合的方式。相比之下，国外的动力总成系统方案较多，其混联方案多采用行星齿轮机构，其经济性的改善效果也比较明显。因此，对国内汽车行业来说，迫切需要开发出性能优越、成本较低的混合动力总成。

现在混合动力汽车中应用最为广泛的是镍氢电池和锂离子电池，其中锂离子电池的优势较大，许多国家竞相投入巨资大力发展锂离子动力电池技术。目前全球生产汽车用锂离子电池的大型企业有 20 多家，江森自控、LG 化学、东芝、日立、NEC 等公司都先后开发和生产电动汽车用锂离子电池系统。我国新能源汽车的电池生产厂商主要有盟固利、力神、星恒、万向、比亚迪、中航锂电、比克等，这些企业都已经建成了锂离子动力电池的生产线并进行了批量生产和装车运行。

近年来车用驱动电机的永磁化已成为业界共识和现实的选择之一。主力车型中，混合动力轿车几乎全部采用了永磁同步电机，采用锂离子电池的纯电动轿车也基本采用了永磁同步电机。目前车用永磁同步电机涵盖了 9～90 kW 的功率范围，匹配弱混、中混、重混等混合动力车型及纯电动汽车等所有的车型。目前控制策略主要有四种，即逻辑门限值控制策略、瞬时优化控制策略、全局优化控制策略和智能控制策略，其中逻辑门限值控制策略在实际商品化的混合动力汽车中得到了应用。实用化研究涉及最多的依然是基于规则的控制策略，其优点在于执行效率高，但不能保证车内能量流获得最佳匹配。基于判断规则的控制策略分为恒温器控制策略和功率跟随控制策略两种，二者各有特点，发展趋势是将二者结合。其他控制策略目前还处于研究阶段。控制策略的优化研究分为两大类：一类是对控制参数的优化，另一类是对动力系统效率的优化。

2.3 插电式混合动力电动汽车

传统的混合动力车辆主要使用发动机提供动力，电池（或电容等）只是作为能量的储存和释放装置，用来平衡车辆在不同工况下对动力的需求，以此来使发动机工作在最佳工况，从而达到省油和减少排放的目的。所以，传统混合动力车辆的主要能量来源于燃料，对油品还是有很大的依赖性。最近，越来越多的汽车生产企业和研究人员开始致力于可外接充电式混合动力电动汽车（plug-in hybrid electroc vehicle，PHEV）的研发。PHEV 是近几年来在传统混合动力汽车的基础上派生出来的一种车辆类型，并逐渐受到世界各国的关注。这种新兴的节能环保车辆与以往的混合动力汽车的不同点在于车辆主要使用电能运行，而发动机只是作为辅助动力系统，因此大大减少了车辆对燃油的依赖性，达到更加环保和节能的效果。

可外接充电式混合动力电动汽车的驱动力有两个来源，分别为电机和内燃机，它们可以单独或一起给车辆提供动力。电池的能量主要来自公共电网，充电后的电池组给电机供电实现车辆运转。PHEV 在城区工况行驶时速低于 40 km/h 时或在车辆滑行状态，车辆完全以电力驱动；而当电池电量低于某一标准值（例如电量降低到 20%）时，或加速、爬坡行驶状态等大负荷需求情况下，发动机开始工作，以提供额外的动力维持车辆的行驶；PHEV 一般带有制动能量回收装置，使制动能转换成电力储存在电池中，从而进一步降低油耗。PHEV 的电池容量一般可达 6～10 kWh，是纯电动汽车电池容量的 30%～50%，是一般混合动力汽车电池容量的 3～5 倍，可以说它是介于混合动力汽车与纯电动汽车之间的一种过渡性产品。虽然 PHEV 的购买价格较传统轿车和混合动力轿车略高（1.2 倍），但由于外接电池的高容量、制动能量回收等新技术的应用，使得车辆在城区内行驶可以基本实现零排放，燃油经济性也比普通汽车提高了 2～5 倍。PHEV 需要的电池容量取决于布置空间的大小。如果电池较小，那么 PHEV 的成本就较低；反之，如果电池较大，车辆的成本就会增加，充电时间也较长。

2.3.1 插电式混合动力汽车的优点

PHEV 对于整个社会而言，是有利于环境保护和经济增长的。PHEV 的优点可以通过计算节省的燃油量和减少的污染，如各种温室气体（GHG）的排放来体现。研发 PHEV 的主要目的包括如下几个方面：

（1）在交通运输领域可以减少化石燃料的消耗。由于 PHEV 不必给车加油或者只需要加很少的汽油，因此能够节约大量的化石燃料，这将对政治和经济、环境产生长期的影响。

（2）排放的减少。由于燃油的消耗减少，随着 PHEV 的大规模投入市场，则整体的排放将大大减少。电能的集中产生比汽油机驱动汽车的效率高得多，排放也少得多。城镇的排放（由汽车行驶所产生）和边远地区的排放（在电厂中电能的产生造成的）能够缓和人口密集的大都市的严重污染。在未来随着电能越来越多地来自于可再生能源（能够被 PHEV 使用），整体排放将进一步减少。

（3）能源成本的节约。PHEV 开始时使用电能。由于等效能量单位的电能比燃油便宜，则每公里所消耗的电能成本要小于汽油。目前汽油的平均价格约为 6 元/L，而每度电能的价格则为 0.6 元。对于一辆中级车，每升汽油能够行驶 12.7 km，而每度的电能可以行驶 8 km。这意味着行驶 12.7 km，使用电能的花费为 0.95 元（即 1.6 kWh 的电能），使用汽油的花费则高达约 6 元。每 12.7 km 使用电能可以节约 5.05 元。然而，PHEV 需要更多零部件，如蓄电池和电动机等，导致其价格在整体上大大高于传统燃油汽车。购买 PHEV 所花费的成本需要一定的时间通过节油来回收。以目前的油价，车主需要花费较长时间来收回初始投资成本。若油价上涨，通过节油来摊低成本是有效的。同时，随着 PHEV 产量的不断上升，其成本也会不断下降。政府的鼓励措施（如退税等）也有助于补贴 PHEV 的初始成本。总之，能源之间的差异定价有利于 PHEV 的大量使用和推广。

（4）维修成本的节省。PHEV 有助于节约维修成本。由于车辆使用再生制动作为机械制动系统的辅助，因此可以有效减轻机械制动系统在刹车时的磨损和负担，降低制动系统保养和维修（如制动片的更换和制动液的更换等）的频率。由于发动机有时不工作或工作时间大为减少，则发动机机油的更换周期和其他维护项目的周期长。

（5）备份功率。当使用双向充电机时，PHEV 可以用作备份能量源。PHEV 的蓄电池组通常能够提供给家庭或办公室数小时的 3～10 kW 的功率，并且还可以通过车载发动机-发电机/电动机产生的电能进一步延长供电时间。

（6）报废蓄电池的再利用。当 PHEV 的电池组不再满足行驶需求时，其可以用来储存电网电的电能。特别是随着越来越多的可再生能源发电被接入电网，电网的稳定性更加重要。

2.3.2 插电式混合动力汽车的结构

1. 串联式

图 2-8 所示为串联式 PHEV 驱动系统的结构。在串联式结构中，发动机的输出轴与发电机相连。发电机产生的电能用来为蓄电池充电或驱动电动机运行。在串联式结构中，电动机是驱动车轮的唯一动力装置，既可以是感应电动机，也可以是永磁电动机。串联 PHEV 的电动机安装与传统混合动力汽车相同，通常不需要变速器，也可以选择安装轮毂电机。串联式结构中的电动机需要满足所有工况下对于驱动力矩的需求。在并联式和复合型结构中，由于发动机和电动机均可以驱动车轮，因此电动机的尺寸小于串联式结构。

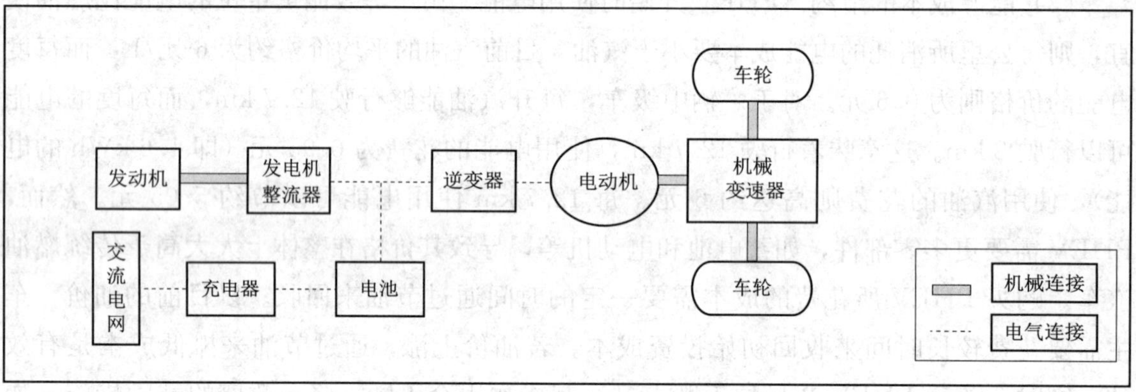

图 2-8 串联式 PHEV 结构

增程式 PHEV 的驱动原理、驱动单元都与电动汽车无异，之所以称其为混合动力，则是因为这类车上装有一台为电池充电的发动机。在日常使用过程中，增程式 PHEV 可以当作纯电动汽车来使用，只要单次行驶距离不超过电池可提供的续航里程（一般为 50 km），它就可以做到零排放和零油耗。增程模块可以在电池电量快用完时启动发电机发电，再以发出的电驱动主电动机，其优点是发动机可以一直工作在最佳工况，所以在市区具有很好的经济性，但其在高速工况中的效率较差，反而不及普通燃油汽车，因为高速时如果发动机直接驱动，就在最佳工况，发电反而增加了损耗。这类混合动力车型的代表有雪弗兰 Volt 和宝马 i3 可选装增程模块。

2. 并联式

并联式插电混合动力汽车是在普通燃油车型的基础上增加了电池和电机组成，日常使用可以作为电动车，长途混合动力模式电机同时负责发电和驱动任务，这类车优点是结构简单，动力强（电机和发动机可以同时驱动车辆），缺点是无法完全避免发动机在不良工况车辆在电池处于低下工作，在低电量区间车辆完全依靠内燃机行驶。代表车型为比亚迪秦。

3. 混联式

混联式插电混合动力系统可以看作是在传统混合动力系统的基础上加大电机和电池，也可以看作是增程式混合动力系统和并联式混合动力系统的结合，拥有以上两者的所有优点，既可以在电池电量耗尽后获得很好的燃油经济性，又可以实现发动机和电机动力的叠加，缺点是结构和控制系统较复杂。代表车型有荣威 550 Plug-in、丰田普锐斯插电混合动力版、比亚迪 F3DM 和比亚迪唐（发动机和电机位于车辆前部，另一个电机驱动后轮）。

PHEV 在行驶中主要包括能量消耗（CD）和能量维持（CS）两个阶段。在能量消耗阶段，除再生制动外，电池的荷电状态值（SOC）持续降低，发动机和电机工作与参数匹配相关，当电机功率匹配较大时，该阶段通常为纯电动工况；但当电机功率相对较小，且处于急加速、爬坡等对动力要求较高的工况时，或者动力系统的冷却和润滑需要发动机开机时，发动机在 CD 阶段仍然需要工作；CD 阶段的纯电动续驶里程差别较大，主要与电池组的容量有关如电池组容量为 4.4 kWh 的丰田普锐斯的纯电动续驶里程仅为 26 km、电池组容量为 16 kWh 的沃蓝达的纯电动续驶里程为 64 km、电池组容量为 13 kWh 的比亚迪秦的纯电动续驶里程可达 70 km。新国标要求乘用车以 60 km/h 和商用车以 40 km/h 匀速行驶时的纯电动续驶里程大于 50 km 才能获得免购置税等政策优惠。CS 阶段主要是维持 SOC 平衡，与强混控制相同，SOC 的控制目标点不应太高（如 30%、强混目标点通常为 50%左右），SOC 控制目标点在选取时同时要考虑到电池的充放电效率。

PHEV 涉及 CD 模式和 CS 模式的不同工作模式。一般当蓄电池充满电时，车辆在 CD 模式下运行，而当电池的荷电状态达到一定的下限值时，车辆切换至 CS 模式下运行。在 CD 模式下，汽车将会最大限度地使用电池的能量。在 CS 模式下，则主要由内燃机驱动汽车行驶，并使电池的 SOC 一直维持在一定的数值上。在 CD 模式的运行过程中，车辆的能量管理目标是在给定的驾驶工况下，通过蓄电池和汽油发动机/发电机之间的能量分配，使总能量消耗达到最小。

2.3.3　当前 PHEV 研究中面临的主要问题

当前 PHEV 的研究面临的问题主要有以下几个方面：

① 根据市场和用户的需要确定的整车的结构、成本、控制策略、纯电动行驶里程的长度、电池能量和电机的功率等性能指标；

② 满足 PHEV 所需的电池及其管理系统的开发；

③ PHEV 充电基础设施的建设。

PHEV 的动力电池需要具有以下几个方面的性能：

① 既要保证 PHEV 具有必要的动力性能指标和纯电动行驶里程，又不增加太多的车辆质量，因此电池必须要有足够高的能量密度和功率密度；

② 由于 PHEV 经常要采用纯电动模式行驶，因此与 HEV 不同，电池需要在深放电工作的同时，仍保证有很长的循环寿命；

③ PHEV 以纯电动模式行驶时，当电池在 SOC 降到较低的水平时，应仍能大电流放电；当电池的 SOC 较高时，应能接受大功率充电，以回收制动能量；

④ 电池应具有较低的成本，以降低整车的成本。

PHEV 使用车载电池组可以减少车辆发动机冷启动时的排放。其原因在于，在冷启动期间，车辆采用电能单独工作模式，同时使用蓄电池的电能将催化转换器加热至一定温度，一旦催化转换器能够正常工作，发动机既可按照需要启动。但是，在极冷条件下，几乎所有的电池都不能很好地工作。这不仅因为其可用电能的减少和内阻抗的增加（造成效率降低），而且当放电功率很大时，电池的使用寿命将会受到严重影响。锂电池的典型工作温度范围为 0～50 ℃ 。在极冷的条件下，电池的内阻会有很大程度的增加，输出的功率水平很低。因此为了增加 PHEV 在极冷天气条件下的续航里程和电池寿命，需要采取一些必要的措施。一种方法为对电池组进行热隔离，以确保除了冷却水出口外电池单体和周围空气之间不存在或只有极少的热交换。在极冷或极热的条件下，这种热隔离方法可以使蓄电池在较长的时间里保持稳定的温度。另一种方法是在极冷条件下，通过消耗电池电能，使用内部加热器给蓄电池加热。此外，也可以通过接入电网使电池处于外部加热模式。

PHEV 还存在一个问题，如果车主每次的行驶里程总是少于设计的电动续驶里程，并且经常给蓄电池充电，则发动机可能一直无须启动。这种情况可能会导致油箱里的燃油相对陈旧，也可能会导致某些机械结构如发动机中的零部件卡死。为此，一些 PHEV 车型（如雪佛兰 Volt）在设计上增加了维修模式，该模式既可以由驾驶员手动启动，也可以自动启动，使发动机和发电机定期运行，从而保持这些机件的正常运转。

另外，PHEV 在正常行驶条件下是安全的，但在充电（特别是在雨天或潮湿条件下操作）、维修或发生交通事故时，则存在一定的危险性安全问题。与其他高压系统一样，PHEV 的电气系统在误操作时则有一定的安全隐患。高压系统在不合理操作时可能会引起电击、电弧放电等电气危害。

如在正常情况下，汽车的高压系统与地面和汽车底盘是隔离的，当汽车在维修或保养时，如果由于误操作接触到高压系统的正负极时，就会遭受电气危害。采用先进的非接触充电方式（如感应无线充电）能够减少充电时的电击危害，但这种方式会降低充电效率，增加系统的成本。

如果在雨天，使用接触式充电机给汽车充电，可能会有电流泄漏，老化破损的插头和电线老化破损会引起漏电现象。因此雨天给汽车充电时需要格外小心。泄漏的电流会产生电击现象，导致人体肌肉收缩、心房颤动及组织损伤。通常 10 mA 的电流就能引起肌肉收缩。在发生交通事故时，高功率、高电压的连接器件有可能会发生短路，引起火花、过热等情况，甚至导致电池起火和爆炸。

车辆到电网（vehicle to grid，V2G）的概念指的是电网和汽车电池之间的双向功率和能量的交换能力。通过双向充电器，插电式混合动力汽车可以用作家庭或办公室的备用电源。通过 PHEV 的电池还可以控制电网（如分布式电网）或可再生能源发电系统的稳定性，对其频率和电压进行管理。由于在可预见的未来，成千上万的 PHEV 将与电网连接，由电力驱动的交通运输将开始繁荣起来，并逐渐实现不再依赖化石燃料的目标，因此研究电网到车辆（G2V）技术对动力系统的影响势在必行，并且需要考虑包括电池尺寸、充电过程、PHEV 的分布和效率等在内的诸多因素。

2.4　燃料电池电动汽车

配置有燃料电池的混合动力驱动系统的构造如图 2－9 所示，其主要由作为基本电源的燃料电池系统、峰值电源（PPS）、电机驱动装置、车辆控制器及燃料电池系统与峰值电源之间的电子接口等设备组成。

燃料电池系统、峰值电源和驱动系统之间的功率流由在电动汽车控制器中预置的控制策略控制，该控制策略应确保以下功能：

① 电动机的输出功率始终满足车辆对于功率的需求；

② 峰值电源的能级始终维持在其最佳范围；

③ 燃料电池系统运行在其最佳效率区。

在燃料电池汽车的控制方面，由驾驶员通过加速踏板或制动踏板给出的牵引指令或制动指令，车辆的控制系统生成相应的控制策略，针对燃料电池的特性，车辆的运行模式可以分为停顿模式、制动模式和牵引模式，各模式的具体工作条件如下。

停顿模式：燃料电池系统和峰值电源都不向驱动系统供给功率，燃料电池系统可运行在空载状态。

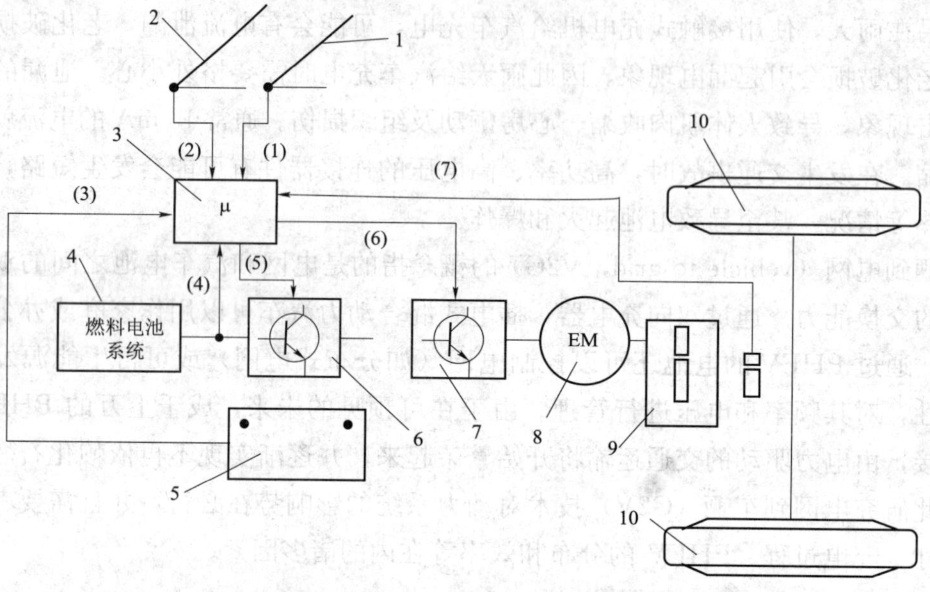

1—加速踏板；2—制动踏板；3—车辆控制器；4—燃料电池系统；5—峰值电源；
6—电子接口设备；7—电机控制器；8—牵引电动机；9—传动装置；10—车轮；
（1）牵引指令信号；（2）制动指令信号；（3）峰值能量信号；（4）燃料电池功率信号；
（5）电子接口设备的控制信号；（6）电机控制信号；（7）转速信号

图 2-9　典型燃料电池混合动力驱动系统的结构

制动模式：燃料电池系统可运行在空载状态，而峰值电源依据制动系统的运行特性，吸收再生制动能量。

牵引模式：如果车辆电动机的输入功率大于燃料电池系统的额定功率，应用混合牵引模式，由燃料电池系统和峰值电源共同为电动机供电燃料电池系统运行在其额定功率状态；如果电动机的输入功率小于燃料电池系统的额定功率，则由燃料电池系统供电，同时可根据情况为峰值电源充电；如果电动机的输入功率小于燃料电池系统的额定功率且峰值电源不需要充电，根据情况可以由燃料电池单独供电或由峰值电源单独供电。

一是储存于燃料中的化学能必须首先转变为热能后才能被转变为机械能或电能；二是传统的能源利用方式给人类的生活环境带来了大量的废水、废热、废气、废渣和噪声污染。为了更有效地利用能源，消除传统能源利用方式存在的弊病，多年来人们在不断地寻找既有较高的能源利用率又不对环境造成污染的能源利用方式，燃料电池技术凭借其所具有的高效、环保、零排放的优异特性在众多新能源技术中脱颖而出，成为关注和研究的热点，具有广阔的发展潜力和应用前景。

在燃料极中，供给的燃料气体中的 H^2 分解成氢离子（H^+）和电子（e^-），H^+ 移动到电解质中与空气极侧供给的氧气发生反应，e^- 经由外部的负荷回路返回到空气极侧，参与空气极侧的反应。一系列的反应促成了 e^- 不间断地经由外部回路的运动，因而就构成了发电。并且从总反应式中可以看出，由氢气和氧气反应生成水，氢气所具有的化学能转变成了电能，除此以外没有其他的反应。但实际上，由于电极反应存在一定的电阻，会引起部分热能的产生，由此减少了转换成电能的比例。因此为了获得大的输出电力需要采用多层组件叠加的办法获得高电压堆。组件间的电气连接及燃料气体与空气间的分离采用了称为隔板的、上下两面中备有气体流路的部件，PEMFC 隔板均由碳材料组成。燃料电池堆的功率由总的电压和电流决定，电流的大小与电池中的反应面积成正比。

燃料电池汽车的氢燃料可以通过不同的途径得到。有些车辆直接携带纯氢燃料，另外一些车辆则装有燃料重整器，通过将烃类燃料转化为富氢气体在燃料电池中与氧气发生反应产生电能为车辆提供动力。由于单个的燃料电池所提供的能量无法满足驱动车辆的需求，因此必须组合成燃料电池组，以便获得所需的动力，满足车辆的使用要求。

燃料电池汽车的工作原理为，在车辆搭载的燃料电池中，使作为燃料的氢与空气中的氧发生化学反应产生电能使电动机运行，进而驱动汽车。甲醇、天然气和汽油也可以作为燃料电池汽车的能量来源但会产生极少量的二氧化碳和氮氧化物。但总的来说，燃料电池中的化学反应除了电能就只产生水。燃料电池的工作原理如图 2－10 所示。

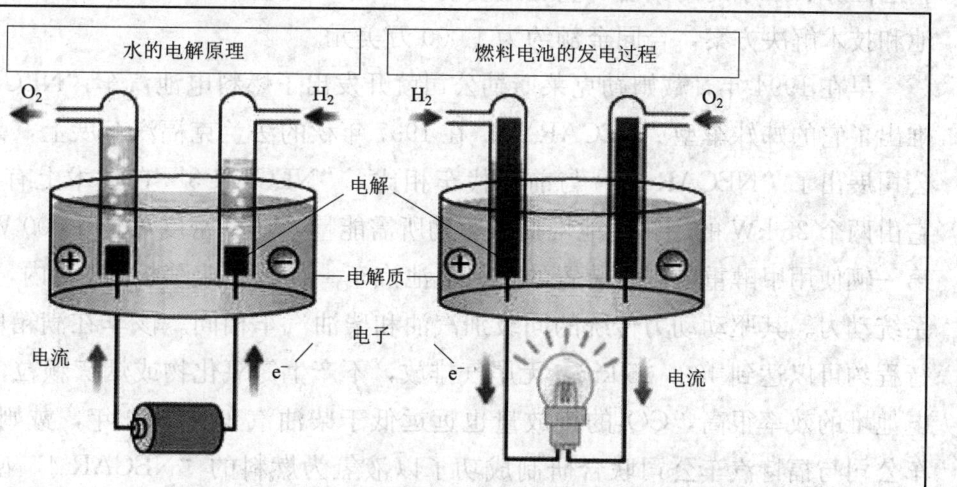

负极(−) $2H^+ + 2e^- \Rightarrow H_2$
↓在电回路中移动
正极(+) $2OH^- \Rightarrow 2e^- + H_2O + \frac{1}{2}O_2$
总反应式 $H_2O \Rightarrow H_2 + \frac{1}{2}O_2$

燃料极(−) $H_2 \Rightarrow 2H^+ + 2e^-$
在电解质中移动↓　在电回路中移动↓
空气极(+) $\frac{1}{2}O_2 + 2H^+ + 2e^- \Rightarrow H_2O$
总反应式 $H_2 + \frac{1}{2}O_2 \Rightarrow H_2O$

图 2－10　燃料电池的工作原理

为了争夺未来燃料电池汽车的市场，各国汽车生产厂商竞相开发各自的燃料电池汽车产品。20 世纪 60 年代和 70 年代，美国首先将燃料电池用于航天领域，作为航天飞机的主要电源。此后，美国等国将燃料电池的研究转向民用发电和作为汽车、潜艇等的动力电源。世界各大汽车公司也相继投入较多的人力和物力，开展燃料电池电动汽车的开发研究。在北美，各大汽车公司加入了美国政府支持的国际燃料电池联盟，并分别承担相应的任务，生产以新的燃料电池作为动力能源的汽车。美国通用汽车公司在美国能源部的资助下，推出了以质子交换膜燃料电池（PEMFC，也称为离子交换膜燃料电池或固体高聚合物电解质燃料电池）和蓄电池共同提供动力的乘用车。美国福特汽车公司现已研制出一种新型燃料电池，其所用的氢从汽油中提取获得，这种燃料电池的燃料利用效率比内燃机提高 1 倍，而产生的污染物排放则只有内燃机的 5%。

巴拉德（Ballard）汽车公司是 PEMFC 燃料电池技术领域中全球领先的公司，自 1983 年以来，巴拉德公司一直从事开发和制造燃料电池产品。1992 年，巴拉德公司在政府的支持下，为运输车研制了 88 kW 的 PEMFC 动力系统，并装车进行试验和演示。1993 年巴拉德公司推出了世界上第一辆使用燃料电池的电动公共汽车样车，装备 105 kW 级的 PEMFC 燃料电池组，能载客 20 人，该车以氢气为燃料，采用碳吸附系统储存，在一般城市公交工况下，可连续运行 480 km。2015 年巴拉德公司宣布，已经与我国江苏、广东的两家公司签署最终协议，为 33 辆燃料电池动力公共汽车提供燃料电池和技术解决方案，合同金额约为 1 000 万美元。

早在 1994 年，戴姆勒克莱斯勒公司就开发出了燃料电池汽车“NECAR 1”，随后又推出了它的姊妹车型“NECAR 2”。在 1997 年秋的法兰克福汽车展上，戴姆勒克莱斯勒公司展出了“NECAR 3”。与前两代车相比，“NECAR 3”在技术上有了很大的进展。它由两个 25 kW 的燃料电池堆提供驱动所需能量，功率密度可达 1 000 W/L，是世界上第一辆使用甲醇重整制氢装置的燃料电池汽车。踩踏加速踏板的 2 s 内，可得到 90%的系统动力。其驱动动力传统的同级别汽油和柴油汽车相同。该车在满箱甲醇（40 L）的行程约可以达到 402. 25 km，无尾气排放，不产生氮氧化物或烟灰颗粒，并且由于燃料电池堆的效率很高，CO_2的排放量也远远低于柴油汽车。1999 年，戴姆勒-克莱斯勒汽车公司与福特汽车公司联合研制成功了以液氢为燃料的“NECAR 4”型燃料电池电动汽车该车可乘坐 5 人，已经结束了行驶试验，进入商业化生产的开发阶段。2000 年，戴姆勒-克莱斯勒公司宣布，已经开发出甲醇燃料电池汽车“NECAR 5”和“Jeep Commander 2”。NECAR 5 以奔驰 A－Class 车型为基础开发而成，而甲醇改质形式也是基于奔驰 ACLASS 车型，是 1997 年开发的“NECAR 3”的后续产品。在燃料电池汽车的开发竞赛中，载姆勒-克莱斯勒已经取得了领先地位。

2011 年 1 月，奔驰公司研发的 3 辆燃料电池原型车完成了横跨 4 大洲、14 个国家、绕地球行驶 1 周的创举。此外，奔驰还在世界上一些主要国家和地区投入了 36 辆氢燃料电池客车试运行，并已收集到 200 万 km 的运行数据。目前的氢燃料电池客车的燃料消耗比早期产品降低了 50%，性能和行驶里程均得到了显著提高。德国在 2015 年已建成 1 000 个加氢站，实现燃料电池动力汽车的大规模商业化，预计到 2020 年德国将有 100 万辆电动汽车和 50 万辆燃料电池汽车投入使用。

日本早在 1981 年就开发出了熔融碳酸盐燃料电池（MCFC），随后又研制了磷酸燃料电池（PAFC），在 1992 年开发成功了比功率高、工作温度低、结构紧凑和安全可靠的质子交换膜燃料电池（PEMFC）。在日本，丰田公司在燃料电池系统的发展中处于领先地位。丰田的目标是开发能量转换效率达到传统汽油机 2.5 倍的燃料电池，并且能和现有的内燃机汽车同样方便地添加燃料。丰田汽车公司利用自己独有的燃料电池技术，试制出两种类型的燃料电池样车。一种是使用特殊的合金材料储氢；另一种则是以甲醇为燃料，在车上完成从甲醇转化为氢气燃料的全过程。丰田燃料电池版的 RAV4 车型使用了 25 kW 的燃料电池堆与镍-氢电池的混合动力装置，该车的最高时速可达 128.72 km，50 L 甲醇燃料箱在一次加满后可以提供的行程为 500 km。

2014 年 12 月 15 日，丰田发布了全球第一款实现量产的氢燃料电池汽车“Mirai”（意为“未来”），并率先在日本上市。该车的最大功率为 104 kW（152 hp）、最大扭矩为 335 Nm。在纽约国际车展上，丰田公司的 Mirai 氢燃料电池汽车被称为 2016 年全球“绿车”。Mirai 使用了液态氢作为动力能源，液态氢被储存在位于车身后半部分的高压储氢罐中。Mirai 所使用的聚酰胺外加轻质金属的高压储氢罐可以承受 70 MPa 的压力，并分别置于后轴的前后。液态氢的添加过程与传统内燃机汽车加注汽油或柴油相似，并且有标准。充满 Mirai 的储氢罐需要 3～5 min，在 JC08 工况下，Mirai 的氢储量可以支持 700 km 的续航里程。减压后液态氢经进入位于乘员舱下方的燃料电池中，氢原子在燃料电池的阴极上反应，释放出电子从而产生电能，通过多个燃料电池的串联使输出电压达到使用标准驱动电机运转，从而带动车轮行驶。

本田公司在 2016 年 3 月 10 日在日本举行了氢动力燃料电池汽车“CLARITY FUEL CELL”的发布会，正式宣布名为“CLARITY FUEL CELL”的燃料电池汽车开始以租售的形式上市，随后将在 2016 年下半年投放欧洲和北美市场。CLARITY FUEL CELL 内部配置了可以承受 70 MPa 的压力，容量为 141 L 的高压氢气罐，该车在一次充满燃料后的续驶里程高达 700 km，并可在 3 min 内充满燃料，达到了与常规内燃机动力车型相同的标准。该车型现在已经开始接受预订，五座型的价格约合 44 万元人民币，四座型的价格比五座型低约 2 万。“CLARITY FUEL CELL”采用本田公司全新一代的家族式设计，蜂窝状的进气格栅，“U”形的镀铬饰条衔接 10 个车灯集成的前大灯组，五幅式铝合金轮毂凸显其整体造型的运动感。车身尺寸为长

4 895 mm，宽 1 875 mm，高 1 475 mm。新车将提供五座型和四座型两种可选，其中五座型补充一次氢气后可行驶 700 km 左右，四座型补充一次氢气后可行驶的距离约为 650 km。同时，还将搭载一台最大输出功率为 131 kW（177 hp）的电动机，峰值扭矩可达 300 Nm。在安全性方面 CLARITY FUEL CELL，配置了本田最新的“honda sensing”安全驾驶辅助系统。车载娱乐信息系统能够兼容苹果的 Apple CarPlay 及 Android 架构的 Android Auto 系统。CLARITY FUEL CELL 将全部在日本生产，以出口的方式对外销售。

2016 年 2 月，英国的 Riversimple Movement 公司发布了一款小型氢动力燃料电池汽车 Rasa，其定位为一台轻型、大众化、经济实用的小型车，并将欧洲地区作为其主要的目标市场。Rasa 为两座车型，外形轻巧，采用了碳纤维车身、鸥翼式车门、轮边电机，车辆的内饰风格也非常简洁。位于车身前部的超级电容可以回收超过 50％的制动能量并为电池进行充电，储氢罐布置在车身后部，每 1.5 kg 的氢燃料可以使车辆行驶 483 km，具有很高的燃料利用效率，如果折算成化石燃料进行计算，其平均燃料消耗量仅相当于每百公里 0.9 L。Rasa 采用了轻量化设计，整车质量控制在 580 kg，燃料电池的功率为 8.5 kW，其 0～90 km/h 的加速时间约为 9 s，最高设计时速为 100 km。

在我国，燃料电池汽车是“十五”期间全国 12 个重大科技专项之一。其中，质子交换膜关键技术被列为山东省第一号科技攻关项目，并取得了重大突破。辽宁新源动力股份有限公司承接了国家“863”重大科研项目，已研制出 5 kW、10 kW、30 kW、60 kW、110 kW、200 kW 的燃料电池系统、燃料电池电站及便携式电源等产品。在“十一五”期间，我国继续加大对燃料电池汽车的研发投入，推动核心技术的产业化。2008 年北京奥运会期间，有 23 辆燃料电池汽车投入示范运行；累计行驶里程为 7.6 万 km；而在到了 2010 年上海世博会期间，这一数字上升到 196 辆燃料电池汽车投入示范运行累计行驶里程达到了 91 万 km。2014 年，在上汽启动的“创新征程——2014 年新能源汽车万里行”活动中，荣威 750 燃料电池汽车以其动力强劲且操控性能稳定的特点，成为了国内氢燃料电池汽车技术的代表。

第3章

电动汽车总体设计

3.1 电动汽车的车身设计和基本组成

3.1.1 电动汽车的车身设计

由于从事电动汽车车身造型设计的设计师和工程师绝大部分都来自于传统的汽车的设计领域，因此传统内燃机汽车造型的特点和趋势，在很大程度上也会引领电动汽车造型的发展。但电动汽车作为新生事物，又有其不同于传统汽车的特点，如果忽视了这些不同之处，完全将其和传统汽车的造型设计混为一谈，则会限制电动汽车车身造型的发展。电动汽车与传统汽车在机械结构和控制技术方面的区别主要表现在以下三个方面。

1. 结构和空间布局不同

电动汽车与传统内燃机汽车的最大区别在于驱动能量的产生和传递装置的不同。传统内燃机汽车通过在发动机内燃烧化石燃料产生能量，经过离合器、变速器、传动轴等将发动机的动力传递至行驶系统。电动汽车则是利用车载电池储存能量，通过电能传输线路即可将能量传递至电机，由电动机驱动车辆前进。由于电动汽车用体积更小的电动机取代了传统内燃机汽车在车辆前端占据相当空间的发动机并且一般不需要体积较大，结构复杂的机械式传动系统，因此电动汽车的内部构造与传统内燃机汽车相比有较大的不同，这也直接产生了车身造型的差异。与传统内燃机汽车相比，占据相当大空间的发动机不见了，因此前悬的距离较传统汽车可以大大缩短，前围到前挡风玻璃的车头部分也可以得到一定程度的缩短，设计师在处理车身各部分的比例和线条时更加灵活，自由度更大，更容易实现新颖、科幻的造型。

2. 集成化

电动汽车技术的发展方向之一就是集成化。线控技术的运用使传动系统得到了简化，占用的空间更小，从而提高了电动汽车的空间利用率，底盘也更加平整，造型上的自由度也更大。线控电子控制技术能够使车辆的操控系统、制动系统和其他车载系统通过电子方式而不是传统的机械方式进行控制，车身与底盘通过接口连接，车身设计和底盘设计之间的相互影响逐渐减小，两者可以采用更加模块化的拼接方式，车身造型的自由度显著提高。现在越来越多的电动汽车采用性能先进的电动轮（又称轮毂电机）驱动技术，在电动轮驱动方式中，电动机和行星齿轮减速装置安装在驱动轮的轮毂中，甚至可以用电机（多为永磁无刷式）直接驱动车轮，进一步减小了动力和传动装置的体积。由于电动轮驱动技术不需要传统内燃机汽车的变速箱、传动轴和驱动桥等复杂的机械传动部件，汽车结构大为简化。但是电动轮驱动方式要求电机在低转速下有很大的扭矩以满足车辆在启动和加速时动力需求。

3. 智能化

智能化是电动汽车的重要发展趋势。制动力分配系统（EBD）、车身稳定程序(ESP)、智能停车辅助系统、智能制动系统等先进设备的运用能够在很大限度上提高行车的安全性。电动汽车智能化的持续发展将不断减小交通事故发生的概率，并最终实现“零碰撞”的目标。可以预见，智能化的电动汽车不但可以实现零油耗和零排放，并且最终会在未来的城市交通中消除拥堵和事故。

3.1.2 电动汽车的基本组成

电动汽车既区别于传统的内燃机汽车，也不同于新型的燃料电池汽车或混合动力汽车。电动汽车与传统内燃机汽车的差别主要表现在电驱动及其管理控制系统上，其他部件的结构、功能与传统汽车基本相同。由于电动汽车采用电力驱动，因此可以在很大程度上减少相关的机械部件，从而最大限度地实现电动机与外部机械构件的机电一体化。为此，电驱动及其管理控制系统对整车的组成结构与性能具有决定性的作用。然而，电动汽车如果要取得更高的性能，仅在传统汽车的基础上部件升级和替换是远远不够的，必须对整车的结构进行科学设计和整体布局，并且要完成对各个组成系统、部件的参数校正与性能优化。

由于以电能为动力的电动汽车各个部件之间的能量传递与控制主要通过电流或电信号的逐级传递来实现的。因此可以使车辆的总体布置更加灵活，提高电动汽车的可利用空间。电动汽车主要由电驱动系统、能源系统和辅助系统等总成构成，各主系统所包含的基本结构部件之间的关系（即部件的结构图）如图 3－1 所示。车辆的控制信号主要通过加速与制动踏板及方向盘产生并传递给车辆的控制系统。

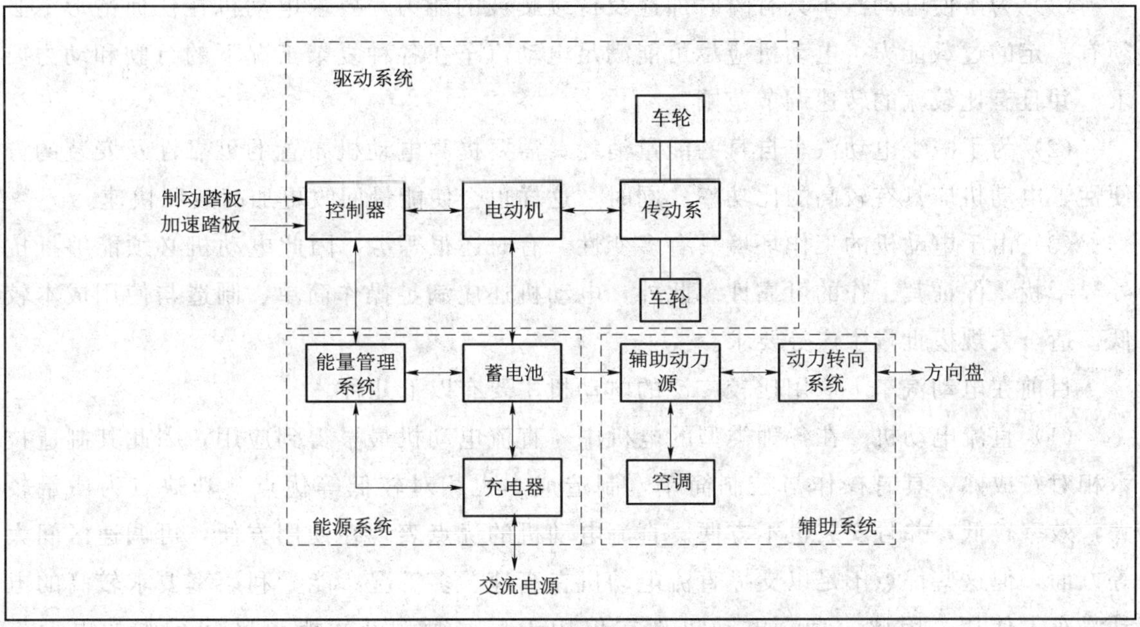

图 3－1　电动汽车各主系统的基本构件和结构

1. 电驱动系统

电动汽车的电驱动系统主要包括电动机、电子控制器、机械传动装置、功率转换器及电动机控制系统等装置，其主要作用是实现动能与电能之间快速、有效地转换，即在汽车行驶时将存储在蓄电池组的电能转化为驱动车辆所需的动能；在减速、制动时则将车辆的动能转化为电能储存在蓄电池中。

1）电动机

电动机不但可以为电动汽车的正常行驶提供所需动力，当电动汽车处于制动或下坡时，还可以回收能量为动力电池充电。电动机在选择时主要应考虑电动汽车的负载及行驶特性这两个因素。当电动汽车高速行驶时，电动机的功率应该为一个特定值保持不变，当电动汽车低速行驶时，电动机的转矩也应该为一个特定值保持不变。

电动汽车中电动机的主要作用是将电能转化成动能，为汽车提供动力，同时又能将车辆在减速及制动时的动能转化成电能，存储在动力电池组中。电动机是电动汽车中最重要的动力元件，其能否正常并且有效、稳定地运转具有非常重要的意义。因此，对电动汽车的各项性能来说，电动机的选择是非常重要的。电动汽车在日常的行驶过程中，会遇到各种不确定的工况，时常出现快速启动或制动、紧急加速或减速等工况。通常在这些工况下需要不同的转矩和转速，以及能量的快速回收。为了使电动汽车的各项性能满足要求，作为经常使用的电动机必须满足以下 3 点。

（1）为了使电动汽车具有瞬时加速及持续爬坡的能力，要求电动机在任何情形下必须有一定的过载能力。电动机应尽可能满足电动汽车在各种复杂工况下的行驶和动力要求，并且有比较宽的转速调节范围。

（2）为了减少电动汽车自身的能量消耗，需要提高电动机布置的可靠性及安装的方便性，电动机应具有较高的比功率。同时，这样也会使能量回收更加高效和快速。

（3）由于电动机的工作环境具有多变性，有时还很恶劣，因此电动机必须能够抵抗外界干扰，保证其工作的可靠性。此外，电动机还应满足操作简单、制造与使用成本较低，适合大规模批量生产等要求。

目前在电动汽车上应用比较广泛的电动机主要有以下几种。

（1）直流电动机。在各种类型的电机中，直流电动机最早得到应用，因此其制造技术相对较成熟，具有操作与控制简单，制造成本也相对较低等优点。其缺点为质量较大，效率较低，并且安装也不方便。直流电动机的优点表现在使用方便，可调速区间大等方面，但这些优点不足以支撑直流电动机在高速、多工况、能量利用率要求较高的电动汽车上使用。因此，直流电动机现在仅用于一些微型及短距离区间行驶的电动汽车上。

（2）交流感应电动机。与直流电动机相比，交流感应电动机最大的优势在于体积与质量都比较小，工作稳定，使用寿命也比较长。但其控制系统没有直流电机复杂，研发费用比较高。随着电子及电控技术的不断发展，两者之间的差距会越来越小，交流感应电动机的应用规模市场占有率将会进一步提高。

（3）永磁电动机。永磁电动机又分为直流型和交流型两种，直流型称作无刷电机，交流型称作同步电机。但二者都是由永磁材料组成磁场，用电流来控制的。其特点主要为转矩较大，在车速突然变化时基本无冲击电流，当载重量发生变化时其电流变化也很微弱。由于永磁电动机的控制是根据电流的变化完成的，控制的方式和过程比较复杂，因此，对控制系统的精度要求较高，研发成本也相对较大，因而价格较贵。但随着控制系统的不断更新换代，其研发成本会逐步下降，并实现规模化生产。

（4）开关磁阻电动机。开关磁阻电动机具有可靠性高、开始工作时的转矩较大、简单易操作、效率高，具有在电动机正常运行条件和电动机频繁起停、正反运转的条件下良好工作的优点。但由于其控制器及其系统复杂设计中存在诸多难点，制造成本也很高，因此在目前所生产的电动汽车上很少使用，需要等其控制技术更加成熟时才可能批量生产。

几种常用的电动汽车驱动电动机的性能参数及特性如表 3－1 所示。

表 3－1　几种常用电动机的性能参数及特性

项　　目	直流电动机	交流感应电动机	永磁电动机	开关磁阻电动机
峰值效率/%	85～89	94～95	95～97	90
负荷效率/%	80～87	90～92	85～97	78～86
功率因数/%	—	82～85	90～93	60～65
功率密度	低	中	高	较高
转速范围/（r/min）	4 000～6 000	12 000～20 000	4 000～10 000	>15 000
过载能力/%	200	300～500	300	300～500
恒功率比例	—	1∶5	1∶2.25	1∶3
外形尺寸	大	中	小	小
电动机质量	中	中	轻	轻
可靠性	一般	好	优良	好
结构的坚固性	差	好	一般	优良
控制操作性能	最好	好	好	好
控制器成本	低	高	高	一般

2）电子控制器

电子控制器是整个电动汽车系统的控制中枢，其主要作用是根据外界（踏板）不断发出的电信号，通过实时监控转换器，使电动汽车实现控制的协调。当外界有多重信息同时输入时（即同时收到加速与制动信号），则会优先考虑制动信号，以保证电动汽车的安全。

3）机械传动装置

机械传动装置的主要作用与传统内燃机汽车基本相同，是驱动转矩的传递装置，只不过电动汽车的驱动转矩是由电动机提供的。由于电动机具有良好的调速性能，其变速装置可以在很大限度上得到简化，只需采用固定速比的减速器即可满足电动汽车的动力要求。

4）功率转换器

功率转换器也被称为逆变器，主要功能是通过电机、电流及控制器的反馈信号或相关指令对电动机的旋转速度、转动方向及力矩进行实时控制，从而实现电动汽车能量的有效转换。

5）电动机控制系统

电动机控制系统在选择时要遵循结构简单且有效的原则，在满足性能的同时还要使电动机能够良好和稳定的运行，而且要具有高效率。此外，在制定控制策略时，必须充分考虑到其效果。

2. 电动汽车的能源系统

电动汽车的能源系统主要由能量管理系统、动力蓄电池组、充电系统组成。

1）能量管理系统

能量管理系统的主要作用是对电动汽车各动力机构进行能量的分配及后期的管理，使电动汽车的能量利用率得到提升。同时，它还可以对蓄电池的充放电进行监控，监测其参数的变化，判断所处的状态，防止过充、过放等现象发生，从而避免蓄电池组的损害，延长其使用寿命。

为了避免电动汽车在行驶过程中出现蓄电池组件之间的电压不平衡等因素对蓄电池造成损害，优化电池能量的使用，延长电池的使用循环寿命，必须对蓄电池的电压、电流和温度指示等指标进行实时监控。蓄电池的能量管理系统是以微处理器为核心的电子控制单元，其主要功能是采取多种措施对蓄电池在使用时的参数进行监测。监测的物理量包括以下几个方面：

① 蓄电池的电压、电流、外部环境因素及所处状态等；

② 根据传感器获得的数据得到电池组的能量，计算其 SOC 值；

③ 进行充放电控制，根据检测到的蓄电池参数，系统自动控制蓄电池的充放电状态，保证蓄电池的正常使用及其性能的稳定和安全；

④ 通过对电池测温点的数据进行实时采集对电池进行热管理，控制电池的温度，防止出现温度过高等情况；

⑤ 可以完成数据的整理及能量的监控，根据能量的多少判断电池的使用情况；

⑥ 可以实现对电池工作状态的实时跟踪显示，完成数据的快速更新。

2）动力蓄电池组

动力蓄电池组不仅是为电动汽车的正常行驶的提供电能，而且还为各种附属部件和系统供能。电池组主要以串联和并联的形式安装在电动汽车上，使其输出电压能够满足驱动车辆的需求。同时，在提高电池的发电效率方面，经常会通过综合考虑其性能要求，在合理的范围内进行相近性配组。

电动汽车的能源系统是其续驶里程的重要保证，也是其决定性因素。电动汽车的主要能量来源为蓄电池，因此蓄电池能否最优将最终影响到整车的经济性。为此，电动汽车的蓄电池应该能够满足以下三个方面的要求：

① 在制造方面，要求具有尽可能长的使用寿命，并将成本控制在较低的范围内；

② 在使用方面，要求具有较高的能量与功率密度，能够快速充电和深度放电，对工

作环境的适应性好（如具有较宽的环境温度范围）；

③ 在维护及回收利用方面，要求维修方便，具有较好的可回收性，并且要考虑到回收与维修成本。

蓄电池是电动汽车的动力来源，是能源系统的根本。因此其质量的优劣将会在很大程度上影响电动汽车的性能和其行车里程。目前，市场上比较常见和应用比较广泛的动力电池包括铅酸（Lead-Acid）蓄电池、镍氢（Ni-MH）蓄电池及锂离子（Li-ion）蓄电池等类型。

（1）铅酸蓄电池。铅酸蓄电池由于开发和应用较早，其生产工艺已经相当成熟，产品质量也相对较高。加之铅的分布较广、价格也相对低廉，因此比较经济实用。因此，在电动汽车电池技术相对还不成熟的初始阶段被大量应用，是电动汽车的主要动力源。但随着技术的革新，铅酸电池的缺点也越来越明显，主要包括以下几个方面：

① 铅酸蓄电池的质量和体积较大，致使电动汽车的总质量增大，可利用空间变小，加大了车辆的能量消耗；

② 铅酸蓄电池的利用率受外界的影响较大，连续工作下的效率低；

③ 铅酸蓄电池在淘汰后受自身条件的限制，回收利用的难度较大。

（2）镍氢蓄电池。镍氢蓄电池具有很高的比能量，可以为电动汽车提供充足的动力，能够满足其在多工况中的动力需求。此外，由于镍氢电池不会造成重度污染，因此绿色环保也是其一大优势。在使用方面，镍氢蓄电池的使用寿命明显高于其他蓄电池，充放电性能也比较突出，发展前景较大。尽管镍氢蓄电池因为成本较高在现阶段大规模生产的难度较大，但由于其在能量和使用寿命两方面的优势，因而会成为我国今后一段时期内开发的主要动力电池产品。目前，镍氢蓄电池已经在我国部分微小型车上得到应用。

（3）锂离子电池。锂离子电池不仅具有比能量大、质量轻、效率高、功率大等优点，还具有寿命较长、无污染、对使用环境及温度范围要求不高等优越性能。其缺点是制造成本高，需要在开发阶段有较高的投入。

3）电动汽车的充电系统

电动汽车充电系统的主要作用是将电网中的交流电通过整流和功率变换等过程转换为直流电并存储在蓄电池中，从而实现对电动汽车的充电。电动汽车为了达到所需的行驶性能，一般都会选择具有多充电阶段的充电系统。

3. 电动汽车的辅助系统

电动汽车的辅助系统主要包括低压温控（空调及导航系统等）、动力转向系统及其他辅助装置等。

3.2 电动汽车动力参数的计算

汽车的整体设计是一个十分复杂的过程，包括众多的变量、约束、考虑因素和判断。从道路原理、车辆动力学和机械结构可以得到动力系统组件计算的基本原理。在复杂混合动力系统的详细分析中，这些计算方法能够为计算机建模和仿真提供设计依据。通过反复建模、仿真及设计子系统，不断更新控制器直到仿真结果满足要求。下述内容主要围绕纯电动汽车和混合动力汽车设计的基本方程和原理展开。动力系统的设计主要包括初始加速度、给定坡度的额定速率、最大爬坡度和最大稳态速度等内容，能量系统的设计主要包括给定加速度和稳态速度等内容。

动力系统参数的选择与匹配直接影响到电动汽车的动力性与经济性，但目前电动汽车动力系统的选型与匹配大多依赖人工计算，计算量大且不易进行不同方案的对比。

3.2.1 电动汽车性能的评价指标

汽车动力性能的评价指标主要包括汽车的最高车速、加速能力及爬坡能力，而经济性指标主要是百公里能耗。此外，针对电动汽车的性能指标还包括续驶里程、电池使用寿命等。

1. 最高车速

最高车速是指汽车在水平路面满载行驶时所能达到的最高速度，单位为 km/h。纯电动汽车由于使用电机驱动，其最高车速往往由电机的最高转速及传动比的大小决定。

2. 加速能力

加速能力是指汽车从初速度加速到末速度所用的时间，单位为 s。对于纯电动汽车，其加速性能主要由驱动电机的过载能力决定。

3. 爬坡能力

爬坡能力是指汽车满载并以最低挡位行驶于良好路面时所能爬上的最大坡度，单位一般用%表示。对于纯电动汽车，其爬坡能力主要取决于电机的最大转矩特性与过载能力。

4. 续驶里程

纯电动汽车的续驶里程是指电池在充满电的情况下可以行驶的距离，单位为 km。

续驶里程的评价方法可分为等速法与工况法。由于工况法相对于等速法只是增加了加速与减速工况，而在计算时通过计入加速时的功率消耗即可在等速法的基础上推算得出工况法的结果，所以一般采用等速法对续驶里程进行评定。电动汽车的续驶里程主要取决于电池容量。

5. 百公里能耗

百公里能耗是指汽车以特定速度行驶 100 km 所消耗的总能量。

6. 电池使用寿命

电动汽车的使用寿命通常以其所配备电池能够连续使用的最大里程数来评定。

3.2.2　纯电动汽车动力系统的设计

纯电动汽车的动力系统主要由电机和能量储存系统构成。电机的设计主要包括额定功率和运行速度范围。在系统设计阶段，额定电压和空间布置的约束也要考虑在内。电机的设计需要满足系统的要求。下面介绍电机额定功率的设计方法和过程。能量存储系统的设计将在混合动力汽车的设计部分介绍。

1. 电机的转矩—速度曲线

电机的转矩—速度特性曲线主要由 3 个部分构成，分别为：恒转矩区、恒功率区和自然特性区。电机的转矩—速度特性曲线如图 3-2 所示。当电机达到额定功率时，电机输出额定转矩的速度为电机的基本速度或者额定转速。超过额定转速后，电机运行在恒功率模式，转矩以一定的比例平稳地下降，与转速成反比。电机通过减弱磁场，可以运行在恒功率区的高速范围内。进入到自然特性区后，电机的转速更高，转矩迅速下降并与速度的二次方成反比。自然特性区是某些电机整个转矩—速度曲线中非常重要的部分，可以用来减小电机的输出功率。但是在大多数情况下，车辆的最高车速设定在恒功率区的尾部。如图 3-2 所示，不同区域的工作转矩和速度范围：基于电机组件的动力电子设备馈送，电机可以工作在包络线内的任一点。在纯电动汽车等车辆中，电机具有广泛运行速度范围的显著特点可以使其不必采用多重传动比和离合器。由此只需单传动比的传动系即可连接电机和传动轴，利用电机扩展恒功率特性区可以减小齿轮的设计尺寸。

车辆驱动所需的最大转矩决定了电机的尺寸。电机的转矩越大，其尺寸也就越大。对于给定的额定速度，为了减小尺寸和重量，电机设计了高速度运行区。电机的较高转速与车轮的较低速度通过齿轮传动系统匹配。对于轻型客车，其车轮转速一般约为 1 000 r/min，相应的电机转速在 15 000 r/min 左右，传动系的齿轮减速范围为 10∶1～15∶1，分为两个 3∶1～4∶1 的减速阶段。齿轮的尺寸决定于车辆的高速或低速性能，

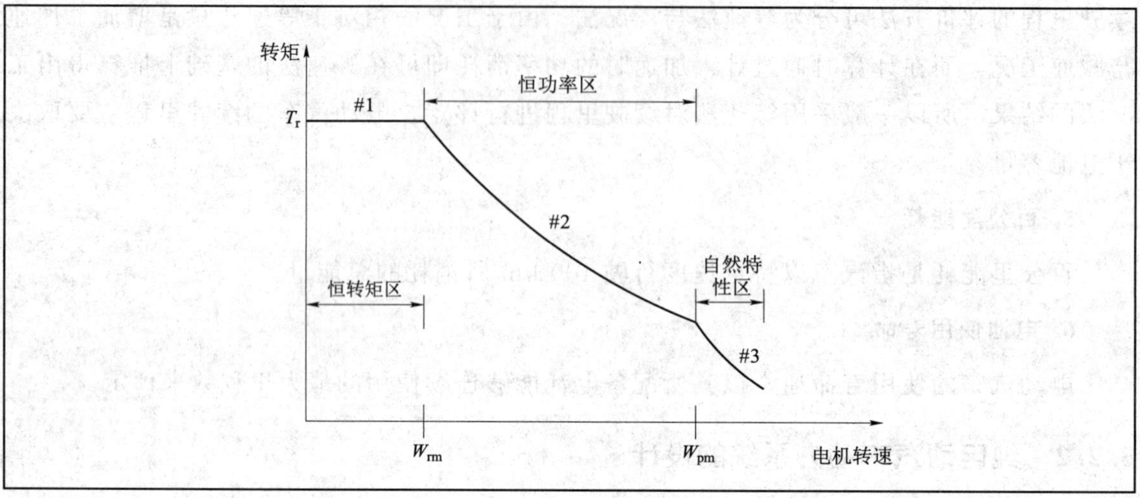

图 3-2 电机转矩—速度特性曲线

更进一步地说是决定于车辆的额定功率。

如图 3-3 所示，不同传动比下驱动系统的牵引力—速度特性曲线有很大的区别。首先，根据齿轮传动比，电机的速度可以转变成动力传动单元的速度或者车轮的速度。较小的传动比可以获得更高的车轮速度或车速，但是动力系统的牵引力会变小，牵引力变小会降低车辆的初始加速度和最大爬坡度；如果传动系采用了较大的齿轮比，增大车轮上的效峰值牵引力，但是最高车速 V_{max}则会有一定程度的降低。因此，传动系的齿轮比取决于电机的额定转速、车辆额定速度和最大速度、车轮半径及最大爬坡度等因素。但是必须要注意到，高的传动比会导致更大的齿轮尺寸。因此应该同时选择传动比和电机额定转速，从而优化传动系整体的尺寸和性能。

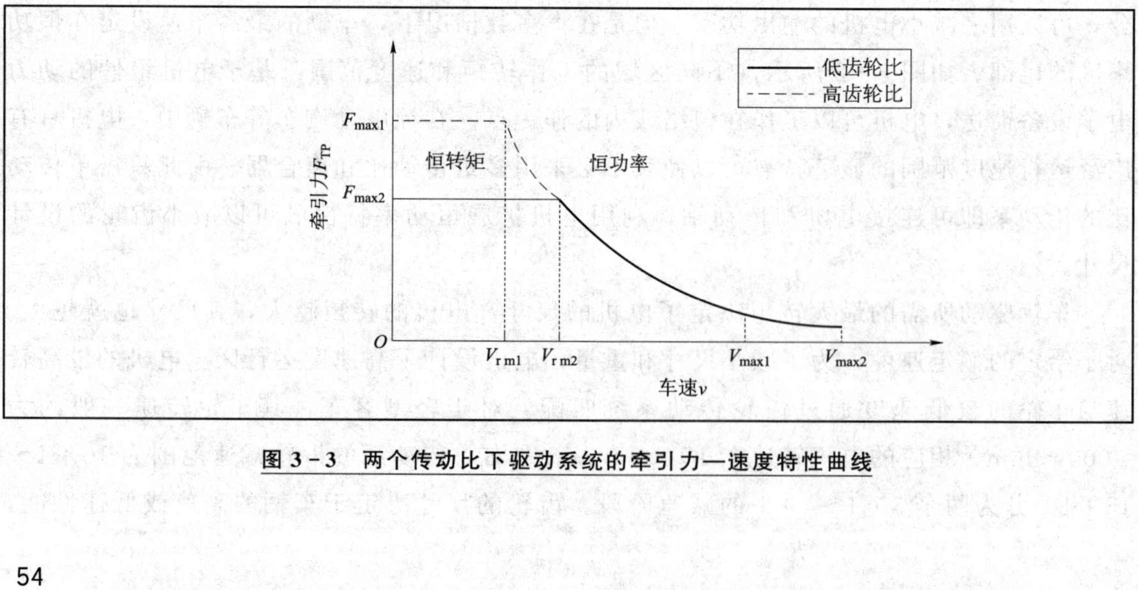

图 3-3 两个传动比下驱动系统的牵引力—速度特性曲线

接下来讨论以初始加速度、给定坡度的额定速度、最大恒稳态速度和最大爬坡度等指定条件作为目标的电机设计。在设计和计算中将会用到以下参数，分别为电机的额定功率 P_m，电机的额定转速 ω_{rm}，车轮的额定转速 ω_{fwh}，车辆额定速度 v_f，车辆的总质量 m，车辆的迎风面积 A_f，车轮的滚动阻力系数 C_0 和 C_1，空气阻力系数 C_D。设计在开始阶段通常是基于一组已知的参数或一些有根据的假设，并进行反复的调整和验证后，直到最后的计算值符合要求时，结束计算。

1. 初始加速度

初始加速度是指在长度为 t_f 的时间内，车辆速度由 0 增至 v_f 的加速度。v_f 是车辆的额定速度，由车轮的周长乘以车轮的额定转速（即 $v_f=2\pi\cdot\omega_{fwh}\cdot r_{wh}$）计算得到。车辆初始加速度 a 可由式（3-1）计算得到：

$$a=\frac{\mathrm{d}v}{\mathrm{d}t}=\frac{F_{TR}-F_{RL}}{m} \tag{3-1}$$

式中：F_{TR}——车辆的牵引力，由车辆驱动单元产生，驱动车辆以期望的速度向前行驶，N；

F_{RL}——道路载荷力，即反作用力，包括重力的分力、轮胎滚动阻力和空气阻力，N；

m——车辆的质量，kg。

其中，车辆牵引力 F_{TR} 的确定需要用到如下参数，包括车辆质量、滚动阻力、空气阻力、滑转率、车轮半径等，其中一些参数已知，其余的需要假定。

根据给定的牵引力—速度曲线，求解式（3-1）中的微分方程得到电机的额定功率，边界条件为：$t=0$ 时，车速 $v=0$；当 $t=t_f$ 时，车速 $v=v_f$。

在 $t\in(0\sim t_f)$，车速 $v\in(0\sim v_f)$ 的条件下整合式（3-1）中的微分方程，得到

$$m\int_0^{v_f}\frac{\mathrm{d}v}{F_{TR}-F_{RL}(v)}=\int_0^{t_f}\mathrm{d}t \tag{3-2}$$

当车轮的额定速度与传动比的乘积高于电机额定转速时，电机的转矩—转速特性位于恒功率区，因此可以将式（3-2）中等号左边的积分分成两个速度区，车速在 $0\sim v_{rm}$ 时为恒转矩模式，车速在 $v_{rm}\sim v_f$ 时为恒功率模式，由此式（3-2）可以写为

$$m\int_0^{v_{rm}}\frac{\mathrm{d}v}{\left(\dfrac{P_m}{v_{rm}}\right)-F_{RL}(v)}+m\int_{v_{rm}}^{v_f}\frac{\mathrm{d}v}{\left(\dfrac{P_m}{v_{rm}}\right)-F_{RL}(v)}=t_f \tag{3-3}$$

根据滚动阻力、空气阻力和道路坡度，可以将道路载荷力 F_{RL} 写成关于速度的函数，通过求解式（3-3）中的超越方程可以得到额定车速 v_f 下的电机的功率 P_m 和额定转速。在实际应用中，采用大量的计算机辅助设计和仿真有助于动力传动系统电机额定

功率和传动比的确定和优化。当 $F_{RL}=0$ 时，电机的额定功率为

$$P_m=\frac{m}{2t_f}\left(v_{rm}^2+v_f^2\right) \tag{3-4}$$

由式（3-4）可以看出，当 $v_{rm}=0$ 时，电机的额定功率最小，表明电机完全工作在恒功率模式时是满足使用要求的最小电机；如果电机完全工作在恒转矩模式，即 $v_{rm}=v_f$ 时，那么电机功率则是前者的两倍。考虑到在实际使用中除了恒转矩区域，完全工作在恒功率区是不可能实现的，因此电机应设计成具有较低的基本速度或额定转速，并拥有广泛的恒功率区。

2. 额定车速

动力系统在设计时要保证有足够的动力使车辆从 0 加速到额定车速，并且能以额定车速巡航（假设在巡航条件下，指定道路坡度下的初始加速度未知）。

3. 最高车速

车辆在 v_{max} 下巡航时的牵引功率为

$$P_{TR,max}=mgv_{max}\sin\beta+\left(mgC_1+\frac{\rho}{2}A_FC_D\right)v_{max}^3+mgv_{max}C_0 \tag{3-5}$$

车辆在高速行驶时，其输出功率主要用于克服成三次方增长的空气阻力。由于要求车辆具有很高的加速性能，实际上 P_m 比 $P_{TR,max}$ 大。如果 $P_{TR,max}$ 大于满足初始加速度要求的 P_m，那么可以定义 $P_{TR,max}$ 为电机的额定功率。电机的自然模式区可以满足车辆最高车速的要求，从而减小电机尺寸。

4. 最大爬坡度

在已知电机和传动比的条件下，车辆的最大爬坡度可以由式（3-6）推出：

$$i_{pmax}-\frac{100F_{TR}}{\sqrt{(mg)^2-F_{TR}^2}} \tag{3-6}$$

将初步设计的电机最大牵引力 F_{TR} 代入式（3-6），核查最大爬坡度是否满足要求。如果最大加速度或最高车速时的最大电机功率不能满足车辆最大爬坡度的要求，则需增加电机的额定功率或传动比。值得一提的是增加传动比不会影响最高车速。通过将传动比和电机功率协调匹配，从而满足使用要求，同时使电机和齿轮组维持在合理的尺寸。

3.2.3 混合动力汽车动力传动系统的设计

混合动力汽车动力传动系统的结构和控制逻辑取决于使用要求，包括但不仅限于使用性能、功率范围和排放指标。初始加速度、巡航速度、最高车速和最大爬坡度等性能要求决定了发动机和电机的功率需求。此外，功率需求也受最不利情况下多重行驶时间

表的影响。能量存储系统的设计必须满足动力传动系对于指定范围的能量需求，可以是单一的电池组，也可以是电池组和电容的组合。由于电机不产生污染物排放，车辆能否满足排放标准只受发动机排放性能的影响。

混合动力汽车的动力来源于发动机和电机的综合输出，电机和发动机的功率分配受车辆用途的影响。行驶在城市中的混合动力汽车与行驶在高速公路上的车辆在动力传动系统的设计上具有各自不同的特点，与行驶在高速公路上的车辆相比，只行驶在城市道路工况下的车辆对电机和发动机功率需求较低，对于日行驶里程少于 150 km 的在城市使用的车辆，更适宜选用纯电动汽车方案。设计者根据任务和规格权衡设计，选定之前讨论串联、并联结构。传动系各子系统有其独立的控制单元，并通过一个监控单元整合在一起，车辆的控制类型由车辆的任务决定。设计的系统必须适应设计要求限制内的所有真实情况。控制系统应包含必要的安全措施，并能够应对绝大部分的突发情况（如某些子系统损坏或不能执行等）。

在确定了基于车辆任务的动力传动系统的结构后，将进行电子系统和机械系统组件的设计。串联式混合动力汽车的电气系统的设计与纯电动汽车相同，发动机在设计中主要应考虑为电池充电及带动发电机产生电能使电动机运行，为车辆的正常行驶提供所需动力。与串联式混合动力汽车相比，并联式混合动力汽车系统组件的设计更加复杂。如果车辆的设计偏重于发动机，那么可以适当地缩减电池的数量并按最大比功率而不是最大比能量进行电气系统的配置。在加速和超车等对动力有较高要求的工况下，由电池和发动机联合提供峰值功率需求。再生制动时，电池主要用作储存回收的制动能量。如果车辆对峰值功率的需求较高时，则可以用电容代替电池组。如果车辆的设计偏重于电力驱动，那么则要求车辆在电池充满电的情况下行驶的距离达到设计时所规定的最长续驶里程后，电池电量的最高消耗量不超过 80%。如果分配好并联式混合动力汽车的电气和机械系统的功率，电气组件的设计便可基于指定的功率并运用与纯电动汽车组件相同的设计原理展开。并联式混合动力汽车的设计原理与纯电动汽车相似，主要基于初始加速度、额定巡航车速、最大车速和最大爬坡度等要素展开设计与计算。并联式混合动力汽车发动机和车轮驱动轴之间的传动比可以通过匹配发动机的最高转速和驱动轴的最高转速得到。另外，如果车辆运行的工况相对单一，行驶中对瞬时驱动力（如加速等工况）的需求不高，则可以采用单速比传动系来降低系统的复杂度。下述内容将主要讨论并联式混合动力汽车动力参数的设计。

1. 额定车速

假设电池不足以提供期望范围内的功率，混合动力汽车的电机主要用于满足车辆的加速需求，由发动机提供额定车速下的巡航动力并且车辆的传动系采用单一的传动比。

因此，发动机的设计参数取决于车辆在额定速度下的巡航功率需求，而不依赖电池的功率存储能力。因此在混合动力汽车的设计过程中，应首先确定发动机的各项主要参数，其规格可以降低车辆加速特性对电机的功率要求。

图 3－4 所示为典型发动机的力—速度特性和道路负载特性曲线，该曲线考虑了发动机排量、道路负载等级及车辆参数。发动机设计或选用的正确与否主要取决于最差道路负载特性与发动机额定功率下力—速度曲线的交点，并且还要为电池充电留出 10％的余量。发动机余量的确定过程非常复杂，涉及车辆行驶循环、电池容量、电池的充/放电特性和发电机特性等因素。

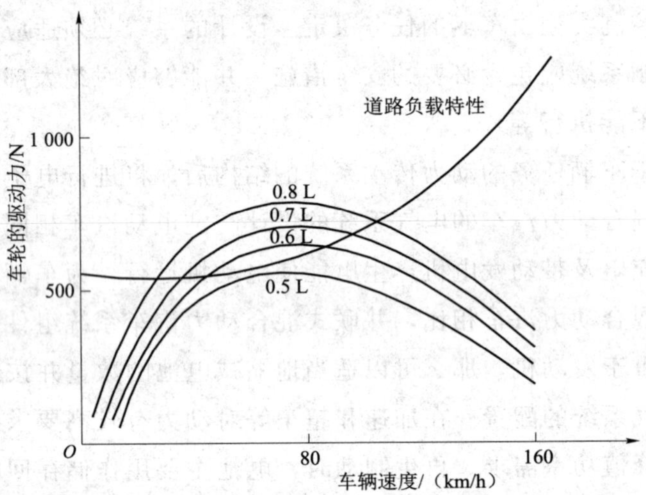

图 3－4　典型发动机的力—速度特性曲线和道路负载特性曲线

2. 初始加速度

初始加速阶段，由于电机具有更高峰值功率，因此可以提供较大的瞬时驱动力矩。发动机的有效机械功率与电机的加速功率可以混合，从而降低了对于电机的功率要求。对于电机的功率要求取决于两个驱动单元开始转矩混合时的转速。

图 3－5 所示为采用单齿轮传动装置的车辆在加速阶段发动机和电机（电机以额定功率运行时）转矩混合的效果。由图 3－5 可知，由于发动机在低转速下的转矩容量较小，在车辆达到最小关键车速 v_{cr} 之前，发动机几乎没有输出有效功率。因此应该在这个关键车速之后开始转矩混合，尽量避免在初始加速阶段使用发动机，同时也应避免增大电机的额定功率。如果发动机和电动机的功率混合推迟到 v_{cr} 之后，则电机的需求功率与车辆速度呈非线性增长。图 3－5 给出了恒功率区域的两条曲线，其中恒功率区是一个参数，x 是整数。下面的曲线比上面的曲线具有更广泛的恒功率区，通过这两条曲

线的对比再一次验证了可以通过扩展恒功率区来减小电机尺寸的结论。车辆发动机的功率需求取决于额定车速，与电机联合能够提供足够的初始加速度。

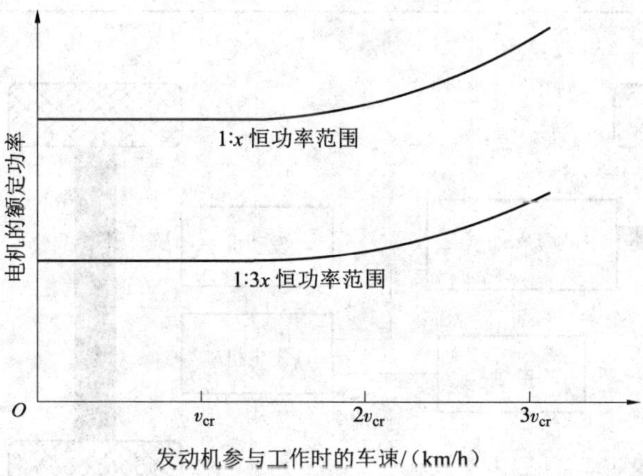

图 3-5　发动机参与工作时需求功率与车速的函数关系

3. 最高车速

驱动系统在最高车速下的功率要求是 $F_{TR} \cdot v_{max}$，该功率由发动机和电机共同提供。计算公式如下：

$$P_{TR,max}=F_{TR} \cdot v_{max}=mgv_{max}\sin\beta+\left(mgC_1+\frac{\rho}{2}A_F C_D\right)v_{max}^3+mgv_{max}C_0 \quad (3-7)$$

电机必须满足最高车速下的功率需求，电机在最高车速下的功率等于最高车速功率需求减去发动机额定速度下的巡航功率。这一步计算得出的电机功率通常小于初始加速阶段的电机功率。(除非在一些特殊条件下对最高车速有严格要求，如在陡坡上高速行车)。

4. 最大爬坡度

根据前面的 3 个要求，一旦确定下来发动机和电机的功率参数，则应核查其能否满足最大爬坡度的要求。车辆的最大爬坡度同样按式（3-7）的计算

如果经计算不能满足条件，那么需要采取如下措施：① 增加发动机或者电机的规格；② 同时增加两者的规格；③ 改变传动比，以满足爬坡度的要求。

虽然上述设计原理表明发动机的设计规格主要取决于额定巡航速度，电机的规格取决于初始加速度，但是在实际设计中涉及大量的计算机仿真和各种行驶循环，并且要考虑车辆参数及所选择的电池、电机、发电机和发动机的特性等众多因素。所有纯电动汽车和混合动力汽车组件的设计和定型都是迭代的过程，需要经过计算，调整和验证直到满足设计要求为止。这里仅讨论了初步设计的理论基础，避免了不必要的参数裕度。

3.2.4 插电式混合动力汽车的动力参数匹配

插电式串联混合动力汽车的动力总成如图 3-6 所示。

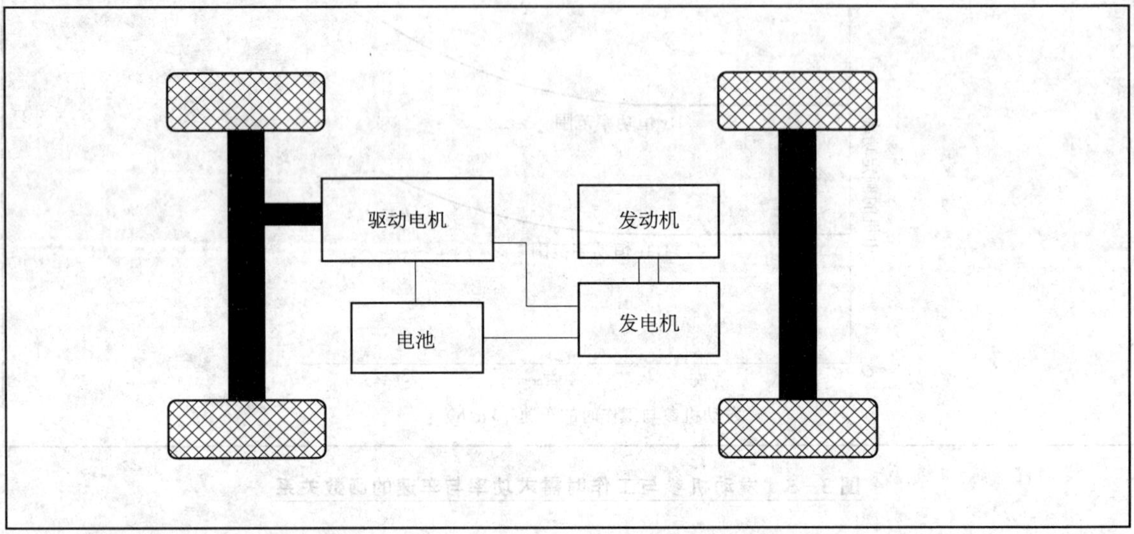

图 3-6 插电式串联混合动力汽车的动力总成示意

某 PHEV 车型的基本参数和性能如表 3-2 所示。

表 3-2 某 PHEV 车型的基本参数和性能

类别	参数名称	数值
基本参数	整备质量/kg	1 300
	满载质量/kg	1 700
	迎风面积/m^2	1.96
	空气阻力系数	0.29
	轴距/mm	2 450
	质心到前轴距离/mm	1 200
	滚动半径/mm	301
	滚动阻力系数	0.02
	空载重心高度/mm	500
性能参数	最高车速/(km/h)	＞120
	0～0 km/h加速时间/s	＜22
	0～80 m/h加速时间/s	＜16
	20 km/h最大爬坡度	＞25%
	纯电动续驶里程/km	≥60

1. 驱动电机的参数计算

驱动电机作为该串联式 PHEV 车型的动力源，其参数决定了整车的最高车速、爬坡度和加速性能。由于已有的理论计算方法相对比较成熟，因此可以参照传统计算方法初步计算出驱动电机的额定功率、峰值功率、额定转速、最高转速、额定扭矩及峰值扭矩，并进行进一步的分析和验证，从而最终选定满足上述要求的驱动电机。

首先根据最高车速的要求，计算驱动电机的峰值功率：

$$P_1=\frac{v_{\max}}{\eta_T}\left(\frac{m\cdot g\cdot f}{3\ 600}+\frac{C_d\cdot A\cdot v_{\max}^2}{76\ 410}\right) \tag{3-8}$$

式中：$v_{\max}$——最高车速，km/h；

f——滚动阻力系数；

m——半载质量，kg；

A——迎风面积，m^2；

C_d——空气阻力系数；

η_T——电机效率；

g——重力加速度，取 9.8。

根据最大爬坡度的要求，计算驱动电机的峰值功率：

$$P_2=\frac{v_c}{3\ 600\eta_T}\left(m\cdot g\cdot \sin\alpha+m\cdot g\cdot f\cdot \cos\alpha+\frac{C_d\cdot A\cdot v_c^2}{21.15}\right) \tag{3-9}$$

式中：v_c——爬坡车速，km/h；

α——最大爬坡角，$\alpha=\arctan(i)$。

根据加速性能的要求，计算驱动电机的功率：

$$P_3=\frac{1}{3\ 600t_m\cdot\eta_T}\left(\delta\cdot m\cdot\frac{v_m^2}{2\sqrt{t_m}}+\frac{m\cdot g\cdot f\cdot v_m\cdot t_m}{1.5}+\frac{C_d\cdot A\cdot v_m^3}{21.15\times 2.5}\cdot t_m\right) \tag{3-10}$$

式中：v_m——加速末速度，km/h；

t_m——加速末时间，s；

δ——质量换算系数，取 1.2。

由于驱动电机所提供的动力应满足上述三方面的要求，因此驱动电机的峰值功率应大于或等于 P_1、P_2、P_3 中的最大值。

由上述公式计算得到驱动电机的峰值功率应大于或等于 45.9 kW。

为满足整车动力性的需求，驱动电机在加速和爬坡时允许有短时间的过载。根据驱动电机峰值功率 $P_{\max}$ 的要求初步计算驱动电机的额定功率 P_e，计算方法为

$$P_e=\frac{P_{max}}{\lambda} \tag{3-11}$$

式中：P_{max}——驱动电机峰值功率；

λ——电机的过载倍数，一般取值为1.5～2。

所以，通过计算得到驱动电机的额定功率为24.75～33 kW。

2. 动力总成传动比的设计

传动比对于整车的动力性有重要影响，合理的传动比才能发挥驱动电机的性能，为提高整车动力性服务。由于插电式串联混合动力汽车仅由驱动电机驱动整车，驱动电机具有低速高扭矩输出的特性，单级传动比可以满足一般使用需求。因此，本文的传动系统初步选定单级传动，本文将计算并验证单级传动比是否可以满足整车使用要求。

传动比初定要满足以下几个条件。

（1）驱动电机的最高转速要满足最高车速的要求。由于驱动电机的最高转速有限，为了满足整车最高车速的要求，传动比不应过大。利用驱动电机的最高转速和整车最高车速要求计算传动比 i_{max}：

$$i_{max}\leqslant\frac{0.377n_{max}\cdot r_{wh}}{v_{max}} \tag{3-12}$$

式中：n_{max}——驱动电机的最高转速，r/min；

r_{wh}——车轮的滚动半径，m；

v_{max}——最高车速，km/h。

（2）传动比应保证车轮的驱动力大于或等于行驶阻力，因此为了满足车辆行驶，传动比不应过小。由电动机特性可知，驱动电机工作在最高转数时，其扭矩输出值最小。在整车高速行驶时，驱动电机小扭矩输出。因此取驱动电机最高转数时的扭矩值计算传动比，使其满足驱动力要求：

$$i_{min1}\geqslant\frac{F_{umax}\cdot r_{wh}}{\eta_T\cdot T_{umax}} \tag{3-13}$$

式中：F_{umax}——整车在平直路面上高速行驶时路面的阻力，N；

T_{umax}——电机以最高转速输出时的扭矩最大值，Nm；

r_{wh}——车轮滚动半径，m；

η_T——电机效率。

为满足爬坡度性能指标，整车传动比不应过小。因此，根据式（3-14）计算传动比：

$$i_{min2}\geqslant\frac{m\cdot g\cdot(f\cdot\cos\alpha+\sin\alpha)\cdot r_{wh}}{\eta_T\cdot T_{max}} \tag{3-14}$$

式中：T_{max}——驱动电机峰值转矩，Nm。

计算得到 $i_{max}=7.01$，$i_{min1}=3.4$，$i_{min2}=6.69$。为了满足最高车速要求，整车传动比应小于或等于 i_{max}，为满足驱动力和爬坡度要求，整车传动比应大于或等于 i_{min1} 和 i_{min2}。因此，整车的传动比范围为6.69～7.01，说明在这个范围内单级传动比可以满足整车动力性要求，本书初步选定传动比为7.0。

3. 电池组参数的设计

目前电动汽车采用的动力电池主要有铅酸电池、镍氢电池和锂电池三种。电池组由单体电池串联提高输出电压，由单体电池并联提高电池组容量。因此，根据电动机需求确定电池组输出电压，根据整车的续驶里程需求确定电池组的容量。然后，根据电池组的电压与容量计算单体电池的串并联模式和数量。

电池组的总能量值要满足续驶里程的要求：

$$W=\frac{P_v \cdot L}{(SOC_I-SOC_O)\,\eta_M \cdot \eta_C \cdot \eta} \tag{3-15}$$

式中：W——电池组的总能量值，kWh；

L——纯电工况下续驶里程，km；

SOC_I——电池 SOC 使用范围内的最大值；

SOC_O——电池 SOC 适用范围内的最小值；

η_M——驱动电机效率；

η_C——控制器效率；

P_v——以 80 km/h 匀速行驶的功率，kW。

考虑到电池的使用寿命以及计算误差，SOC_I 取 100%，SOC_O 取 30%。$\eta_M \cdot \eta_C$ 取 0.85。计算得到电池组的总能量值为 13 kWh，根据下式计算电池组的额定容量：

$$Q_E \geqslant \frac{1\,000W}{U} \tag{3-16}$$

式中：Q_E——电池的额定容量，Ah；

U——电池组的额定电压，V。

计算得到电池组额定容量需大于 43.3 Ah，因此选择额定容量为 45 Ah 的铅酸电池组。

根据电池组额定电压要求，计算单体电池的串联数量：

$$n_s=\frac{U}{u_1} \tag{3-17}$$

式中：n_s——串联电池个数；

u_1——单体电池的电压。

$$n_s \geqslant \frac{P_{emax}}{P_{bmax} \cdot \eta_M \cdot \eta_C} \tag{3-18}$$

式中：P_{emax}——驱动电机的峰值功率，kW；

P_{bmax}——单体电池的最大放电功率，kW。

根据续驶里程要求，计算单体电池的并联个数：

$$n_p \geqslant \frac{Q_E}{C_r} \tag{3-19}$$

式中：n_p——并联电池个数；

C_r——单体电池的容量，Ah。

根据上述要求最终选用电池组参数如表 3-3 所示。

表 3-3　电池组参数

参数名称	数值
单体电池额定电压/V	12
单体电池容量/Ah	45
电池组连接方式	25×1
电池组最低放电电压/V	225
电池组最高放电电压/V	387.5
电池组峰值功率/kW	82.5

4. 发动机—发电机组的参数匹配

发动机—发电机组是在必要时为驱动电机提供电能并可为电池充电的装置，由于插电式混合动力汽车的能量主要源于电池，大多数工况为纯电动。因此，发动机—发电机组的匹配原则为满足延长整车续驶里程的需求，并且具有较好的经济性。与传统燃油汽车不同，插电式串联混合动力汽车不会因为路况的不同使发动机的转数不断变化，发动机可实现长时间工作于经济性较好的区域，因此并不需要大排量高功率发动机提供较强的动力储备。混合动力工况下整车由电池和发动机—发电机组作为双能量源，并且在混合动力模式下整车以增加续驶里程和保证经济性为主要目的。因此发动机—发电机组提供的最高电功率可以小于或等于驱动电机的最高功率，以保证混合动力工况下较好的经济性。最终选定的发动机—发电机组的参数如表 3-4 所示。

表 3-4　发动机—发电机组的参数

参数名称	数值
发动机排量/L	1.0
发动机最大功率/kW	41
发动机最大扭矩/Nm	81
发电机最大功率/kW	33
发电机最大扭矩/Nm	58

3.2.5　燃料电池汽车动力系统的参数匹配

燃料电池用于车辆的动力驱动系统可以为全球能源短缺和环境污染问题提供有效的解决方案。随着燃料电池技术的不断发展，如何将燃料电池应用于车辆系统，解决其与车辆中众多复杂子系统之间的匹配等问题就显得更加重要。

燃料电池汽车按照驱动形式可分为纯燃料电池驱动和混合驱动两种形式。按照能量来源可分为车载纯氢和燃料重整两种方式。由于燃料电池电动汽车还处在研究和发展的初期阶段，所以多种技术方案各有优缺点。

纯燃料电池汽车只有燃料电池一个动力源，车辆的所有功率负荷都由燃料电池承担。其主要缺点包括以下几个方面：

① 燃料电池的功率大，成本昂贵；

② 对燃料电池系统的动态性能和可靠性提出了很高要求；

③ 不能进行制动能量的回收。基于以上这些不利因素，目前的燃料电池汽车主要采用的是混合驱动形式，即在燃料电池的基础上，增加一组电池或超级电容作为另一动力源。采用“燃料电池＋蓄电池（FC＋B）”混合驱动形式的燃料电池汽车，降低了对燃料电池的功率和动态特性的要求及燃料电池系统的成本，但缺点是增加了驱动系统的复杂性，其重量和体积均有所增加，以及蓄电池的维护或更换费用。

根据燃料电池所提供的功率在整车总需求功率中所占的比例，燃料电池混合动力汽车可分为能量混合型和功率混合型两大类。

1. 能量混合型

在燃料电池汽车开发的早期，由于技术水平的限制，燃料电池的功率较小，难以满足车辆全部的功率需求，因此在车辆行驶过程中燃料电池只能提供整车功率需求的一部分，不足的部分需要由其他动力源（如电池）来提供，采用这种混合驱动形式的燃料电池汽车即为能量混合型燃料电池汽车。能量混合型燃料电池汽车为了满足所需的性能指标往往需要配备较大容量的蓄电池组，从而导致整车自重的增加，动力性变差，以及布置空间紧张等问题。能量混合型燃料电池汽车的燃料电池可以经常工作在系统效率较高的额定功率区域内，但车辆在每次运行结束后，除了要加注氢燃料外，还需要用地面电源为蓄电池组充电。

2. 功率混合型

随着燃料电池技术的不断成熟和性能的逐渐提高，燃料电池所提供的功率比例越来越大，这样就可以减少蓄电池的容量，从而减轻车重，提高动力性能。为了回收制动能量，还需要一定数量的蓄电池，但蓄电池组只提供整车所需功率中的一小部分。燃料电池作为主动力源，蓄电池为辅助动力源，车辆需要的功率主要由燃料电池提供，蓄电池只是在燃料电池启动、汽车爬坡和加速时提供功率，在汽车制动时回收制动能量。采用这种混合驱动形式的燃料电池汽车即为功率混合型燃料电池汽车。

燃料电池汽车不同动力驱动系统构型的分析和比较如表 3-5 所示。

表 3-5　燃料电池汽车不同动力驱动系统构型的分析和比较

动力系统构型	FC单独驱动	FC+B_DC/DC（功率混合型）	FC_DC/DC+B（能量混合型）
结构特点	结构简单，但无法实现制动能量的回馈	结构较复杂，蓄电池的重量、体积较小	结构较复杂。蓄电池的重量、体积较大
燃料经济性	最差	较优	最优
燃料电池的寿命与安全性	当汽车的功率需求较大时，燃料电池系统易发生过载，燃料电池系统的使用寿命较短	当汽车的功率需求较大时，燃料电池系统发生过载的概率较小，燃料电池系统寿命较长	燃料电池系统可控制在最高效率点以恒定功率输出，不发生过载，燃料电池系统寿命长
整车动力性	能够满足整车动力性的设计需求	能够满足整车动力性的设计需求	能够满足整车动力性的设计需求

由于镍氢电池或离子电池的比能量及比功率较高，从而可以减少电池组的体积和重量，现在越来越多地被用于燃料电池混合动力汽车的辅助电池。但是，由于目前这些电池的价格仍非常昂贵，同时使用过程中电池的工作电压、电流、温度等变化与其安全有密切关系，所以往往需要配备专门的电池管理系统。

目前燃料电池混合动力汽车有多种驱动形式，除了上面介绍的“FC+B”外，近年来，在功率混合型燃料电池汽车上出现了“FC+C”的驱动形式，即采用燃料电池与超级电容组合，完全摒弃了寿命短、成本高和使用要求复杂的蓄电池。采用超级电容的突出优点是寿命长和效率高，并且能有效降低使用成本，有利于燃料电池汽车的商业化推广和应用。此外，还有一部分车辆采用了“燃料电池＋蓄电池＋超级电容”（FC+B+C）的驱动形式。该形式通过在动力总线上再并联一组超级电容用于提供/吸收加速和紧急制动时的峰值电流，从而减轻蓄电池的负担，延长蓄电池的使用寿命。

燃料电池汽车动力驱动系统的参数匹配

燃料电池汽车动力驱动系统的参数匹配是一个比较复杂的优化问题，只有在建立精确完整的仿真模型基础上，经过反复的寻优计算才能达到最佳的效果。燃料电池汽车动力驱动系统的构型方式、参数匹配及整车控制策略是影响车辆动力性和经济性的三个重要因素，三者之间相互影响大，因此优化难度也很大。且针对不同构型方式、采取不同的控制策略及参数匹配，整车的性能往往差异显著。因此，为完成整车动力驱动系统的参数匹配，有必要对三者进行解耦。

动力系统参数匹配的思路主要包括以下三个方面：

① 首先针对某种给定的动力驱动系统构型，选择一种基本的能量分配策略；

② 然后在已知整车参数、目标工况及基本能量分配策略的前提下，以满足车辆动力性为前提，以燃料经济性最优为目标，进行整车及动力驱动系统的参数匹配；

③ 最后，改变构型方式，完成每种构型下的参数匹配。

通过上述步骤完成构型方式、参数匹配及控制策略三者之间的解耦。

燃料电池汽车动力系统的参数优化策略及优化变量的选取比较复杂，需要考虑的因素很多，必须在大量仿真试验的基础上才能完成优化，实现的难度较大。

参数匹配的基本步骤包括以下内容：

① 进行车辆需求功率及功率谱的分析；

② 选择驱动电机的功率、转矩及转速；

③ 选择传动系的速比；

④ 进行直流总线电压的设计；

⑤ 确定燃料电池系统的参数；

⑥ 进行蓄电池系统的参数匹配；

⑦ 确定能量管理策略参数。

其中一些参数的设计需要前后协调考虑或在设计后期通过仿真试验加以验证。为叙述方便，下面的内容将燃料电池汽车的动力驱动系统分为动力源和动力驱动系统两部分。动力驱动系统的参数匹配主要考虑的因素包括驱动电机的额定功率与最大功率、电机的最大转矩、电机的最高转速、变速器速比、主减速比及直流总线电压等，其主要目标是满足整车的动力性指标和可靠性要求。

动力源（包括燃料电池系统、蓄电池组和超级电容组等）的参数匹配涉及动力源之间的混合方式及混合比等问题。动力源采用不同构型的主要目的是实现整车燃料经济性最优和制造成本最低。动力源参数优化主要考虑的因素包括燃料电池的额定功率、蓄电池的容量、蓄电池的串联模块数及蓄电池的初始 SOC 等。

与优化设计的方法类似，动力源的参数匹配也要充分考虑各主要部件的约束条件。对不同构型的动力源进行参数匹配的思路如下。

（1）针对每种构型，分别确定一种基本的能量分配策略。

（2）针对每种构型，在特定的能量分配策略下，根据不同额定功率的燃料电池系统，选择与之匹配的蓄电池组串联模块数的最优组合。此时，重点考虑的不是整车的经济性，而是整车动力性、部件的约束条件、不同动力源之间功率的分配关系、蓄电池功率谱/电流谱的设计等因素，即部件安全性、寿命与成本的考虑。

（3）在选定每种构型下，不同额定功率燃料电池与蓄电池组的最优组合后，比较该构型多种组合之间的整车燃料经济性。通过仿真试验，确定该构型下，燃料电池和蓄电池之间的最佳混合比，并尝试从中归纳出设计规律。

（4）通过上述理论分析及仿真试验，对不同动力系统构型的优缺点进行全面剖析与比较。此时的分析，不能局限于各构型最优匹配的经济性比较，而应全面比较车辆动力性、经济性以及部件的成本、寿命、安全性等因素。最终给出根据不同目标工况，如何进行系统选型设计的方法和建议。

实现上述的参数匹配过程，具体可采用以下几种方式。

（1）根据给定的整车参数和动力性指标要求，运用汽车理论的相关公式进行推导计算，得到各动力总成的参数。

（2）工况分析法，工况分析的内容主要包括典型工况、特征工况以及工况适应性分析。典型工况是指针对所设计车辆的典型使用循环工况进行分析。如所讨论的燃料电池城市客车，作为城市公交车，其典型工况可选择为：北京城郊、北京城区等循环工况；特征工况分析包括最高车速、最大爬坡度以及起步加速性能要求等工况分析；而工况适应性分析则是指设计车辆对除典型工况之外的其他工况要求的适应性分析，从而判断该车辆是否具有更广泛的使用用途，工况分析法的目的在于获得车辆的动力和功率需求信息，从而得到整车对各总成的动力性能和系统能量的最低需求。

（3）仿真分析法。常见的方法是借助于Advisor、Matlab/Simulink等仿真软件平台，针对车辆的整体设计要求与部件信息，搭建整车及各部件的仿真模型，并编制相应的程序和输入数据文件，通过仿真研究的方法来确定各部件参数对整车性能的影响，从而进行各总成参数的设计与匹配。仿真分析法的输入信息中应包含目标工况，其工况选择可参照工况分析法。

3.3 影响电动汽车续驶里程的因素

电动汽车在蓄电池电量充满状态下，按一定的行驶工况，所能够连续行驶的最大距离称一次充电续驶里程。对于传统燃油汽车，通常以百公里油耗作为其经济性指标，而对于电动汽车的经济性指标是蓄电池一次充电后的续驶里程。因此在电动汽车的设计过程中，预测车辆的续驶里程是一个很重要的问题。

3.3.1　续驶里程计算方法

由于目前还没有标准的续驶里程计算方法，因此这方面的计算主要根据电池输出能量与车辆行驶消耗的能量相等的原则进行。

1. 电池存储能量的计算

① 车辆行驶时消耗的功率 P 为：

$$P=\frac{F\cdot f\cdot v_{a}}{3.6}+\frac{F\cdot i\cdot v_{a}}{3.6}+\frac{C_{D}\cdot A\cdot v_{a}^{3}}{76.14}+\frac{\delta\cdot m\cdot v_{a}}{3.6}\cdot\frac{dv}{dt} \tag{3-20}$$

式中：m——电动汽车质量，kg；

F——电动汽车重力，N，$F=mg$；

g——重力加速度；

v_a——车辆行驶速度，km/h；

dv/dt——车辆加速度，m/s^2；

P——功率，W。

② 电池存储的能量 W 为：

$$W=C_{e}\cdot U_{e}\cdot M\cdot N\cdot\eta_{DOD} \tag{3-21}$$

式中：C_e——单个电池容量，Ah；

U_e——单个电池的额定电压，V；

M——每组电池的个数；

N——并联的电池组数；

η_{DOD}——电池的放电深度，用百分数表示。

③ 根据铅酸电池的理论模型（即著名的 Peukert 方程式），得到：

$$I^{k}\cdot\tau=\text{const} \tag{3-22}$$

式中：I——恒流放电电流值；

τ——以 I 值恒流持续放电至终止电压的时间；

k——与电池有关的常数。

④ 考虑到电池以高于额定电流 I_e 的电流 I 放电时，其总能量要相应减少，此时，式 (3-21)转变为如下形式：

$$W=C_{e}\cdot U_{e}\cdot M\cdot N\cdot\eta_{DOD}(I_{e}/I)^{n-1} \tag{3-23}$$

⑤ 为便于对整车消耗的电量进行比较，引入整车电量消耗率 λ，计算公式为：

$$\lambda=\frac{1\,000P}{m\cdot U_{p}\cdot v_{a}\cdot\eta} \tag{3-24}$$

式中：U_p——电池组平均电压，V；

η——机械系统和电气系统的总效率。

2. 续驶里程的测量方法

续驶里程有工况法和等速法两种测量方法，计算可以针对上述两种工况进行。由于工况法的循环只比等速法增加了加速和减速状态，在计算所消耗的功率时，只需计入加速时的功率消耗即可，因此，等速法和工况法在某一状态时的计算方法是相同的。

1）工况法续驶里程的计算

工况法计算得到的续驶里程为：

$$S=\sum_{i=1}^{K} S_i \tag{3-25}$$

式中：S_i——每个状态的行驶距离，km；

K——车辆能够完成的状态总数。

2）等速法续驶里程的计算

① 电池可持续放电的时间为：

$$t=\frac{W}{P}\cdot\eta \tag{3-26}$$

② 等速法计算得到的续驶里程为：

$$S=v_a\cdot t \tag{3-27}$$

3.3.2 电动汽车续驶里程的影响因素

电动汽车在良好的水平路面上一次充电后等速行驶直至消耗掉全部携带电池的电能为止所行驶的里程，称为电动汽车等速行驶的续驶里程。它是电动汽车的经济性指标之一。

1. 等速行驶的续驶里程

（1）电动汽车以速度 v 等速行驶时所需的电机输出扭矩 M 和功率 P 分别为：

$$M=\frac{(f\cdot G+C_D\cdot A\cdot v^2/21.5)\cdot r_t}{i_g\cdot\eta_t} \tag{3-28}$$

$$P=\frac{(f\cdot G+C_D\cdot A\cdot v^2/21.5)\cdot(v/3.6)\cdot r_t}{i_g\cdot\eta_t} \tag{3-29}$$

式中：f——滚动阻力系数；

r_t——轮胎滚动半径，m；

G——汽车总重量，N；

i_g——传动系速比；

C_D——迎风阻力系数；

η_t——传动系效率；

A——迎风面积，m^2。

（2）根据电机类型（如交流和直流电机）和控制方式（如晶闸管调速和 PWM 方式等）的不同，可以确定电机的输出扭矩 M 和电池放电电流 I 的关系，即 $I=I(M)$；也可以确定电机的输出功率 P 与电机效率 η 的关系，即 $\eta=\eta(P)$。

（3）电池的额定总能量为：

$$W_0=Q_m \cdot U_e=G_e \cdot q \tag{3-30}$$

式中：Q_m——电池的额定容量，Ah；

U_e——电池的端电压，V；

G_e——电动汽车携带的电池总量，kg；

q——电池比能量，Wh/kg。

根据电池的放电特性，电池在以高于其额定放电电流 I_m 的电流 I 放电时，其总能量要相应减少。以铅酸电池为例，当电池以大电流 I 放电时，总能量 W 为：

$$W=G_e \cdot q \cdot \left(\frac{I_m}{I}\right)^{k-1} \tag{3-31}$$

式中：当 $I/I_m \leqslant 3$ 时，$k=1.313$；当 $I/I_m>3$ 时，$k=1.414$。

（4）等速行驶的续驶里程 s 为：

$$s=\frac{W \cdot V}{P/\eta_e}=G_e \cdot q \cdot v \cdot \left[\frac{I_m}{I(M)}\right]^{k-1} \frac{\eta(P)}{P} \tag{3-32}$$

从电动汽车等速行驶续驶里程的表达式中可以看出，在整车携带的电池总量和电池比能量不变的条件下，续驶里程指标与行驶阻力矩 M、行驶阻力功率 P 及电机的效率曲线 $\eta=f(P)$有关。而行驶阻力矩和行驶阻力功率又与滚动阻力系数 f、迎风阻力系数 C_D、整车总重量 G、迎风面积 A、车速 v、传动系效率 η_t、车轮半径 r_t和传动系速比 i_g 有关。下面以微型厢式车（总重量 $G=1\,800$ kg；$f=0.01$；$A=2.096\ m^2$；$C_D=0.3$；$\eta_t=0.9$；$r_t=0.3$ m）为例分析续驶里程的影响因素。

2. 续驶里程的影响因素

1）整车参数对续驶里程的影响

图 3-7（a）～图 3-7（c）分别表示滚动阻力系数 f，迎风阻力系数 C_D和整车总重量 G 对车辆一次充电后续驶里程的影响（电机形式为交流感应电机）。由图 3-7 可见携带能源极为有限的电动汽车对降低滚动阻力系数、迎风阻力系数和整车总重量的要求比内燃机车更为迫切。

2）电池参数对续驶里程的影响

当电动汽车携带的电池总量一定时，电池参数中电池的比能量 q 对续驶里程影响最大，其关系曲线如图 3-8 所示（图中 q_e为电池的额定比能量）。可见提高电池的比能量对提高电动汽车续驶里程意义重大。

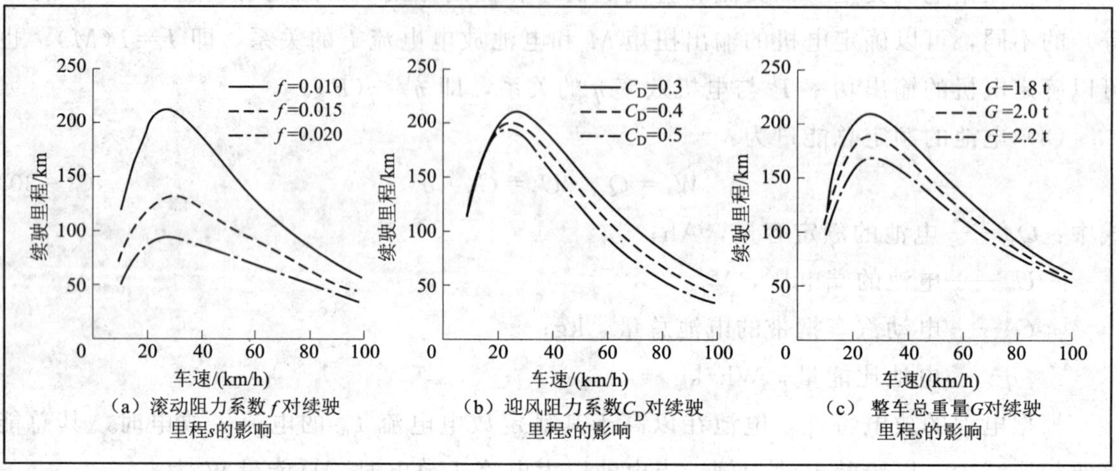

图 3-7 整车参数对续驶里程的影响

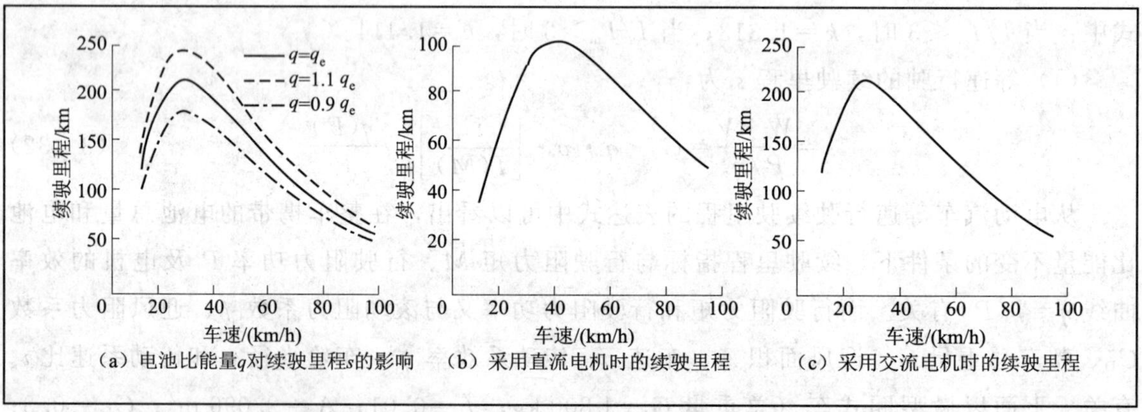

图 3-8 电池参数中电池的比能量对续驶里程的影响

3）电机参数对续驶里程的影响

电机参数中电机的效率 η 对续驶里程的影响最大。额定工况的效率 η_e 愈高，续驶里程的数值愈大。同时在各种工况下的效率对续驶里程的影响更大。以直流电机和交流感应电机为例，直流电机在额定工况下的效率和其他工况下的效率差别很大，而交流电机的高效率区域很宽。因此交流电机与直流电机相比，各种车速下的续驶里程都有很大提高。

因此对电动汽车选用电机而言，不仅要求电机具有较高的额定效率，而且要求电机具有很宽的高效率区域，这样才能在各种行驶工况下充分利用有限的能量。

多工况行驶续驶里程的影响因素：多数情况下汽车都是在等速、加速、减速等多种复杂工况下行驶的，因此在等速行驶续驶里程分析的基础上，需要分析多工况行驶续驶里程的影响因素。多工况下只算出一个循环的耗电率即完全反映了续驶里程的大小。

在一个循环中消耗的电能与行驶里程的比值定义为耗电率。在不考虑再生制动时，耗电率愈小则续驶里程愈长，经济性愈好。

给定工况循环后耗电率 SP 与整车参数、电池参数、电机参数都有关，这些参数的影响与前述等速行驶工况下的影响是相同的。特别需要指出的是电机效率和传动系速比对多工况行驶的耗电率影响很大。根本原因在于，对给定电机而言，高效率区域是一定的，若速比的选择使工况循环中的多数工况都位于电机高效区，则耗电率的降低是明显的。计算表明由于电机效率的巨大差别，交流电机在循环中的耗电率与直流电机相比要低得多。动力传动系的优化匹配对提高整车的续驶里程是非常必要的。

综合等速行驶和多工况循环两种情况，提出增加一次充电续驶里程的措施如下：① 降低轮胎的滚动阻力系数，选用低阻力轮胎；② 降低迎风阻力系数，进行车身的流线型改进；③ 减轻汽车总重量，主要是减轻空车重量，提高重量利用系数；④ 选用高比能量电池；⑤ 扩大电机的高效区范围及提高电机效率；⑥ 选择合适的传动比，进行动力传动系合理匹配。

3.4　几款典型新能源车型的参数介绍

3.4.1　丰田普锐斯的基本概况和参数

普锐斯是日本丰田汽车于 1997 年所推出世界上第一种大规模生产的混合动力车型，在 2001 年已销往全球 40 多个国家和地区，其主要的市场是日本和北美。其中，美国是普锐斯最大的市场，截至 2009 年年初为止，普锐斯在美国已累计卖出超过 60 万辆。

根据美国环境保护署 2007 年的资料，普锐斯是在美国销售的汽车中最节省燃油的。此外，根据美国环境保护署和加州空气资源委员会根据二氧化碳排放量对各车型评价结果，普锐斯是美国目前为止最干净的车辆。而根据英国交通部公布的数据，普锐斯是在英国销售的车辆中二氧化碳排放第二低的车型。

第一代普锐斯于 1997 年 10 月底问世，是世界上最早实现批量生产的混合动力汽车。在人们日益关注环保的今天，普锐斯因革命性地降低了车辆燃油消耗和尾气排放而具有划时代的意义与先进性，得到了全世界的高度评价。

2000 年，丰田在美国开始销售第一代普锐斯，之后改善了将用于第二代普锐斯操作部件中的缺陷，这些改善主要是针对 HV 蓄电池、电动机和变压器。所有这些改善并不是一蹴而就的，而是在数年来积累的技术经验基础上得到。2005 年，第二代普锐斯正式上市。2012 年，第三代普锐斯上市，第三代普锐斯采用了新一代油电混合动力系统（THS-Ⅱ），其中 90％的部件皆为全新研发，并搭载了新款 1.8 L 发动机。第三代普锐斯拥有优越的空气动力性能和三种不同的驾驶模式，同时配备领先的太阳能通风系统与遥控空调系统、触摸追踪显示功能，带来低油耗（4.3 L/100 km）的驾驶体验。

普锐斯的外形如图 3－9 所示，表 3－6 为丰田普锐斯汽车的详细参数。

图 3－9　丰田普锐斯汽车

表 3－6　丰田普锐斯汽车的详细参数

型　号	标准版 CA7180CHEVCE4	豪华版 CA7180CHEVBE4	豪华先进版 CA7180CHEVAE4
厂家建议零售价	22.98 万元	23.98 万元	26.98 万元
尺寸及质量			
长×宽×高/mm	4 485×1 745×1 510		4 485×1 745×1 525
室内长×室内宽×室内高/mm	1 905×1 470×1 225		
轴距/mm	2 700		
轮距（前/后）/mm	1 525/1 520		
最小转弯半径/m	5.2		
整备质量/kg	1 385	1 395	1 420
行李箱空间/L	445		
轮胎规格	195/65R15		
电动机			
电动机形式	同步交流电动机（永磁型）		

续表

最大功率/kW	60
最大扭矩/Nm	207
发动机	
型号	5ZR
形式	4 缸直列顶置双凸轮轴电喷 16 气门（VVT-i）
排气量/mL	1 798
最大功率/(kW/rpm)	73/5 200
最大扭矩/(Nm/rpm)	142/4 000
缸径×行程/mm	80.5×88.3
燃料供给装置	EFI（电子控制式燃料喷射装置）
变速箱型式	CVT（无级变速）
油箱容积/L	45
排放标准	国Ⅳ＋OBD
油电混合动力系统	
最大功率/kW（PS）	100（136）
混合动力车专用电池	
型式	密封 Ni-MH（镍氢电池）
模块数量	28
容量/Ah	6.5/3 h
油耗及最高车速	
百公里油耗/L	4.3（综合工况法）
最高车速/(km/h)	180
制动、悬架、驱动方式	
制动系统（前/后）	15″通风盘式/15″实体盘式
悬架系统（前/后）	麦弗逊式悬架/拖曳臂式悬架
驱动方式	前轮驱动

1. 丰田油电混合动力系统的特点

（1）根据需要，发动机可以停止运转，单独依靠电动机行驶。无论起步或是正常行驶，都会优先采用电动机驱动，从而缩短了发动机的工作时间，实现了低油耗、低排放与低噪声的目标。

（2）充分回收能量，并对蓄电池充电，从而对能量进行有效的再利用。在减速、制动时，发动机可以完全停止运转，由车轮驱动发电机为蓄电池充电，进行高效的能量回收，大容量的电池可以实现更多的电量存储。

2. 丰田油电混合动力系统与其他混合动力系统的区别

丰田油电混合动力系统与其他混合动力系的对比情况见表 3－7。

表 3－7　丰田油电混合动力系统与其他混合动力系统的对比

<table>
<tr><th></th><th>丰田独有的混合动力技术
（强混合动力）</th><th>其他混合动力技术
（弱混合动力）</th></tr>
<tr><td>技术特点</td><td>发动机和电动机能以最有效的方式结合，在保持低油耗的同时实现出色的行驶性能</td><td>主要依靠发动机行驶，根据需要再借助电动机辅助行驶</td></tr>
<tr><td>电动机性能</td><td>大功率的电动机，不仅能单独提供启动、行驶时的驱动力，还能高效回收能量并对蓄电池进行充电</td><td>电动机较小，不能单独提供驱动力，回收能量与充电的功率比较低</td></tr>
<tr><td>发动机与电动机的使用比例</td><td>

注：根据不同状况，发动机有可能会启动。</td><td>
</td></tr>
<tr><td>角色分配</td><td>
</td><td>
</td></tr>
<tr><td>系统结构</td><td>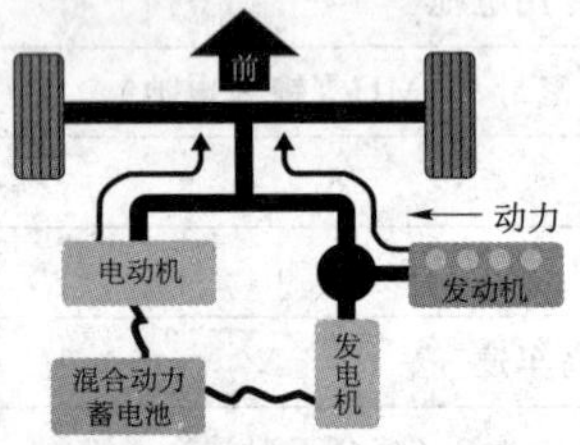

(混联式)</td><td>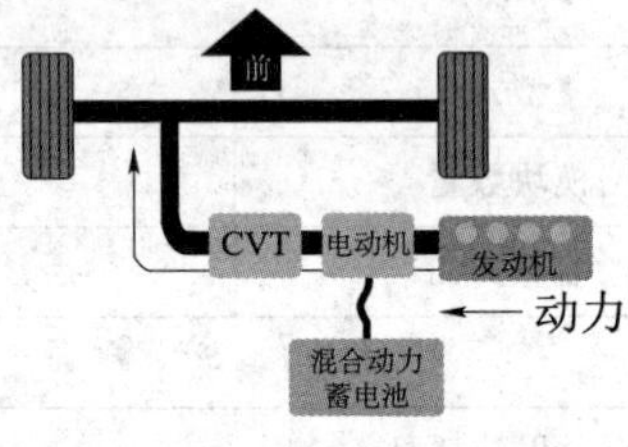

(并联式)</td></tr>
</table>

3. 新一代普锐斯车型油电混合动力系统的构成

（1）发动机。新一代的普锐斯采用了全新研发的 1.8 L 直列 4 缸发动机替代了原有的 1.5 L 发动机。新塔载的混合动力专用发动机在提升排气量的同时，还采用了电动水泵等新技术，兼备了低油耗、低排放和强劲的动力性能。

（2）电动机。新一代的普锐斯中装备的电动机的最大输出功率由原来的 50 kW 提升到了 60 kW，并通过增加扭矩及采用降速齿轮等措施，实现了小型化及轻量化，进一步提高了车辆的燃油经济性。

（3）发电机。新一代普锐斯的发电机能够为电动机提供强有力的电能供应，并可为高功率蓄电池进行充电。此外，新一代车型通过对发电机线圈形状的改进使发电机也实现了小型化和轻量化。

（4）动力分配装置。把发动机的动力分别输送到车轮和发电机，同时通过连接并有效控制发动机、电动机、发电机，使车辆具有敏捷、顺畅的加速表现。

（5）蓄电池。新一代普锐斯采用高功率镍氢蓄电池，可为电动机和发电机提供充足的电力，并且在极大程度上减少了电池的无效区，提高了能量的利用效率。以最佳分布方式设置冷却系统及主继电器，并对冷却系统的进出气口和风扇进行了小型化设计，在带来低油耗的同时，更减轻了车身重量，扩大了后备箱空间。

（6）可变电压控制系统。该系统能有效控制蓄电池的直流电输出及用于驱动电动机和发电机的交流电输出。新一代的普锐斯借助于可变电压控制系统的升压转换器可以使系统电压从上一代车型的最大 500 V 提升为 650 V，并且更进一步优化了冷却装置，大幅提升了电动机扭矩，使得系统体积更小，质量更轻，运转更高效，输出功率更强劲。

3.4.2　特斯拉车型的概况及参数介绍

1. 特斯拉系列汽车产品

特斯拉汽车公司（特斯拉 Motors）是一家生产和销售电动汽车及零部件的公司，制造纯电动车，成立于 2003 年，总部设在美国加州的硅谷地带。在纳斯达克上市的电动车生产及设计公司，由斯坦福大学的埃隆·马斯克（Elon Musk）与 J. B. Straubel 于 2003 年创立，专门生产纯电动车。目前生产的几大车型主要包含 Roadster、Model S 和 Modcl X。

2. 特斯拉 Model S 的安全性介绍

在结构上，特斯拉 Model S 拥有传统汽车不具备的优点。因为车辆最大组成部分——电池组位于车厢下方，使车辆重心很低，因此不太可能发生侧翻。因为没有传统的发动机，所以特斯拉 Model S 拥有一个巨大的前缓冲区，在正面碰撞时能最大限度地吸收能量，而正面冲撞是最容易引发死亡的车祸类型。特斯拉 Model S 的关键部位还用增强型铝材进行加固，车顶能承受四倍重力加速度带来的压力。基于以上原因，Model S 在美国国家公路交通安全管理局的各个类别测试中都获得五星评级。

Model S 使用自动驾驶硬件以增强主动安全系统，自动驾驶硬件包括 12 个超声波传感器，能监测车辆周围 4.8 m 的情况，同时包括一个前置摄像头、一个前置雷达和一个由数字控制的高精度电子制动增压器。并且通过软件更新不断增强安全性能。目前已经实现的功能，包括车道偏离警告和限速提醒，并发布正面和侧面碰撞预警和防撞、盲点预警、自动紧急刹车功能。

Model S 的电池、性能和驱动：所有 Model S 都可以免费使用特斯拉超级充电网络，享受 8 年不限里程的电池及驱动单元保修。表 3－8 为特斯拉 Model S 的电池、性能和驱动参数。

表 3-8 Model S 的电池、性能和驱动参数

	P90D Performance 高性能版 全轮驱动	90D 全轮驱动	70D 全轮驱动
续航里程	505 km（NEDC）	550 km（NEDC）	442 km（NEDC）
加速时间	3.0 s 0～100 km/h （狂暴模式） 3.3 s 0～100 km/h	4.4 s 0～100 km/h	5.4 s 0～100 km/h
最大扭矩	967 Nm	660 Nm	525 Nm
最高速度	250 km/h	250 km/h	225 km/h
电机功率	503 电机功率（后）， 259 电机功率（前）	259 电机功率（前、后）	259 电机功率（前、后）
	532 km 引擎（狂暴模式） 463 km 引擎	417 km 引擎	328 km 引擎

3. 特斯拉 Model S 的充电系统和空气悬架

（1）充电系统

Model S 的标准配备为车载充电器和一个 40 A 的单相壁挂式连接器。根据电源可实现每小时充电行驶里程长达 50 km 左右的充电率。

Model S 配备双充电器，每小时充电里程长达 110 km 左右。特斯拉 Molel S 配备的双充电器提供配套壁挂式连接器。

特斯拉超级充电器的设计能在 20 min 内补充超过一半的电量。特斯拉正在中国新建超级充电站网络，让驾驶特斯拉出行更为方便。

（2）智能空气悬架

无论路面状况如何活载重多少，智能空气悬挂系统都可以自动调节平衡和硬度，实现最佳的性能和驾驶体验。地理位置感知，在每次接近以前的 GPS 坐标时，空气悬挂会自动应用手动设置数据，这在一些陡峭地区行车时特别有用。

4. 特斯拉 Model X 的主要参数

特斯拉 Model X 是一款高性能、安全和智能的全尺寸 SUV 。标配全轮驱动，以及可提供 470 km 续航里程的 90 kWh 电池。特斯拉 Model X 拥有宽敞的驾乘空间和储物空间，足以容纳 7 位成人及其随行装备。启动 Ludicrous 运动模式后，百公里加速仅需 3.4 s。特斯拉 Model X 的设计以安全为首要考虑。由于电池组位于车辆底部，使特斯拉 Model X 的重心比同类 SUV 更低，能够减少 50％的侧翻风险。独特的电池箱结构有助于特斯拉 Model X 抵御侧面碰撞时的变形侵入。由于省去了燃油发动机，因此前备箱也可在正面碰撞时充当缓冲区，有效吸收撞击能量。特斯拉 Model X 具备主动安全防护功

能，特斯拉 Model X 通过摄像头、雷达和声纳系统持续监视周围的路面情况，为驾驶者提供实时路况反馈，最大限度地避免事故的发生。即使在高速行驶时，特斯拉 Model X 亦会于紧急情况下自动制动。采用鹰翼门的独特设计使第二、三排乘客即使在狭窄的泊车环境中也能轻松进出车厢，与传统 SUV 的车门和 MPV 的滑动门相比，提供了前所未有的便利。表 3－9 是特斯拉 Model X 规格参数。

表 3－9　Model X 的规格参数

总长　5 036 mm	肩部空间
轴距　2 965 mm	前排　1 542 mm
宽度　2 272 mm	第二排　1 442 mm
后视镜叠起后　2 017 mm	第三排　1 017 mm
轮距　前 1 705 mm，后 1 710 mm	臀部空间
离地间隙　192 mm	前排　1 413 mm
搭载空气悬架　165～225 mm	第二排　1 498 mm
头部空间	第三排　977 mm
前排　1 058 mm	座位数　七座
第二排　1 035 mm	内部空间　共 2.18 m^3（六座版）
第三排　942 mm	整车质量
腿部空间	90D 2 391 kg
前排　1 046 mm	P90D 2 441 kg
第二排　975 mm	重量分布
第三排　831 mm	90D 前 49%，后 51%
	P90D 前 48%，后 52%

第4章 电动汽车的电机驱动系统

4.1 电动汽车电机的分类

4.1.1 电动汽车电机概述

电机（electric machine）是一种能够将电能与机械能相互转换的机电装置。在车辆行驶中，电机可以利用能量源所提供的电能并向驱动桥传递功率和转矩。当车辆制动时，电机还能提供一个反方向的将车轮的机械能向电能转化的功率流过程。当电机将电能转化为机械能时，称为电动机（motor）；当电机通过反方向功率流过程将机械能转化为电能时，则称为发电机（generator）。电机的制动模式称为再生制动（regenerative braking）。电机在两个方向的能量转化过程中都存在电损耗、机械损耗和磁损耗，这些都将影响电机的能量转化效率。在任何能量的转化过程中，都会有一部分能量损失。但相比于其他类型的能量转换装置，电机具有非常高的转换效率。

在纯电动汽车中，电机是唯一的动力单元；在混合动力汽车中，电机和内燃机通过串联或并联的方式组合在一起为车辆提供动力。在纯电动汽车和混合动力汽车中，驱动电机将从储能装置中获得的电能转化为机械能，从而驱动车轮。与内燃机相比，电机的优势是其在低转速时即可提供峰值转矩，而且其瞬时额定功率（instantaneous power rating）可以达到内燃机额定功率的2～3倍。这些特点使电机驱动的车辆具有更加卓越的加速性能。

通过研究磁场中简单的单匝线圈来理解电压和转矩的产生原理。磁场可以通过一对磁极构成，磁场方向为 N 极指向 S 极，如图 4-1（a）所示。单匝线圈置于一对磁极中间的气隙处，使其在磁场作用下可绕其旋转轴线自由转动。磁极对和单匝线圈形成了一个简单电机，可以用它来讨论机电能量的转化原理。单匝线圈在磁场作用下的另一个视图如图 4-1（b）所示。单匝线圈在绕其旋转轴线旋转时切割磁力线。

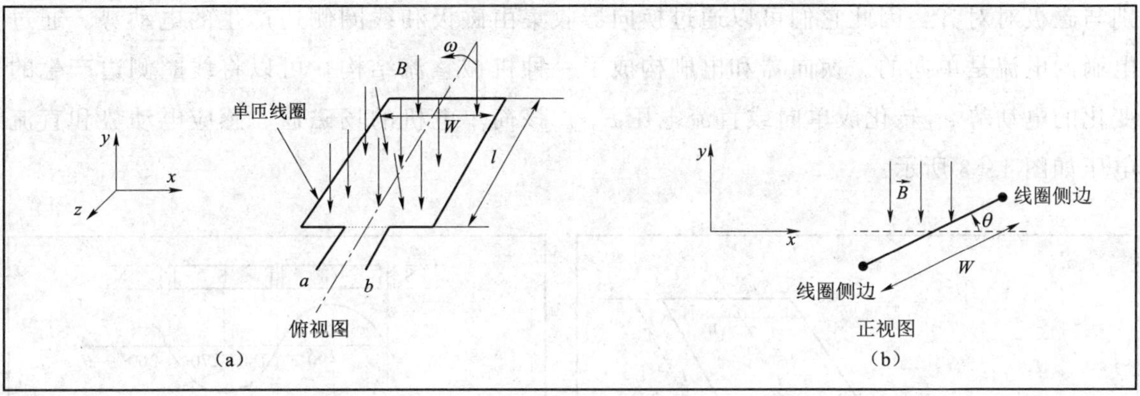

图 4-1　单匝线圈在磁场中的俯视图和正视图

在上述简单电机中，旋转的单匝线圈称为转子，永久磁铁则构成定子。定子磁极对中的磁通构成了电机的磁场，也称为场磁通（field flux）。假设磁极对中的磁通是均匀的，沿 y 轴负方向从 N 极指向 S 极，如图 4-1 所示。如果单匝线圈在这个均匀磁场中以一个恒定的角速度 ω 旋转，在线圈的两侧将产生感应电压。在磁极面（pole face）下运动的边长为 l 的边，称为线圈侧边（coil side）。在线圈底端连接线圈侧边、长度为 W 的边称为线圈底边（end turn）。单匝线圈以角速度 ω 旋转，并与磁场方向构成一个夹角 θ，如图 4-1（b）所示。线圈侧边上的向量积（$\boldsymbol{v}\times\boldsymbol{B}$）在任何时刻均为 $vB\cos\theta$，并且与长为 l 的线圈侧边平行。因此，线圈两个侧边的感应电动势都为 $vBl\cos\theta$。由于线圈底边上的向量积（$\boldsymbol{v}\times\boldsymbol{B}$）总是垂直于底边，与 W 的点积为零。在线圈的底边不会产生感应电动势，因此，单匝线圈产生的感应电动势为两个侧边产生的感应电动势之和

$$e_{ab}=2v\cdot B\cdot l\cdot\cos\theta \tag{4-1}$$

由于线速度可以用角速度 ω 表示，即 $v=\omega(W/2)=\omega r$，因此单匝线圈产生的感应电动势可以写成

$$e_{ab}=2B\cdot l\cdot r\cdot\omega\cdot\cos\theta \tag{4-2}$$

感应电动势也可以从法拉第定律的变形形式中推导得出，单匝线圈的磁链为

$$\phi(\theta)=-2B\cdot l\cdot r\cdot\sin\theta \tag{4-3}$$

线圈的最大磁通量为

$$\phi_p = 2B \cdot l \cdot r \tag{4-4}$$

图 4-1 中的简单电机在均匀磁场中以恒定角速度旋转时产生正弦感应电动势。图 4-1 的简单电机在 ab 端产生的变化的电动势需要通过整流转换成单相电压以获得直流输出。可以通过连接在单匝线圈导体末端的换向器和电刷输出（图 4-2）。换向器与线圈末端连接并随线圈一起转动。电刷是固定的，与外部电路相连。两个电刷的位置分别与磁极对对齐，因此它们可以通过换向器收集由磁极和线圈侧边产生的电动势。通过电刷的电流是单向的。换向器和电刷构成了一种机械整流结构，可以将线圈侧边产生的变化的电动势 e_{ab} 转化成单向或直流电压 E_{12}。该简单电机的场磁通、感应电动势和直流电压如图 4-3 所示。

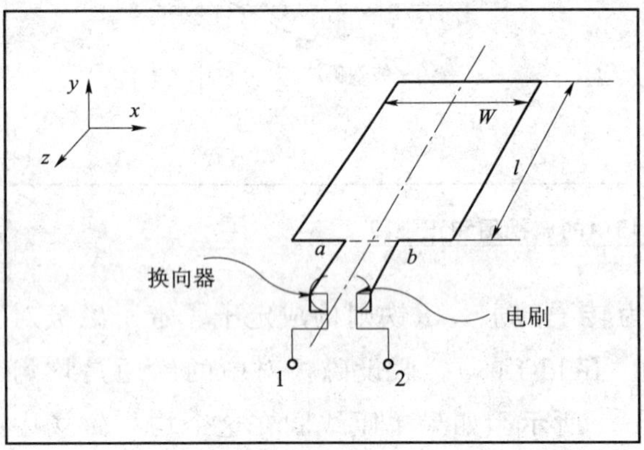

图 4-2　与线圈连接的换向器和电刷

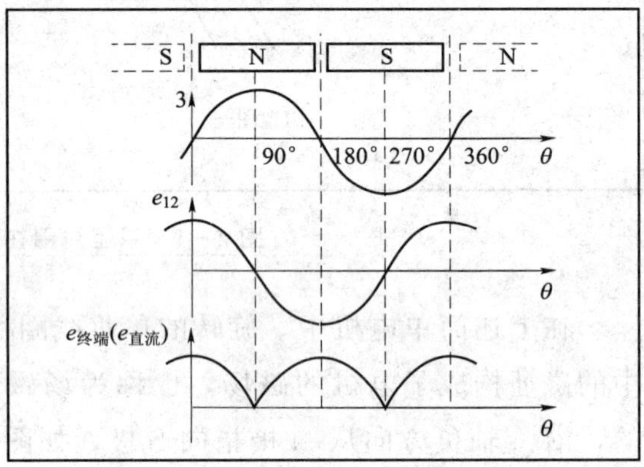

图 4-3　简单电机的场磁通、感应电动势和直流电压

4.1.2　直流电机

直流电机主要由定子、转子和电刷 3 部分组成。

其中，在转子和定子上分别有一组绕组，转子中的绕组称为电枢绕组（armature winding），定子中的绕组称为励磁绕组（field winding）。电枢绕组和励磁绕组的输入都是直流电流。

电枢绕组通过大部分的电流产生电枢磁动势，而励磁绕组只通过很小的励磁电流，产生励磁磁动势。磁动势的大小根据绕组中的线圈匝数及电流大小确定。两组磁动势通过相互作用产生转矩。而换向器和电刷的作用为保证两组磁动势正交，而这是电机产生转矩的基础。

根据输入电源的数量及电枢绕组和励磁绕组之间的连接形式，直流电机可分为他励直流电机（separately excited DC machine）和串励直流电机（series DC machine）。

1. 他励直流电机

他励直流电机的电枢绕组和励磁绕组的输入都是独立控制的直流电源。他励直流电机通过独立控制电枢电流和励磁电流可以为转矩和转速控制提供最大的灵活性。

2. 串励直流电机

另外一种形式的直流电机为串励直流电机。由于其电枢绕组和励磁绕组采用串联的方式连接，电枢绕组和励磁绕组中流过的电流大小相同，因此，需要使用线径较大的线圈来传递与他励直流电机相同的磁动势或安匝（ampere-turn）。串励直流电机的最大优点是其启动转矩非常大，这有助于提高急加速性能（rapid acceleration）。但另一方面，电枢绕组和励磁绕组的串联形式也使其损失了控制的灵活性。

总体来说，直流电机的优点如下：基于线性的易控制性；具有转矩和磁通独立控制的能力；成熟的制造技术。但是直流电机也存在相应的缺点：电刷易磨损从而导致较高的维护成本；最大转速较低；由换向器动作产生的电磁干扰（EMI）；功率质量比较低。

在纯电动汽车或混合动力汽车中使用的他励直流电机通过同一个能量源中两个独立的 DC/DC 变换器为电枢绕组和励磁绕组提供能量，如图 4－4 所示。DC/DC 变换器将能量源中固定的输入电压转化为可变的直流电压输入到电枢和励磁电路中，转换器向电枢绕组输入的额定功率比向励磁绕组输入的额定功率大得多。变换器的输入由电机所需的转矩和转速控制，变换器的输出为作用于直流电机中电枢电路和励磁电路的电压。

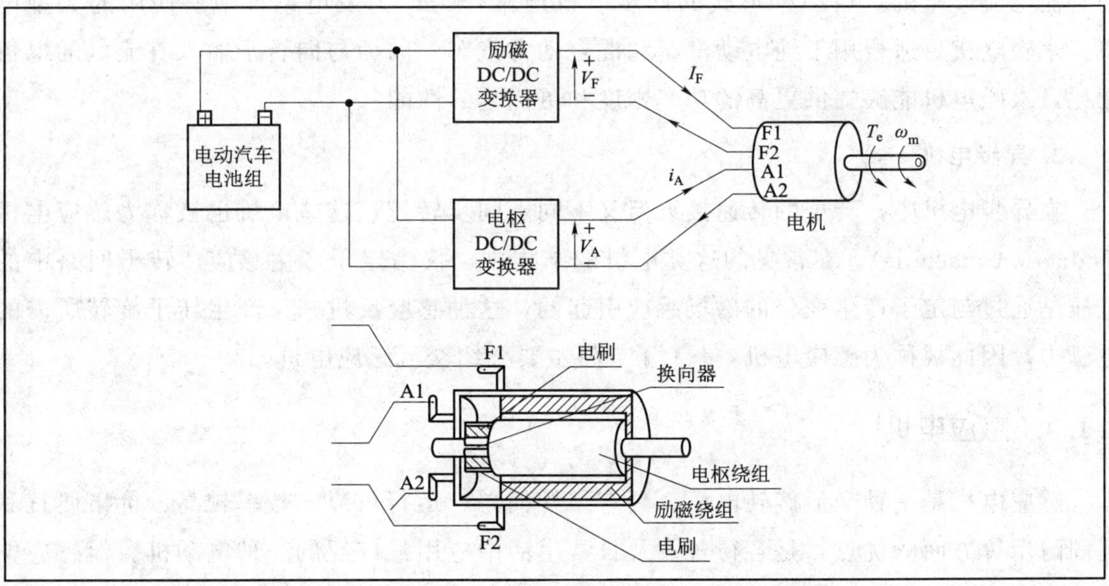

图 4－4　包括电力电子技术和电池能源的直流电机驱动

他励直流电机或电动机中存在独立的电枢电压和励磁电流控制，为满足电机的转矩-转速要求提供了额外性能优化的可能性。电机的驱动性能指标包括效率、单位电流（每安培）的转矩、转矩脉动和响应时间等，对于各性能指标的权重依赖于实际应用和设计的要求，在应用于纯电动汽车和混合动力汽车中时，其最重要的性能指标是效率。

4.1.3 三相交流电机

交流电机和直流电机最主要的区别在于交流电机的电枢电路位于结构的固定部分上，而直流电机的电枢电路位于转子上。电枢电路位于定子上的最大优点是可以取消直流电机中的换向器和电刷结构。从而可以避免电机由于换向器和电刷所带来的机械磨损，从而增加电机的可靠性和延长其使用寿命。交流电机所需的变化的输入电流可以由直流电源通过 DC/AC 变换器提供。交流电机可以分为单相交流电机和多相交流电机两种类型。单相交流电机主要用于小功率设备，而大功率的电机通常都是采用三相结构。交流电机中用于产生转矩的转子磁动势（second MMF）（相当于直流电机中的励磁磁动势）产生自转子回路。根据产生转子磁动势的形式，交流电机可以分为感应式和同步式，这两种形式交流电机的定子绕组结构相似。

1. 同步电机

同步电机的转子始终以同步转速旋转。转子磁动势是由一个永磁电机或转子线圈中的直流电流产生的。后一种形式的同步电机通常作为电力发电系统中所使用的大型电机。永磁电机更适合用于纯电动汽车和混合动力汽车，因为与向转子输入直流电的电机相比，永磁电机能够提供更高的功率密度和更优越的性能。

2. 异步电机

在异步电机中，转子的转速接近但又不同于同步转速，这些电机也被称为感应电机（induction machine）。在常见的这类电机的结构中，仅由定子产生感应，转子回路中的电压是通过与定子产生变化的磁场感应引起的，这种感应反过来又产生转子旋转所需的电磁力，因此被称为感应电机，4.1.4 节将主要介绍交流感应电机。

4.1.4 感应电机

感应电机是一种交流旋转电机，具有结构简单、运行可靠、效率较高、价格便宜和坚固耐用等方面的优点，是各行各业及日常生活中应用最广泛的一种电动机。但感应电动机也存在启动和调速性能较差、运行时需要从电网吸收感性无功功率等不足之处。

在结构上，感应电机主要包括定子和转子两大部分，定子和转子之间留有 0.2～

2 mm 的气隙。感应电机根据转子套组的不同可以分为笼型和绕线转子式两种结构类型。

其中，绕线转子式感应电机的转子末端通过集电环与外界相连，集电环可控制电机转速。笼型感应电机的转子绕组由短路绕组组成，绕组由槽内的条状铜导体和端环构成，其形似鼠笼。笼型感应电机的转子绕组的结构如图 4－5 所示。由于笼型感应电机具有结构坚固、成本低等优点，因此被大量用于工业行业，并且也用于电动汽车和混合动力汽车。

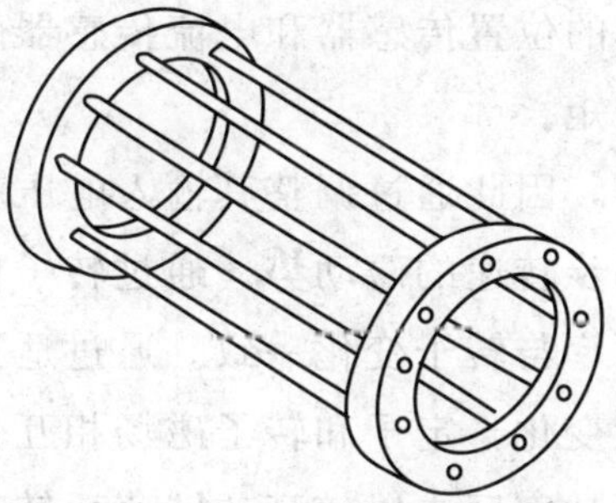

图 4－5　笼型感应电机的转子绕组的结构

笼型感应电机的转了有铸铝转子和铜排转子两种结构，其铁心大多由硅钢片冲槽叠装而成，转子绕组环绕在转子轴的周围。转子中的铜（铝）导体的两端通过端环连接使导体短路，从而形成短路绕组。

当定子绕组中有恒定的电压输入时，电机内部产生磁场，该磁场以同步转速转动。根据法拉第定律，当转子的转速不同于同步转速时（甚至转子转速为零），转子导体切割定子磁场，在转子的回路中产生变化的磁通量，从而产生感应电压。其原理与变压器相同，即一次绕组（定子）产生的时变交流磁通在二次绕组（转子）上产生感应电压。由于转子绕组在感应电机中短路，感应电压在转子回路中产生电流。感应电机可被视为一个二次绕组或转子绕组短路的变压器。由于定子产生正弦变化的磁场，所以转子随之产生呈正弦空间变化的感应电压和感应电流。转子感应电流产生了一个作用于气隙的转子磁动势，转子磁动势呈正弦分布。

4.1.5　永磁电机

永磁电机（PM 电机）采用永磁体来产生气隙磁通量，由永磁体代替了直流电机中的磁场线圈和感应电机中定子的励磁体。该结构取消了励磁电路，并能够减少转子的导体铜耗。永磁电机大致可以分为两类，分别为永磁同步电机和永磁无刷直流电机。

永磁同步电机（PMSM）类似于感应电机，定子磁场以匀速转动，感应波形呈正弦曲线，可以对其进行矢量控制和变换。永磁无刷直流电机（PMBLDC）产生的感应电压呈梯形分布，相电流为长方或正方波形，因此也被称作方波或电子整流电机。定子磁场呈方波脉冲阶跃变化。以下以永磁同步电机为例阐述其原理和结构。

永磁同步电机的定子上有一个三相对称的正弦分布绕组，其与交流电机的绕组相似。永磁同步电机的磁动势由永磁体产生，磁动势、电压和电流的波形均为正弦波形。

与直流电机和感应电机相同，永磁同步电机也从电子逆变器获取动力源。由于使用了稀土材料作为永磁体，增加了气隙的磁通密度，从而可以使电机的功率密度和转矩-惯量比得到增加。在高分辨率的位置传感器和电流传感器的协助下，通过调整电机的电流，可以使电机输出平滑的转矩。

由于定子绕组呈对称分布，因此通过调整其输入电压就可平衡定子三相绕组内的正弦电流，从而在气隙中产生同步转速的磁动势。通过转子位置传感器的回馈信息，可以调节定子电流，定子电流的频率与转子变化一致。通过适当设计永磁体的形状，可控制其磁化方向，转子磁通呈正弦变化，定子和转子磁场相互作用产生轴向的电磁转矩。弱磁模式允许永磁同步电机在恒功率区内以较高的转速运转。其实现方法为使定子的磁通与转子的磁通方向相反。电机的参数、额定电流、反电动势波形和逆变器的最大输出波形均限制了电机的最大转速。

高性能的运动控制系统需要伺服操作系统，永磁同步电机由于具有性能优越、转矩响应迅速、结构坚固、高功率密度和效率高等优点，因而在一些领域得到广泛应用，例如，在机器人和航空航天领域，需要在输出相同动力的前提下尽可能地减小电机的重量，而永磁同步电机在这些场合便可以发挥重要的作用。

永磁电机普遍存在的一个问题为磁铁芯片的损坏问题。

永磁同步电机的永磁体不仅价格昂贵而且对温度敏感，这是永磁电机的主要缺点。永磁同步电机大多在中小功率范围内应用，偶尔也会在大功率的场合中使用。

根据永磁体在转子中的形状和位置，可将永磁同步电机分为表面固定型、嵌入型和内置型3类，分别如图4-6（a）～（c）所示。

表面固定型和嵌入型永磁同步电机统称为表面式永磁同步电机。如图4-6（a）所示，表面固定型永磁同步电机中的永磁体使用环氧黏合剂或楔形块固定在圆柱形转子的表面，并由无磁性的不锈钢或碳纤维套筒包裹着永磁体。该类型转子的机械强度主要取决于环氧黏合剂的强度，但是其制造工艺较简单。如图4-6（b）所示，嵌入型永磁同步电机的永磁体嵌入在转子表面的凹槽中，这种安装方式可以更好地保护永磁体。如图4-6（c）所示，内置型永磁同步电机将永磁体安放在转子的内部。其制造工艺相对复杂，成本高。

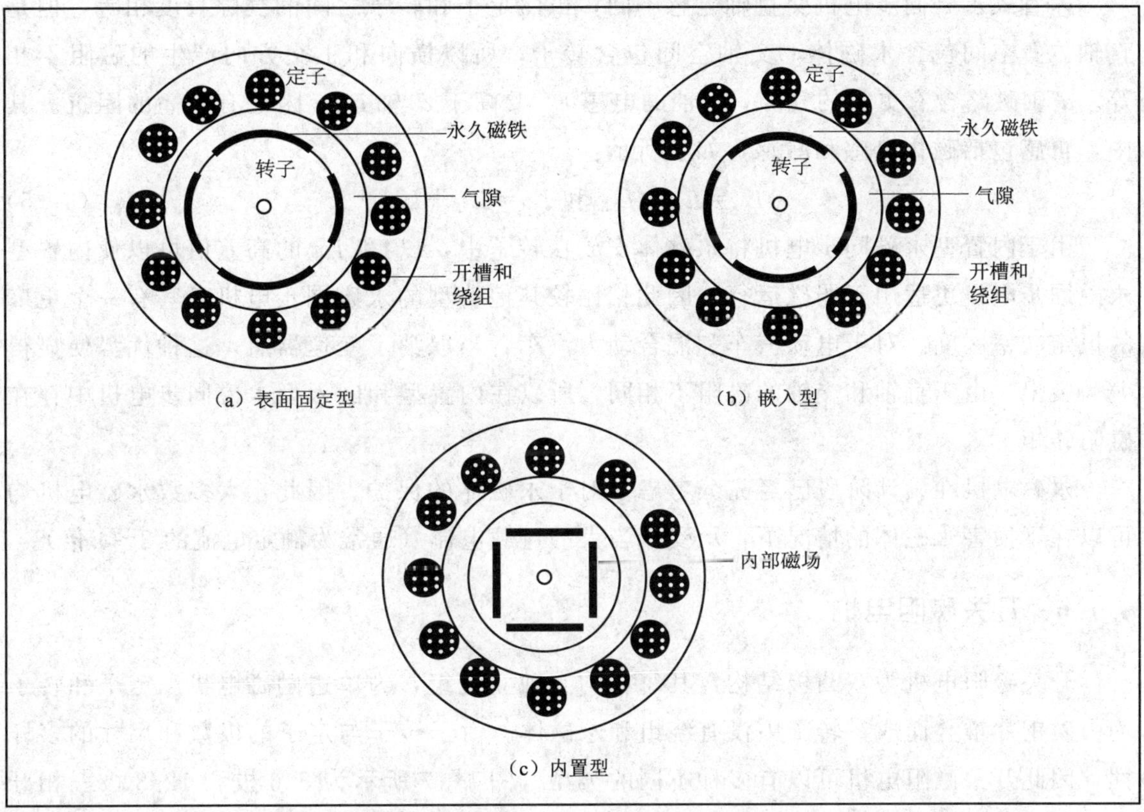

图 4-6　永磁电机

永磁同步电机的建模和控制可使用标量和矢量控制法。在标量控制中，需要将三相的 abc 系统转换成每相等效电路。而在矢量控制中，则将三相系统的参数转换为等价的两相系统参数，电流的振幅和角度可控。三相 abc 参考方向（同步电机自然坐标系）以及假想的两相 $\alpha\beta$（同步电机静止坐标系）和 dq 参考方向（同步电机转子几何轴线坐标系）。在 dq 坐标系中，d 代表转子 N 极或 S 极的中心线的轴向，称为转子的纵轴或直轴，q 代表与纵轴相距 90°空间角度的方向，称为交轴或横轴。abc 和 $\alpha\beta$ 参考坐标系位于定子上，其中 α 轴与 a 轴同向，α 轴与 β 轴呈 90°的夹角。abc 空间转换为 $\alpha\beta$ 空间主要为三相固定参数转变为两相固定参数。在 dq 参考空间，d 轴代表磁通方向，q 轴与其呈 90°的夹角。

可以通过控制直轴和交轴方向的电感来控制永磁同步电机。对于表面固定型永磁同步电机，由于定子周围的定子与转子间磁路的磁导率相同，所以其产生的两电感也相同。由于永磁体的磁导率与空气的磁导率相同，尽管存在永磁体，但磁路一致。安装永磁体所占用的空间增加了有效气隙的径向距离，因而使永磁同步电机的自感变得微乎其微。

内置式永磁同步电机交直轴电感不同，虽然定子和转子之间的气隙长度相等，但是直轴位置空间包含永磁体，交轴空间包含转子，所以横向和正交方向产生的磁阻不相等。d 轴磁路含有更长的气隙，q 轴的电感 L_q 要高于 d 轴 L_d，因此有更高的阻抗。其中，自感包括磁化自感和漏感，如下所示：

$$L_q = L_{ls} + L_{mq} \text{ 和 } L_d = L_{ls} + L_{md} \tag{4-5}$$

由于内置型永磁同步电机将永磁体安放在转子中，L_q 和 L_d 的高差值可以使内置型永磁同步电机更适用于弱磁运行，因此相比较其他典型的永磁同步电机，其有一个更广的恒定功率区间。对于电动汽车和混合动力汽车，当取消了变速器后，这种优势便显得尤为突出。由于直轴和交轴的磁阻不相同，所以在内置型和嵌入型永磁同步电机中存在磁阻转矩。

永磁电机在设计阶段已经充分考虑了对于永磁体的保护。因此，大多数永磁电机均可以在不损害永磁体的情况下，承受相当大的过载电流（通常为额定电流的 2～4 倍）。

4.1.6 开关磁阻电机

开关磁阻电机为双凸极结构，其每相均有独立绕组，为单边励磁电机。定子和转子均由磁钢片堆叠而成，转子中没有绕组和永磁体。由于转子与定子的极数和尺寸的多样性，因此开关磁阻电机可以有多种不同的类型。图 4－7 所示为 8/6 极和 12/8 极三相开关磁阻电机的四相横截面图。12/8 三相开关磁阻电机是单定子结构的 6/4 极三相开关磁阻电机的叠加，通过将相对的两极定子绕组并联或串联在一起形成电机的一相。通常将 6/4 三相开关磁阻电机称为两级（两相）电机，将 12/8 极三相开关磁阻电机称为四级

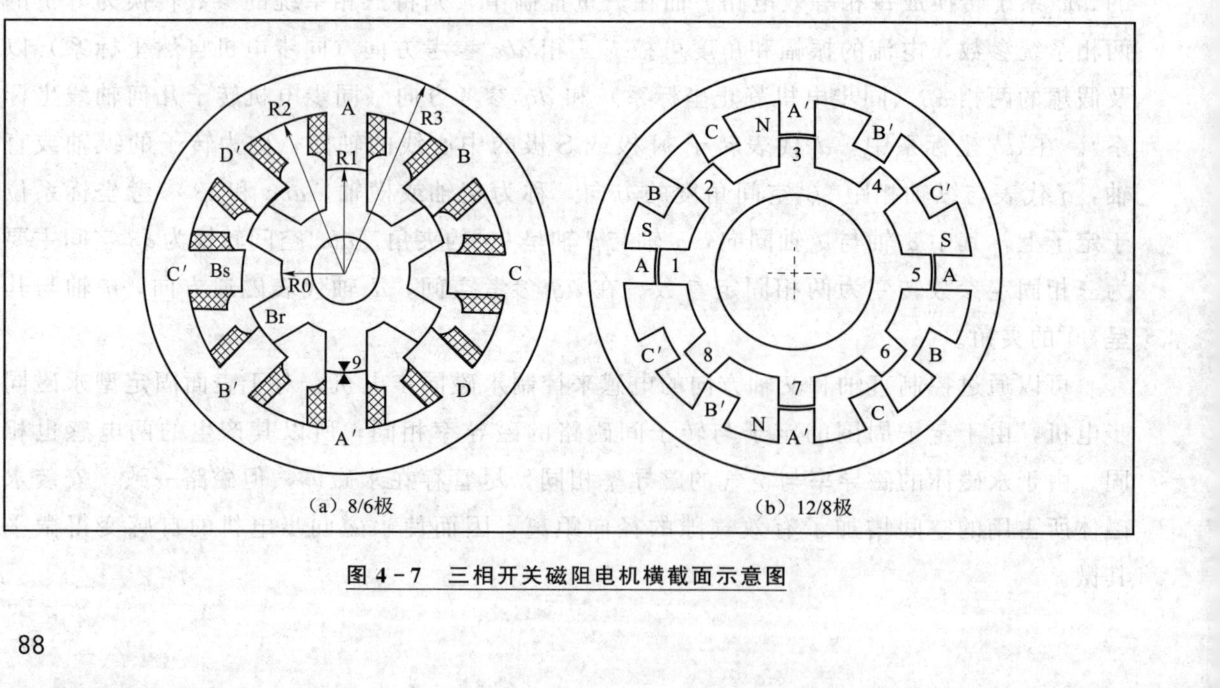

图 4－7　三相开关磁阻电机横截面示意图

（四相）电机。当定子的某相通电后，为了减小磁路的阻抗，离该定子凸极最近的转子凸极会向其运动。所以，若按相顺序依次通电时，开关磁阻电机能产生顺时针（逆时针）的恒转矩。

当某相的转子和定子凸极完全对齐时，此时产生最小的磁阻，定义为该相的对准位置。此时该相非饱和电感（L_a）的值最大。随着该相转子凸极的转动，非饱和电感值逐渐减小。当某相转子的凸极和定子的凸极不重合时，称为非对准位置，此时，该相的电感值（L_a）最小。尽管对于高饱和电机，例如开关磁阻电机，使用电感这一概念可能不够恰当，但是对准和非对准位置的不饱和电感是控制器的两个关键参考位置。

开关磁阻电机也存在其他类型的定子/转子极数结构，如 10/4 极、4/2 极或 2/2 极等结构，但这几种结构的缺点是当定子和转子的位置完全对准时，不能产生启动转矩，存在死点（零转矩点）。高配比定子/转子磁极组合的电机，转矩脉动较低，不会出现启动转矩为零的问题。

在变频调速和伺服应用方面，开关磁阻电机具有一些独特的功能，这使其成为直流电机和交流电机最大的竞争者。由于没有永磁体和转子绕组，开关磁阻电机的结构可以得到简化，电机的损耗大多发生在定子上，定子更易冷却。由于高自感不会瞬间产生大电流，因此开关磁阻电机的启动转矩较高。此外，开关磁阻电机的转子还具有耐高温的优点。开关磁阻电机的恒功率区域较广，这一特点可当作驱动电机使用。另外，开关磁阻电机的容错能力较强，这一特点是其他交流电机所不具有的。由于每相绕组均串联在逆变器上，开关磁阻的驱动逆变器不可能出现直通短路故障。定子相绕组相对独立，所以当电机的一相或者多相失效时，电机会安全关机而不会急停。

开关磁阻电机也存在缺点，其中，转矩脉动和噪声最为严重。与其他电机相比，由于双凸极结构和每相独立产生分散转矩会导致较高的转矩脉动。高转矩脉动会在直流电源中产生大的波动电流，需要一个大的滤波电容。双凸极结构会产生较大的工作噪声，噪声主要是由径向磁力与定子圆周形结构产生的共鸣。该问题已经引起有关专家的重视，并且已经找到了降低转矩脉动和噪声的方法。但是，开关磁阻电机的使用者往往不在意其转矩脉动和噪声。

由于没用永磁体，不仅增加了定子绕组和逆变器的负担，而且也提高了逆变器功率要求。与永磁无刷电机相比，每单位的定子铜耗较高，每安培对应的效率和转矩降低。但是，电机在恒功率区所对应的最高转速不被固定磁通量限制。因此，开关磁阻电机可延伸恒功率区域。虽然为了降低转矩脉冲，需要在电机控制中加入相关的算法，相比较感应电机的定向控制，开关磁阻电机的控制更为简单。

4.2 电动汽车电动机的控制

4.2.1 电机控制器基础

电机控制器也叫电机驱动器，由电力电子变换器和相应的控制单元组成。电动汽车电机驱动器所用的电力电子变换器可分为驱动直流电机的直流—直流转换器（DC/DC converter）和驱动交流电机的逆变器（DC/AC converter，或 Inverter），由固态开关器件组成，常用的开关器件是 IGBT，小功率的驱动器中也可以使用 MOS-FET，一般工作频率可以达到几十千赫兹甚至数兆赫兹。通过开关器件有规律的开关动作可以实现能量由直流电源向电机输入端传送。控制单元一般以微控制器或数字信号处理器（DSP）为核心辅以必需的检测电路和接口电路，其作用是处理各类反馈信息，如指令信号、反馈电压、电流、温度和转速等，经过一定的运算与策略产生门极开关控制信号。由于开关的动作需要消耗功率而控制单元输出一般仅仅是电平信号，因此门极驱动信号需要经过门极驱动电路进行功率放大后才可以驱动开关器件工作。电机驱动器功能模块框图如图 4-8 所示。

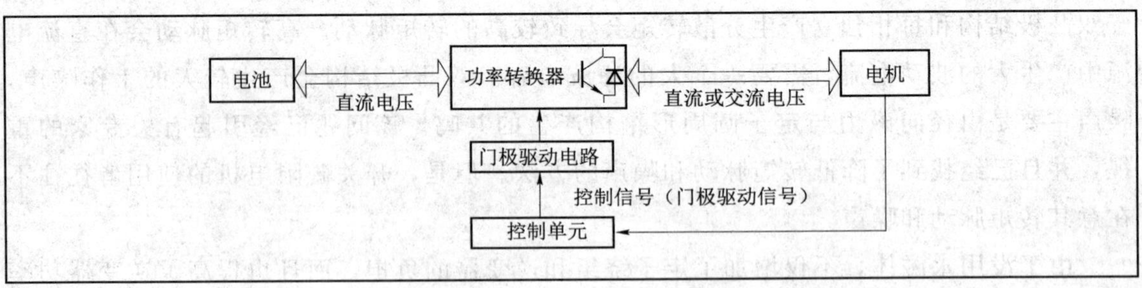

图 4-8　电机驱动器功能模块

一般来说，逆变器的功率由半导体功率器件（IGBT 或 MOSFET）电压和电流能力以及散热能力决定，电机的功率受散热能力影响，逆变器容量对无刷电机的运行也有限制。以正弦波永磁同步电机驱动为例，电机驱动系统的最大输出功率取决于逆变器的功率，电机低速下最大转矩输出取决于逆变器的电流能力，基于以上运行时受逆变器输出电压已经达到最大值的限制，电机需要弱磁运行。如图 4－9 所示，电动机稳定运行时，定子电流矢量既不能超过电压极限椭圆，也不能超出电流极限圆，一定要在电压极限椭圆和电流极限圆内，它直观地描述了永磁同步电机稳态运行时转矩、转速、逆变器运行条件和参数之间的关系。在实际应用中，PMSM 的弱磁控制主要是在满足电压极限椭圆和电流极限圆的基础上，调整 i_d、i_q控制电流矢量轨迹，避免电流调节器饱和，从而使 PMSM 由恒转矩调速平稳、快速地过渡到弱磁工作模式。

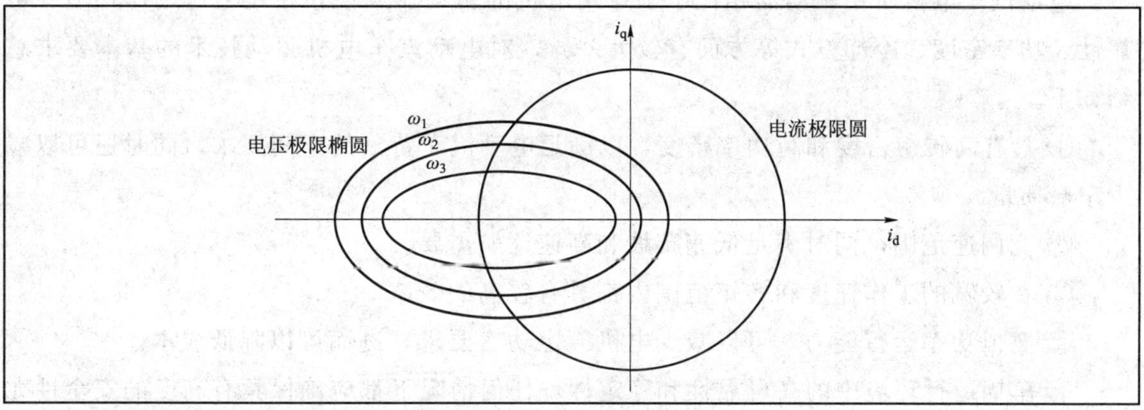

图 4－9　电压电流极限环

4.2.2　电动汽车电机驱动系统的要求

与电机的工业应用不同，用于电动汽车的电机通常要求频繁起停、快速动态响应、低速恒转矩运行且过载能力强、转速变化范围宽、可以四象限运行，在充分满足汽车运行功能的同时还应满足行驶时的舒适性，适应环境的能力等。电动汽车用电机与工业用电机的对比见表 4－1，由此可见电动汽车用电机要比工业用电机的工作环境复杂，而且要求也更高。

表 4－1　电动汽车用电机与工业用电机的对比

	电动汽车用电机	工业用电机
封装尺寸	布置空间有限，一般需要根据具体产品进行特殊设计	空间不受限制，可用标准封装配套各种应用
工作环境	环境温度变化范围大，振动剧烈	环境温度适中，振动较小
可靠性	很高，以保证乘用者安全	较高，以保证生产效率
冷却方式	通常为水冷（体积小）	通常为风冷（体积大）
控制性能	精确的力矩控制，动态性能较好	多为变频调速控制，动态性能较差

续表

	电动汽车用电机	工业用电机
功率密度	较高	较低
效率	要求工作范围高效率	只要求额定工作点高效率
性价比	极高	一般

电动汽车电机所用驱动器相比于工业用电机的驱动器来说，在尺寸、工作环境、可靠性、功率密度、冷却方式等方面有较大差异，对电动汽车电机驱动技术的基本要求总结如下。

① 具有高转矩密度和高功率密度，以满足电动汽车苛刻的空间要求，同时还可以减少车身质量。

② 宽调速范围，同时满足低速爬坡和高速巡航需要。

③ 在较宽的工作速度和转矩范围内都具有较高的效率。

④ 宽恒功率运行能力，可以减少电机额定功率要求，进而可以降低成本。

⑤ 车辆运行环境中的高可靠性和稳定性，任何情况下都应确保具有高度的安全性尤其是失效模式下可控。

⑥ 低噪声，包括电磁噪声和音频噪声，满足车辆电磁兼容性和驾驶舒适性需要。

⑦ 合理的成本，对电动汽车的普及来说成本始终是一大障碍。

评价一个电机驱动系统的指标主要有外特性（最大输出转矩与转速关系）、恒功率调速范围、驱动系统效率分布图（非某一点效率，也不是单独的电机本体或控制器的效率）、驱动系统功率密度与转矩密度等。

4.2.3 电动汽车电机驱动系统设计

1. 直流电机驱动系统

电机的转速调节可以通过调节电枢电压和励磁电流来实现。相比于其他类型的直流电机，他励直流电机电枢电压和励磁可以独立控制，这为转矩和转速控制提供了更大的灵活性。在电动汽车应用中，最合乎需要的转矩-转速特性是在某一转速（基速）以下为恒转矩；而在超过基速的范围内，随着转速增加，转矩呈抛物线下降（恒功率），转矩-转速特性如图 4-10 所示。在低于基速的转速范围内，保持励磁电流为额定值，调节电枢电压可以调节电机转速：电枢电压降低引起电枢电流减小，进而导致电机转矩减小，从而使电机转速降低；反之，电枢电压升高，电枢电流增加，引起电机转矩增加，从而使电机转速升高。电枢电压随着转速升高或降低成正比增加或减小。在基速以下当电枢电流达到额定值时，电机输出额定转矩；在基速时，电枢电压达到额定值，且不能进一步增加；为进一步提高转速，磁场必须随着转速的增加而变弱，而且反电动势和电枢电流保持不变；此时，输出转矩随着转速增加呈抛物线下降，且其输出功率保持不变，如图 4-10 所示。在电动汽车电驱动中，常常采用两种控制方法相结合的方法进行控制。车辆起步时保持励磁电压不变调节绕组电压直到电机达到基速运行，然后保持电枢电压为额定值不变，采用磁场调节控制以获得较高速度。电动汽车电驱动系统由电动汽车驱动电机变速器、功率变换器等几部分组成。

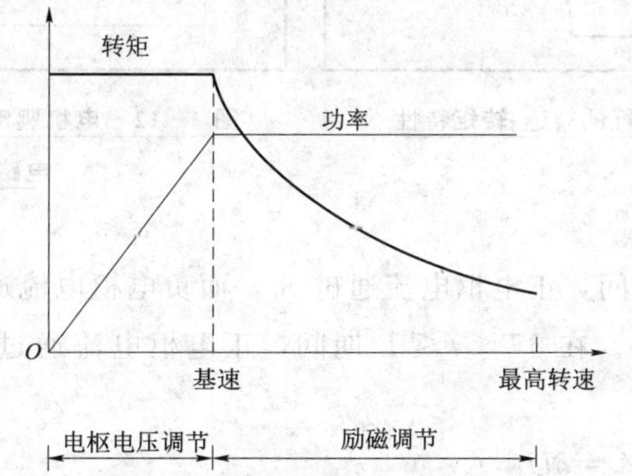

图 4-10　转矩-转速特性曲线

调节电枢电压和励磁磁通都需要专门的可控直流电源，目前大多采用 DC/DC 转换器实现。DC/DC 转换器也称作斩波器，效率高，灵活控制，因高频工作可以减小设备尺寸和重量等，同时响应速度快，输出脉动小，对于电机驱动来说，利用斩波器驱动的电机在很低的速度下也可以实现再生制动。

直流电机在电动汽车上的应用要求多象限运行，包括正转、正转制动、反转、反转制动，多象限运行的转速-转矩特性如图 4-11 所示。如果设置有倒挡则仅要求电机在第一和第四象限运行即可。电机驱动最常用的两象限斩波器如图 4-12 所示，在驱动电机工作时，开关 S_1 和续流二极管 VD_1 构成一个斩波器，在再生制动过程中开关 S_2 和续流二极管 VD_2 构成一个斩波器。无论是运行还是再生制动，两个斩波器同时被控制。开关 S_1 和 S_2 被交替地闭合。在斩波周期 T 中，S_1 导通的时间为 δT，而 S_2 从 δT 到 T 时间内保持导通。为避免电源上的直接短路，应注意确保 S_1 和 S_2 不同时导通。该两象限斩波器有如下特点。

① 在该电路中，无论运行频率如何，都不会出现电流断续。

② 既然不存在电流断续，电动机电流将始终流通。

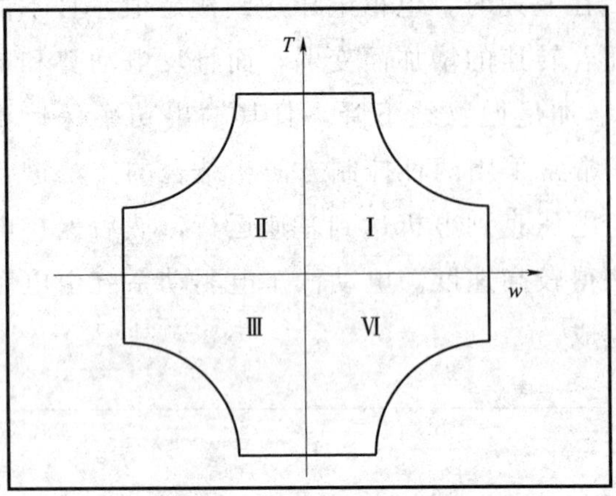

图 4-11　多象限运行的转速-转矩特性

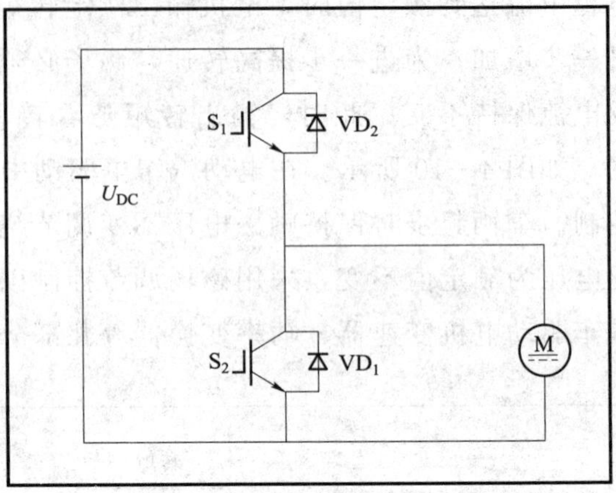

图 4-12　电机驱动常用的两象限斩波器的电路拓扑结构

③ 在 $0\leqslant t\leqslant\delta T$ 期间，正电枢电流通过 S_1，而负电枢电流通过 VD_2。仅在该期间有电源电流，其值等于 i_a。在 $\delta T\leqslant t\leqslant T$ 期间，正电枢电流通过 VD_1，而负电枢电流通过 S_2。

④ 电动机端电压 $V_S=\delta U_{DC}$。

直流电机驱动系统中换向器和电刷的使用带来了一系列问题。换向器会引起转矩波动，电机速度也受到限制，电刷则会带来摩擦和音频干扰。此外，换向器和电刷的磨损、直流电机需要定期维护等缺点，决定了直流电机驱动系统可靠性低并且不能免维护，这限制了它在现代电动汽车驱动系统中的使用。

2. 感应电机的驱动系统

感应电机的驱动技术是所有无刷电机驱动技术中最成熟的。感应电机的转子可以采用带绕组的结构或者笼型结构，相对于笼型结构转子来说，带绕组的转子成本高、需要维护并且不够牢固，因此电动汽车的电驱动系统多采用笼型结构转子的感应电机（不严格区分时感应电机就是指笼型转子结构的感应电机）。笼型转子是由转子外缘槽中铸铝条所构成，这些铸铝条由转子两端的铸铝端环短接，端环也可以做成风扇的形状。

图 4-13 所示为一个三相、两极感应电机的定子和定子绕组电流示意图。定子磁动势合成矢量以角速度 ω 旋转。旋转的定子磁动势和转子导体之间的相互作用将在转子中感应电压，且因此在转子中感应电流。接着，旋转磁动势在载有感应电流的转子上产生转矩。显然，转子中的感应电流对于产生转矩是必不可少的，同样，感应电流也取决于定子磁动势与转子间的相对运动。这也是为什么在旋转的定子磁动势角速度和转子角速度之间必须存在差值的原因所在。转差率 s 定义为

$$s=\frac{\omega_{ms}-\omega_{m}}{\omega_{ms}} \tag{4-6}$$

当 $s>0$ 时，电机工作在电动机模式，产生稳定的转矩；当 $s=0$ 时没有转矩产生；当 $s<0$ 时，电机以发电状态运行，产生负转矩。

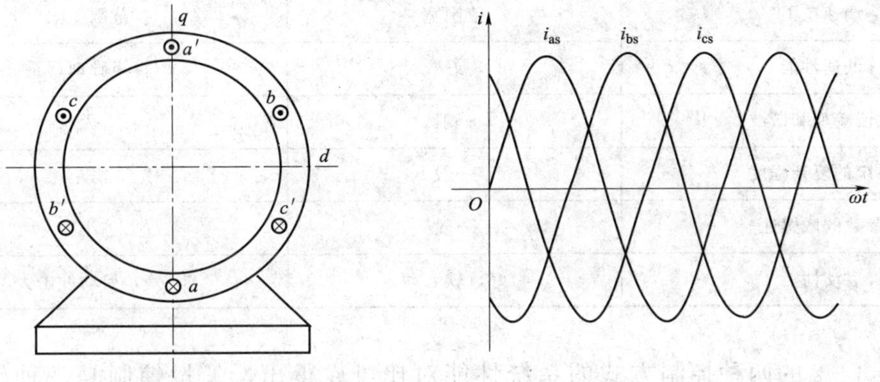

（a）空间对称分布的三相定子绕组　　（b）相电流

图 4-13　三相、两极感应电机的定子和定子绕组电流示意图

由于感应电机模型中交、直流的耦合，其动态模型是一个多变量、强耦合、非线性模型，感应电机的调速控制比直流电机要复杂得多。常见的控制策略是变压变频（variable-voltage variable-frequency，VVVF）控制、磁场定向控制（field-oriented control，FOC）也叫矢量控制或解耦控制、直接转矩控制（direct-torque control，DTC）。这些控制策略还有一些复杂的控制算法，比如自适应控制、变结构控制、优化控制等，以获得更快的响应速度、更高的效率以及更宽的工作范围。

VVVF 控制策略在频率低于电机额定工作频率时采用恒压/频比控制，当频率高于额定频率时采用恒压变频控制。由于气隙磁通波动并且响应速度慢，且功率因素低导致运行效率低，VVVF 控制在高性能感应电机驱动系统中很少使用。

目前，应用于高性能感应电机系统中的控制策略主要有矢量控制和直接转矩控制两种。它们的理论基础都源于电机的多变量数学模型。矢量控制技术是 1971 年由德国的 Blaschke 等人提出的，其基本思想源于对直流电机的严格模拟，通过电机磁场定向将定子电流矢量分为励磁分量和转矩分量，分别加以控制以获得良好的解耦特性。直接转矩控制是 20 世纪 80 年代由日本的 Takahashi 和德国的 M. Depenbrok 分别在感应电机理论上提出的，其基本原理是通过查表的方法选择合适的空间电压矢量，实现电机系统转矩和磁链的直接控制。直接转矩控制具有结构简单、对参数依赖性小、动态响应速度快等优点。表 4-2 给出了这两种控制方式的系统性能对比。

表 4-2　两种控制方式的系统性能对比

对比项目	矢量控制	直接转矩控制
逆变器开关频率	高	低
转矩脉动	小	大
调速范围	范围宽	范围受限
低速性能	好	转矩脉动严重
电流畸变和谐波	一般	大
系统的复杂程度	一般	简单
参数的敏感性	一般	小
启动性能	好，软启动	差，启动冲击大

通过表 4-2 的两种控制方式的系统性能对比可以得出，矢量控制是一种较直接转矩控制成熟的控制技术，在交流感应电机系统中得到了更为广泛的应用。直接转矩控制理论尚需进一步完善，它在低速性能、转矩脉动、电机启动等方面存在的问题有待进一步解决。因此，感应电机系统的控制方案目前一般选取矢量控制方案。

坐标变换对矢量控制系统是必不可少的。利用 Clarke 变换实现系统从自然轴系（abc 轴系）到两相静止轴系（α、β 轴系）的转换，其坐标系和定子电流矢量及其分量如图 4-14（a）所示，利用 Park 变换实现两相静止轴系（α、β 轴系）到两相旋转轴系（d、q 轴系）之间的变换，其坐标系和定子电流矢量及其分量如图 4-14（b）所示，从 d、q 轴系到 α、β 轴系的变换为 Park 反换。

选择转子磁链矢量方向为坐标横轴 d，dq 参考坐标系就与转子磁通同步旋转，电机电磁转矩可以表示为

$$T_e=\frac{3}{2}\cdot p\cdot\frac{L_{\mathrm{m}}}{L_{\mathrm{r}}}\cdot i_{\mathrm{qs}}\cdot\lambda_{\mathrm{dr}} \tag{4-7}$$

式中：p——极对数；

L_{m}——每相电枢电感；

L_{r}——每相转子电感；

i_{qs}——定子电流的 q 轴分量；

λ_{dr}——转子磁通的 d 轴分量。

这与他励直流电机的转矩公式类似，可以保持磁场分量 λ_{dr} 不变而控制转矩分量 i_{qs} 来调节电机转矩输出，从而使感应电机可以获得所需的快速动态响应。坐标变换使得感应电机获得与直流电机类似的控制方式，这也是电机统一理论的基础。

图 4－14 所示为定子电流空间矢量及其分量。

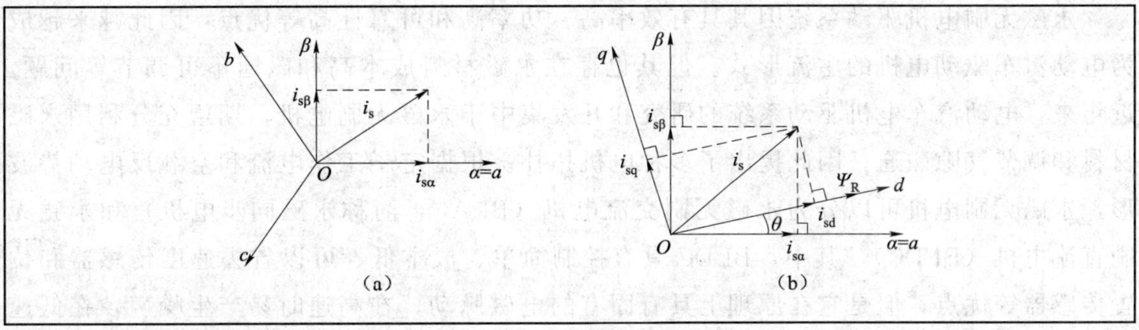

图 4－14　定子电流空间矢量及其分量

感应电机矢量控制系统结构如图 4－15 所示。测量三相定子电流中的两相送给 Clarke 模块，其输出 $i_{s\alpha}$ 和 $i_{s\beta}$ 作为 Park 变换模块的输入获得 dq 旋转坐标系下的励磁分量 i_{sd} 和转矩分量 i_{sq}，分别与定子电流参考分量 i_{sdref} 和 i_{sqref} 对比。由于永磁同步电机 PMSM 中转子磁通由永磁体产生，是一个定值，因此不需要转子励磁分量，即 $i_{sdref}=0$。图 4－15 所示系统结构即可用于 PMSM 驱动系统控制。若使用速度空间矢量控制，则 i_{sqref} 也可以是速度调节器输出。

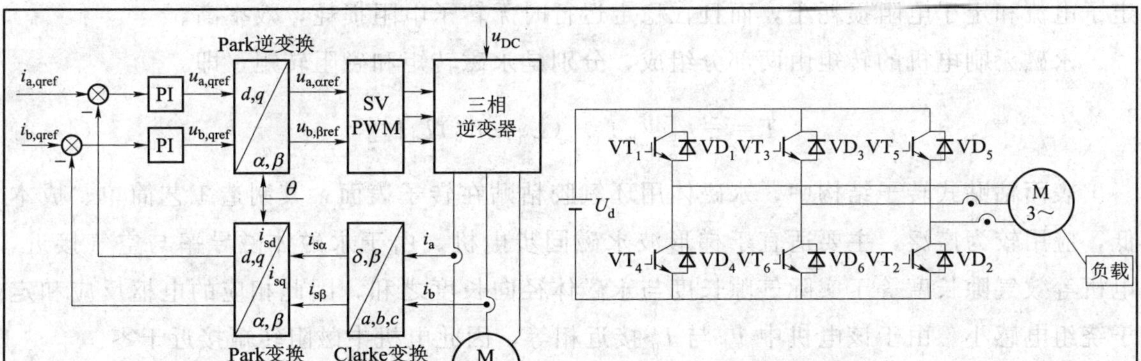

图 4－15　感应电机矢量控制系统结构

在同步电机中，转子速度等于转子磁通速度，转子位置角可由位置传感器直接测得或者转子速度积分得到。在感应电机中，转子速度不等于转子磁通速度（有转差），需要用特殊的方法来计算转子位置角，基本的方法就是利用电流模型，建立电机的两个方程。SVPWM 在三相交流电机绕组中产生最小的电流谐波畸变，空间电压矢量调制技术相比于正弦调制方法对于供电电压利用效率更高。

3. 永磁无刷电机驱动系统

永磁无刷电机驱动系统因其具有效率高、功率高和可靠性高等优点，因此越来越成为电动汽车驱动电机的主流形式。但其也存在永磁材料成本高和磁通不可调节等问题。近年来，电动汽车电机驱动系统的研究和开发集中于永磁无刷电机，期望充分利用永磁材料和调节气隙磁通，因此提出了多种电机拓扑。根据定子工作电流和空载反电动势波形，永磁无刷电机可以分为永磁无刷交流电机（BLAC，简称永磁同步电机）和永磁无刷直流电机（BLDC）。其中，BLDC 具有控制简单、成本低、可以省去速度传感器和位置传感器等优点，但是它在原理上具有固有的电磁脉动，在高速时易产生噪声，在低速时又难以获得平稳的力矩，因此 BLDC 仅被应用在混合动力电动汽车的附件系统中（如电动泵、空调压缩机等）。相比较而言，永磁同步电机具有功率和转矩密度高（质量轻、体积小、转矩大）、转速高、调速范围宽、效率高等优点，被广泛地应用在大多数混合动力汽车的电驱动系统中。

永磁同步电机是由电励磁同步电机发展而来的，两者的结构和运行原理基本相同。与电励磁同步电机相比，永磁同步电机以永磁体提供的磁通代替了后者的励磁线圈励磁，省去了集电环和电刷，简化了结构，实现了无刷化，从而减少了电机的维护成本，提高了效率。与感应电机相比，永磁同步电机无须励磁电流，可以显著提高功率因数，定子电流和定子电阻损耗小，而且在稳定运行时无转子电阻损耗，效率高。

永磁无刷电机的转矩由两部分组成，分别是永磁转矩和磁阻转矩，即

$$T=\frac{3}{2}p[\Psi_{\mathrm{m}}I_{\mathrm{q}}-(L_{\mathrm{q}}-L_{\mathrm{d}})I_{\mathrm{d}}I_{\mathrm{q}}] \tag{4-8}$$

表面粘贴式转子结构中，永磁体用环氧胶粘贴在转子表面，其制造工艺简单、成本低，应用较为广泛，主要适宜于梯形波永磁同步电机。由于永磁体磁导率与空气接近，电机等效气隙长度等于实际气隙长度与永磁体径向长度之和，因此相应的电枢反应和定子绕组电感小。由于该电机中 I_{d} 与 I_{q} 接近相等，因此电机中磁阻转矩接近于零。

表面插入式转子结构中，永磁体插入或埋在转子表面，因此 q 轴电感大于 d 轴电感，从而产生额外的磁阻转矩。永磁体在转子里面，可以高速运行。

相比于表面粘贴式和表面嵌入式结构的永磁同步电机，内置式结构永磁同步电机由于永磁体嵌入在转子内部，在转子轴磁路方向上相当于一个隔磁磁障，造成了电机转子的各向异性，使得电机具有一定的空间凸极性，更具有发展优势。其具体原因有以下 4 个方面。

① 内置式永磁同步电机的永磁体位于转子内部，能够有效地避免永磁体失磁，转子结构更加牢固，设计更加灵活，可以做成高速电机，电机的动、静态性能好。

② 内置式永磁同步电机能够有效地实现电机的弱磁控制，当电机端电压达到电压极

限时，可以利用直轴去磁电流削弱气隙磁通量，拓宽了电机的调速范围，实现了电机的更高速运行。

③ 内置式永磁同步电机转子表面的涡流损耗较面装式永磁电机显著减小，有效提高了电机的效率。

④ 由于内置式永磁同步电机转子结构的空间凸极性，q 轴电感大于 d 轴电感，更容易实现电机在低速甚至零速状态的无位置传感器运行。基于上述原因，内置式永磁同步电机具有更为广阔的发展和应用前景，更适合电动汽车使用。

图 4－16 给出了永磁同步电机的坐标系关系，用于矢量控制。永磁同步电机的矢量控制可归结为对 d 轴和 q 轴电流的控制，对于给定的电磁转矩，有多种 d 轴、q 轴电流组合的选择，可以产生不同的控制方法。主要包括 $i_d=0$ 模式、功率因数 $\cos\varphi=1$ 模式、恒磁链模式和定子电流最小控制模式四种控制模式。

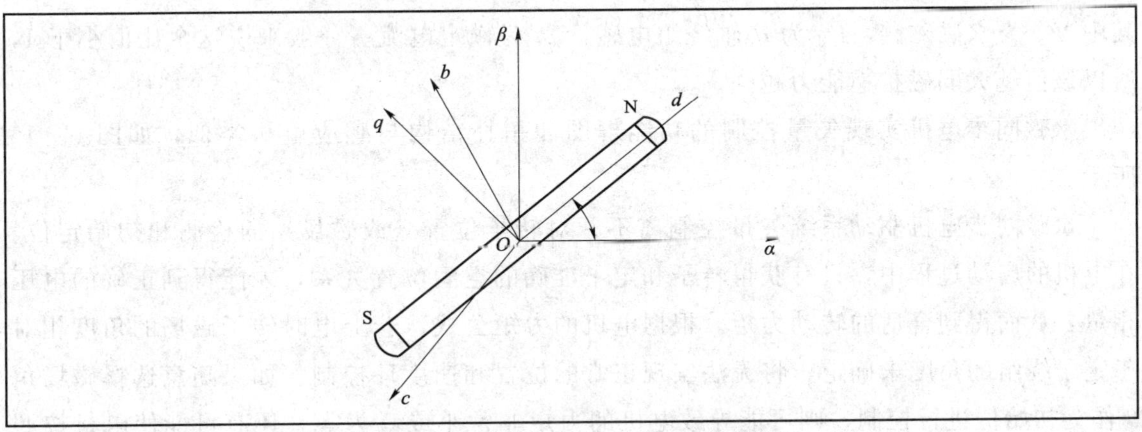

图 4－16　永磁同步电机坐标系关系

在 $i_d=0$ 控制模式下，定子电流只有 q 轴分量，控制原理与直流电机一样。该模式的特点是控制简单，定子电流与电磁转矩成正比，转矩性能好，无弱磁电流分量、不会引起永磁体的去磁现象，并且可以实现表面粘贴式永磁电机系统的定子电流最小控制。但当凸极率$\rho\neq l$ 时，无磁阻转矩输出，不能有效地利用磁阻转矩，而且随着负载的加大，定子电流线性增大，要求的逆变器容量相对较大。电机的功率因数较低，电机和逆变器的容量得不到充分利用。

在 $\cos\varphi=1$ 控制模式的特点是永磁同步电机的功率因数恒控制为 1，即定子电流矢量和电压矢量方向重合。逆变器的容量能够得到充分利用，但该方法能够输出的最大转矩较小，且无法与电枢电流保持线性关系。

恒磁链控制模式通过控制永磁同步电机定子电流的磁场分量，使电机气隙磁链运行过程中始终保持恒定，并且与转子永磁体产生的磁链相等。该模式下电机的功率因数较高，电压基本恒定，转矩线性可控，但需要较大的定子电流磁场分量来助磁。

定子电流最小控制，是指在转矩给定的情况下，最优配置 d 轴和 q 轴电流分量，使定子电流最小，也称为最大转矩电流比控制。该控制模式可以减小电机铜耗，提高运行效率，从而使整个系统的性能得到优化。此外，由于逆变器所需输出的电流较小，对逆变器容量的要求可相对降低。

在上述各种控制策略中，$\cos\varphi=1$ 控制以及恒磁链控制方式因其功率因数较高，一般适用于大功率电机系统；而对于中小功率的电机系统，对转矩响应及过载能力要求相对较高，适合采用 $i_d=0$ 控制或定子电流最小控制。

永磁同步电机采用弱磁扩速控制，使电机可以在非常宽的速度范围内工作，高速恒功率运行以满足车辆巡航需要。若电机设计满足 $\frac{(L_d I_r)}{\Psi_m}=1$，则具有最大弱磁扩速能力，其中 Ψ_m 为永磁磁链，L_d 为 d 轴绕组电感，L_r 为额定电流。一般来说这个比值小于 1，所以该值越大弱磁扩速能力越强。

永磁同步电机实现矢量控制的功能框图和拓扑结构与感应电机类似，如图 4 - 15 所示。

永磁同步电机驱动系统矢量控制离不开对转子位置（或磁场）的检测和初始定位。在电机的启动过程中，只有获得转子和定子准确的空间位置关系，才能得到正确的电压相量，从而得到合适的转动力矩。根据电机的力矩公式，若上电时转子磁场的角度相对于定子绕组的角度未确定，将无法实现正常的位置和速度环控制。如果随意选择磁场角 θ 作为初始值进行控制，则可能导致电机的力矩非常小或者为零，还有可能使电机按照相反的方向转动，这在混合动力汽车驱动系统中会导致严重的后果。准确可靠的转子初始位置检测装置是永磁同步电机驱动系统正常启动的必要条件。大批量应用时，必须先确定转子初始位置，目前自动化生产技术代替人工操作可以大大减少初始位置的偏差，生产出来的同一批电机基本可以采用相同的初始位置角进行计算和控制。

由于永磁体和有槽电枢铁心的相互作用，永磁同步电动机会不可避免地产生齿槽转矩，导致转矩波动，并产生振动和噪声，影响系统的控制精度和定位精度。因此在高性能永磁电机设计和制造中必须削弱齿槽转矩。目前，关于永磁电机齿槽转矩的削弱方法已经取得了大量研究成果，大致可分为三类：改变永磁体磁极参数、改变电枢参数以及电枢槽数与极数的合理组合。

永磁同步电机工作过程中电枢电流和气隙磁通都以正弦波形的规律变化，因此需要高精度位置信号传感器以完成闭环控制。这种位置信号传感器主要有编码器和旋转变压器，其中旋转变压器可以用于高速、对可靠性要求高和需要较强抗干扰能力的场合，因此在电动汽车的电驱动系统中得到了广泛使用。此外，也有多种方法可以实现电机系统的无位置传感器运行。最早出现的无位置传感器控制技术统称为基波励磁估算法，主要通过检测电机的电参数（如电流、电压、磁链和反电动势等物理量）来估算出转子的位置信息。这些方法一般适用于电机中、高速情况的无位置传感器运行。近十年来，研究主要集中在利用高频信号成分法估算转子的位置信息，以实现电机低速或零速下的无位置传感器运行和转子的初始磁极极性检测。不过，目前无位置传感器控制在电动汽车中的大量应用还存在一定难度。

4. 开关磁阻电机驱动系统

开关磁阻电机由于具有结构简单可靠、制造成本低、转换器可靠而且转矩-转速特性好等优点，因而被认为是非常适合应用于电动汽车的电机驱动系统。开关磁阻电机的转子上没有永磁体或绕组，不仅降低了电机成本，而且可以高速运行。开关磁阻电机驱动系统常用的半桥逆变器拓扑如图 4－17 所示，定子绕组与逆变器的每个桥臂上下开关串联，可防止直通短路故障，由此带来的问题是每相有两个出头，所需动力线长度和连接难度增加，这一点与感应电机和永磁同步电机驱动用逆变器有所不同。此外，宽范围内的高效率和控制简单都是开关磁阻电机驱动的显著优点。

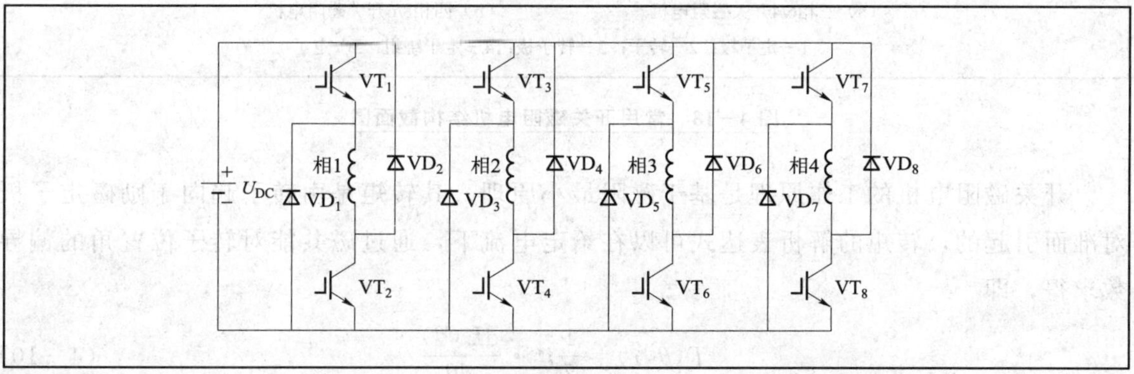

图 4－17　开关磁阻电机驱动常用的半桥逆变器拓扑

开关磁阻电机的定子和转子均为凸极结构，定子上有集中绕组。由于这种双凸极结构及连续变化的电感、极尖的高度饱和、极和槽的边缘效应，因此在开关磁阻电机设计中多采用有限元分析来确定电机参数和性能。定子和转子在结构上可以有多种选择，但为了连续旋转，需要满足下列条件：定子极和转子极必须在圆周上均匀分布，且定子和转子的极数 N_s 和 N_r 必须满足如下关系

$$\begin{cases} N_s = 2mq \\ N_r = 2(mq \pm 1) \end{cases} \tag{4-9}$$

式中 q——电机的相数；

m——常数，等于 1 或 2。

定子和转子极数越多，转矩波动越小，然而考虑电机设计、制造和成本等因素，常用的为三相 6/4 结构和四相 8/6 结构，如图 4-18 所示。此外，由图 4-17 开关磁阻电机驱动器的拓扑结构可知，随着相数的增加，驱动器所用开关器件数量相应增加，成本相应增加。

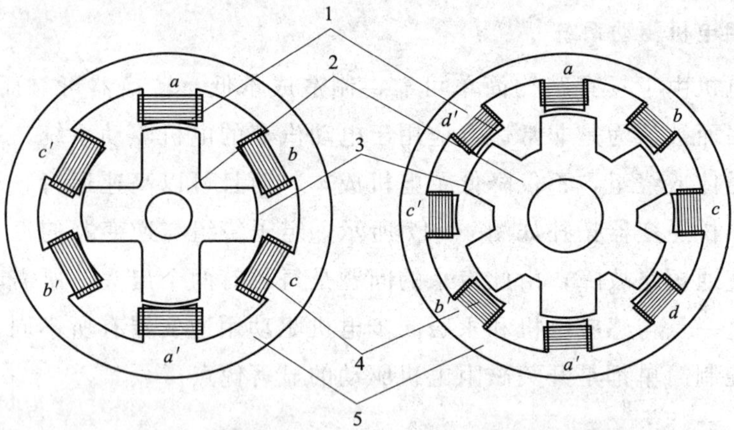

(a) 三相6/4开关磁阻电机　　(b) 四相8/6开关磁阻电机

1—定子极；2—转子；3—转子极；4—定子绕组；5—定子

图 4-18　常用开关磁阻电机结构截面图

开关磁阻电机的工作原理是基于磁阻最小原理。其转矩是由转子趋向于励磁定子极对准而引起的，转矩的解析表达式可以在给定电流下，通过磁共能对转子位置角的偏导数求得，即

$$T(\theta,i)=\frac{1}{2}i^2\cdot\frac{\mathrm{d}L(\theta)}{\mathrm{d}\theta} \tag{4-10}$$

式中 θ——转子位置角；

i——相电流；

$L(\theta)$——非饱和相电感。

在饱和的情况下，转矩不能通过简单的代数方程计算，而需要代之以积分方程，即

$$T(\theta,i)=\int_0^i\frac{\partial L(\theta,i)}{\partial\theta}\cdot i\mathrm{d}i \tag{4-11}$$

由式（4-8）及式（4-9）可以看出转矩方向独立于相电流的极性，驱动转矩只能在电感增加的方向产生 $\mathrm{d}L/\mathrm{d}\theta>0$，否则就会产生负转矩。这就意味着，位置信息对于开关磁阻电机驱动的控制是必需的。开关磁阻电机输出转矩是所有相转矩的总和。由于

每一相只能在转子极靴的一半上产生正转矩，因此会产生转矩纹波。由于极间的严重饱和以及极槽边缘效应的影响，开关磁阻电机常产生振动和噪声。

开关磁阻电机存在一个转速，在该转速处，反电动势等于直流母线电压，这个转速称为基速。开关磁阻电机驱动有两种基本的工作模式：当低于电机基速时，相电流可以通过斩波控制，称为电流斩波控制（current chopping control，CCC），在该模式下可以有效地控制输出转矩实现恒转矩控制；在高速运行时，相绕组的反电动势限制了相电流峰值，此时根据转子位置控制相开关通断，称为角度位置控制（angular position control，APC），在该模式下电机可以获得恒功率运行。开关磁阻电机的转矩-转速特性如图 4-19 所示。

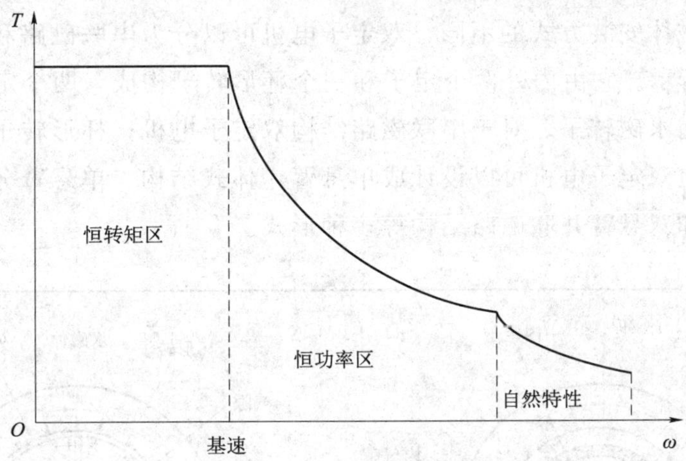

图 4-19　开关磁阻电机的转矩-转速特性图

开关磁阻电机驱动因为噪声和转矩纹波而限制了它在电动汽车中的广泛应用。近年来，有研究采用一种模糊滑模控制方法应用于开关磁阻电机驱动，采用模糊控制技术处理电机非线性问题；采用滑模控制来提高控制的平顺性。此外，通过调节相超前激励恒功率运行区已经可以扩展到基速的 3～7 倍。还有人采用主动消除振动技术，即通过引入一个反向的振动来消除特定振动模式从而降低噪声。开关磁阻电机出线是同样相数的感应电机和永磁同步电机的 2 倍，控制器出线也相应有所增加，这在电动汽车应用中会增加相动力线的走线长度和难度。

5. 适于磁场调节的新型永磁同步电机

永磁同步电机中气隙磁通调节困难，限制了其恒功率工作范围，同时一些复杂的控制（如在线优化等）难以进行。在过去的十几年中，PMSM 的弱磁控制研究逐渐深入，各种电机结构和弱磁控制方法层出不穷。大量的研究结果表明，从控制上可以或多或少地改善永磁同步电机的弱磁扩速能力，如六步电压法、前馈弱磁方案、电流调节器方案、基于虚拟瞬时功率的弱磁控制方法、过调制技术的弱磁扩速方法，以及控制超前角的弱磁扩速方法等，但这些方法都或多或少地存在一些问题。如前所述，除了逆变器功率带来的限制外，电机本体对弱磁扩速的限制更具有决定性。目前主要有复合转子结构、改变磁通路径的结构、混合励磁结构、可控磁通结构、机械装置辅助调节磁通结构、双定子绕组结构、永磁体分段结构、定子深槽结构和双段转子结构等技术方案。本节主要描述双定子电机、混合永磁无刷电机、基于变磁阻磁场调节机理的永磁无刷电机这三种新型电机拓扑，它们采用新型的结构与控制策略，可以实现气隙磁通的有效控制。

1）双定子电机

根据转子永磁体安装方式的不同，双定子电机可以分为串联磁路和并联磁路两种形式，如图 4－20 所示。它由内外两个定子和一个杯形转子构成，两个定子上各有一套三相绕组，转子采用永磁转子。对于串联磁路结构双定子电机，杯形转子内外都贴有瓦片型永磁体。结构上双定子电机可以设计成单悬臂一体式结构、单悬臂分体式结构、双悬臂串联磁路结构和双悬臂并联磁路结构等多种形式。

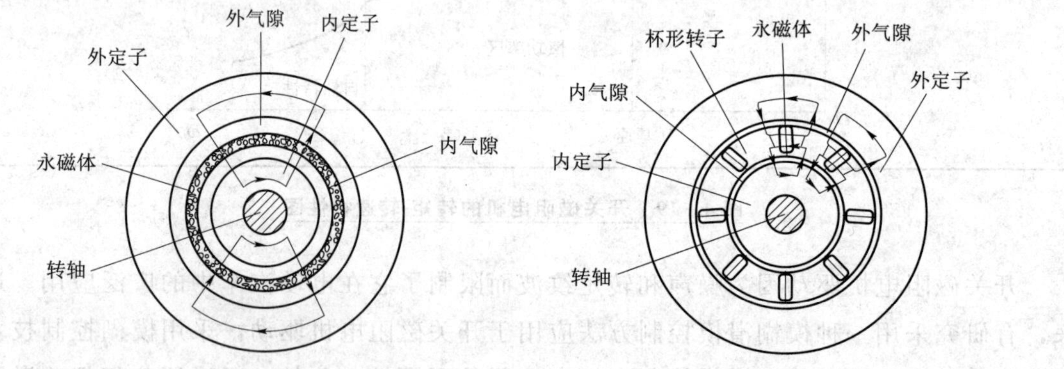

（a）串联磁路结构　（b）并联磁路结构

图 4－20　双定子电机的结构

无论电机磁路采用何种结构，电机采用正弦波驱动还是方波驱动，双定子永磁无刷电动机的力能指标均要高于传统结构的永磁无刷电动机。双定子永磁无刷电动机电磁转矩的大小和波形与外内绕组有效串联匝数之比和外内定子相对位置角均有关系。当外内定子相对位置角不变时，电磁转矩随着外内绕组有效串联匝数比值的增大而增大；而当电机其他参量不变时，电磁转矩会随着外内定子相对位置角的变化而变化。当外内定子的齿与齿正对时，电机获得最大转矩，齿与槽正对时，电机的转矩最小。这将有利于在保证电机转矩的情况下，对电机的性能进行优化。

双定子永磁电机的外内定子相对位置可以变化，当外内定子错半个定位力矩周期，且定位力矩半个周期的波形沿波峰轴线对称时，定位力矩将被大大抵消。

此外，通过适当选择永磁体极弧系数，合理配置外、内气隙长度及外、内定子槽数，合理选取外内定子相对位置等，可最大限度地减小电机的定位力矩。

扁平结构双定子永磁一体化启动-发电机原型机的理论分析和实验研究证明，电机采用双定子结构，可以保证一体化启动-发电机系统在电动和发电状态均具有高功率密度，并能进一步拓展电机的恒功率区域和发电机的恒电压范围。将外内定子错半个定位力矩周期可以抑制定位力矩，当双定子电机的外内定子定位力矩波形沿波峰轴线对称度较好时，可在最大限度上抑制定位力矩，从而大大提高一体化启动-发电机系统的性能。增加内定子使电机的空间得以有效利用，与同体积传统结构的单定子永磁同步样机相比，双定子样机的额定转矩是单定子样机的 1.35 倍。

改变电机外内定子相对位置角，可以在电机平均转矩很小的情况下，大大降低电机的定位力矩和电磁转矩脉动；转子极弧系数取 0.84～0.93 最为适宜；在外内气隙配置上，当保持电机总气隙长度不变时，应该在保证工艺的要求下，减小外气隙的长度。在槽数配合方面，无论电机槽数如何匹配，电机的平均转矩几乎不受外内定子相对位置的影响，转矩脉动却呈不同趋势。整数槽配合的电机有比较好的趋势，而其他配合却呈复杂变化。

双定子电机在较宽的速度范围内发电运行时可以提供多种连接方式。为了获得电枢绕组连接方式的灵活组合，需要使用包含多个功率开关的矩阵变换器，双转子电机驱动系统，以及多种控制方式和功率流调节方式。电机用作发电机时，电机的内外两个定子可以分别对外供电，也可以通过内外定子电枢绕组串联，来提高发电能力。绕组串联时，通过改变内外定子的相对位置角来改变两个定子绕组电压矢量和的大小，从而实现调节双定子绕组合成输出电压，解决了永磁发电机电压难以调节的问题。

2）混合永磁无刷电机

在混合永磁无刷电机中，增加了一个励磁绕组，磁场是永磁体和励磁绕组共同作用的结果，从而可以获得所需的气隙磁场。混合永磁无刷电机具有如下特点。

① 通过改变励磁绕组电流的大小和方向，可以很方便地调节气隙磁通密度。

② 调节励磁绕组的励磁电流使两个磁场叠加而增强，电机可以提供更高的转矩，这有利于车辆的起步、爬坡和加速超车。

③ 调节励磁绕组的励磁电流使两个磁场叠加而减弱，电机可以提供更宽的恒功率工作区间，这有利于车辆巡航控制。

④ 通过在线调节气隙磁通密度，电机可以在较宽的速度范围内发电或再生制动时保

持电压恒定，这有利于电池组的充电。

⑤ 通过在线调节气隙磁通密度，电机可以实现效率最优控制，有利于电动汽车的运行。

我国香港大学 Chan C. C. 和 Chau K. T.，哈尔滨工业大学程树康教授等对该类电机进行了深入的研究，分析和设计了多种原型机，如双定子爪极转子混合永磁无刷电机、双凸极混合永磁无刷电机、外转子双凸极混合永磁无刷电机、混合磁路多边耦合电机、多重气隙电机等，取得了很大进展。

3）基于变磁阻磁场调节机理的永磁无刷电机

图 4-21 所示为一种典型的基于变磁阻磁场调节机理的永磁无刷电机（variable magnetic reluctance PMSM，VMRPMSM）的总体结构图。该电机定子结构与普通永磁同步电机定子结构相同，转子由主永磁体、辅永磁体、永磁体槽和非磁性体构成，如图 4-21（b）所示，非磁性体嵌在永磁体槽两侧，主永磁体可以在永磁体槽中自由运动。鉴于 VMRPMSM 电机结构的特殊性，主永磁体未能占满整个永磁体槽，既要保证主永磁体在槽中运动距离的空间，又要保证主永磁体能够提供足够大的励磁磁通，因此选择多极对数的具有聚磁作用的切向充磁的转子结构能够弥补转子主永磁体运动需求空间大的不足。此外多极对数的电机定子齿和轭的磁路短，可以设计较小的齿宽和轭高，提高转子与定子的直径比，扩大转子面积。此外，永磁体选用可以比较均匀充磁的矩形钕铁硼永磁体。钕铁硼永磁体由于含有大量的铁和钕，容易锈蚀，所以要对其表面进行涂层处理。

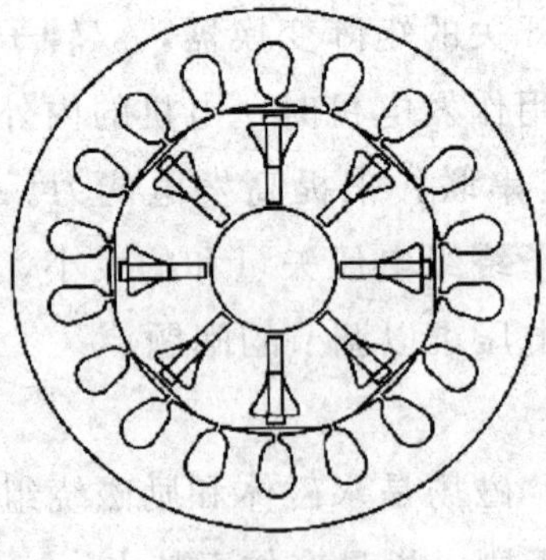

（a）横截面

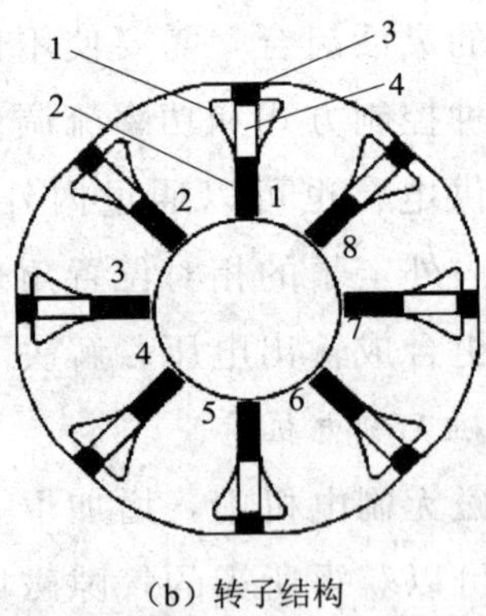

（b）转子结构

1—非磁性体；2—主永磁体；3—辅永磁体；4—永磁体槽

图 4-21 VMRPMSM 电机的结构

VMRPMSM 电机转子结构中引入非磁性体，转子中的主永磁体和传统永磁电机不同，不再固定于槽中，而是可在永磁体槽中运动。电机 d、q 轴数学模型中与传统电机的区别在于转子永磁体在定子上的耦合磁链为与速度相关的函数。VMRPMSM 转子中永磁体有运动特性，永磁体在磁场力、摩擦力和离心力等力的平衡作用下方能达到稳态运行。分析结果表明，较少的电机匝数、较薄的永磁体厚度和较厚的非磁性体更有利于增大 VMRPMSM 电机的弱磁扩速范围。这种电机具有弱磁控制方法简单、转速调节容易、宽调速范围以及高效率等优点。

必须指出，电动汽车电机驱动系统发展至今，已经不再仅仅局限于设计和应用特定的电机驱动形式，最新的发展趋势在于电机驱动系统的集成化。驱动系统的集成化包括子系统集成（包括电机本体与控制器集成、多个控制器集成、控制器与 DC/DC 转换器集成等）、物埋结构集成（如 THS 中 PCU 集成）、热管理集成（尤其是双面散热器件集成）、新器件的集成（如高集成度、高智能化的 IGBT 模块）等。其中，电机与齿轮机构的集成是一个很重要的趋势，在电动汽车电机驱动技术领域受到越来越多的关注和应用，其中丰田公司的 THS 系统在这方面是很成功的一个商业化案例。

4.3　电机驱动系统的未来发展趋势

从世界各国的战略目标看，发展电动汽车被普遍确立为保障能源安全和转型低碳经济的重要途径。各国行动计划的共同特点是政府直接介入，组织能源、交通、制造等多部门联合推动，研发投入、产业布局、政策优惠多管齐下，促进整车、动力电池、智能电网等多产业的交叉融合与综合发展，打造新兴战略产业链。电动汽车包括由动力电池提供能源的纯电动汽车、电机和内燃机共存的混合动力、以燃料电池为能源的燃料电池电动汽车，这三类电动汽车均采用一个及一个以上的电机驱动系统将电能转换为机械能、回收刹车的制动能量，从而实现能量利用率的成倍提升。因此，电机驱动系统被认为是电动汽车三大核心技术之一。电动汽车对于电机驱动系统的要求可以归纳为高功率密度、全工作区域内高效、高性能（包括低速大转矩、宽恒功率区、高动态响应）、高环境适应性和低成本。车用电机驱动系统与普通工业用电机驱动系统的差别如下所述。

（1）车用电机驱动系统高功率密度的意义不仅在于能够满足整车的紧凑空间约束，更重要的是，它是降低系统成本的最重要途径。因此，车用电机设计饱和程度较高，导致了电机控制中必须处理参数非线性问题。为此车用电机控制器追求提升 IGBT 的利用率（双面冷却）、组件集成与高效热管理等。

（2）在效率方面，电动汽车车用电机驱动系统工作区域宽，因此需要进行与之对应的全工作区域内的效率优化设计。在动力性能方面，电动汽车低速大转矩要求电机设计与控制紧密结合，根据电机的参数特性实现最大转矩电流比控制；在高速恒功率区，由于电机反电势接近供电电压，电压源车载型逆变器的控制裕度很小，因此在弱磁控制中对 d、q 轴电流正确跟踪以拓宽弱磁比（即宽恒功率区）是关键技术。

（3）车用电机驱动系统另外一个特点是使用环境恶劣：如环境温度从 −40 ℃到 +125 ℃，最大振动甚至大于 $10g$，环境适应性要求加大了车用电机驱动系统高功率密度实现的难度。

根据电动汽车在应用中提出的要求，电动汽车电机驱动系统的技术发展趋势可以概括为：永磁高效、电力电子集成和机电集成三个方面。

4.3.1 车用电机驱动变流器技术

车用电机的驱动变流器多采用三相全桥拓扑［如图 4－22（a）所示］或前置双向 DC/DC 的并联三相全桥拓扑［如图 4－22（b）所示］，主电路结构较为简单。在新型车用变流器研究中，为提升到电机端的电压（从而增大电机驱动系统高速下输出功率），去掉车用变流器中体积庞大、高温性能较差的直流支撑电容，开展了基于电流源型逆变器（CSI）变流器的研究。值得指出的是，车用变流器的研究重点多年集中在电力电子集成方面，可以预言车用电机逆变器生产线将打破功率半导体封装和电子组装的界限，将电力电子装备制造向前延伸到功率半导体封装阶段。

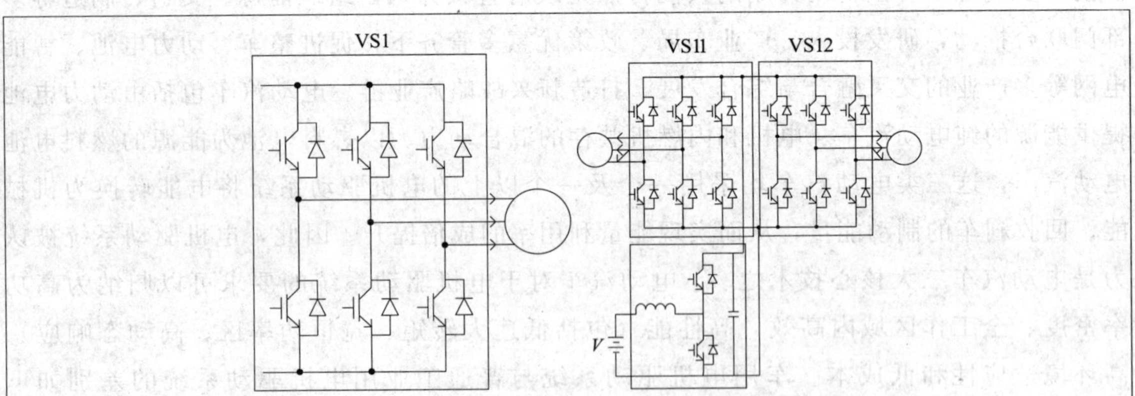

图 4－22 车用电机驱动变流器典型拓扑

电力电子集成技术在车用变流器中体现为：

（1）将多个车载 DC/AC 和多路 DC/DC 变换器集成在同一个箱体内，部分母线及直流支撑电容共用，减少了线缆用量并改善了对外的电磁辐射；

(2) 针对单一变流器，采用高功率密度 IGBT 模块甚至定制模块（如普锐斯 2010 控制器的一个 IGBT 模块包括 6 个逆变半桥和 1 个 boost 半桥），将直流母排与电容集成在一起，以及研究变流器整体高效散热技术；

(3) 车用 IGBT 模块采用了 175 ℃沟槽栅场终止型 IGBT 芯片，因此在模块电磁设计中，考虑了多芯片并联动静态均流、低 EMI 回路设计技术；在模块散热设计中，研发了直接冷却和双面冷却技术。特别值得指出的是，由于 SiC 耐压为 Si 的 10 倍，导热性为 Si 的 3 倍，SiC 二极管反向恢复损耗可减小 66%，随着 600 V 和 1 200 V 的 SiC 二极管逐步商业化，Si 基 IGBT 和 SiC 二极管混合封装的模块也是研究重点；

④ 在电动汽车驱动应用中，直流母线支撑电容的主要作用是提供纹波电流，采用自我保护的喷涂电极技术的膜电容可靠性很高，同时膜电容与叠层母排一体化实现了车用变流器主回路无源元件的集成。

我国已开展了 IGBT 模块封装、电容与母排集成，以及高功率密度车用变流器的研发工作。如图 4-23 所示的 1 200 V/450 A 直接冷却 IGBT 模块，采用 EeonoPaek＋封装形式，在芯片布局与互连设计基础上，优化设计模块的铜基板针肋布局，使得模块 IGBT 芯片处最高温度较为均衡、流道的流速均一，从而降低了 30%的模块热阻。

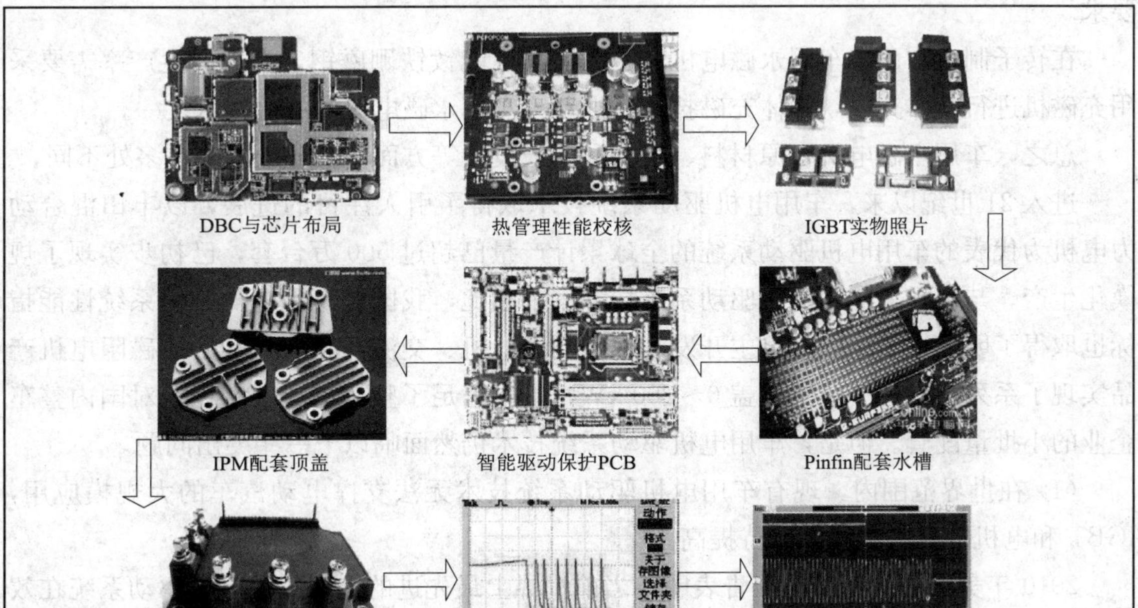

图 4-23　1 200 V/450 A 直接冷却 IGBT 模块

4.3.2 电机驱动系统面临的技术挑战

在车用电机方面，包括直流电机、交流异步电机在内的多种电机都在电动汽车的发展中得到了应用。由于永磁同步电机具有功率密度高、全工作区域高效和动态性能好等优点，从 20 世纪 90 年代以来就是电动汽车电机的首选。相关科研工作主要围绕提高功率密度、电机效率和满足驱动性能开展了基于设计平面理论的电动汽车用永磁电机系统化设计等研究工作。近年来由于永磁材料价格的大幅上升，使得高效交流异步电机和开关磁阻电机又被研究人员重拾话题并取得一些成果，但电动汽车所应用电机驱动系统在制造工艺上与工业应用电机驱动系统有所不同。

工业应用电机驱动系统通常采用交流异步电机，电动汽车采用永磁电机。电机主要可以分为机壳、定子、转子和转轴几大组件。相当于车用电机功率等级的工业用交流异步电机采用风冷或自然冷却，机壳常采用铝型材加工，而车用电机驱动系统采用液体冷却，机壳需要经过铸造、机加工和焊接工艺，能经受高压力、剧烈环境温度变化和振动的铝焊接工艺。车用电机机壳制造是难点。

在电机定子制造方面，车用永磁电机的定子部分采用了分段拼接式结构以提升生产效率。该定子结构采用自动绕线机实现定子绕组嵌线，提升了效率和成品率。此外，车用永磁电机采用的硅钢片也较工业电机更薄、损耗更小，对铁心叠装工艺提出了新要求。

在转子制造方面，车用永磁电机转子镶嵌高性能钕铁硼磁钢，为提高生产率需要采用充磁机进行整体充磁，整体充磁技术是电动汽车用永磁电机的关键技术之一。

总之，车用永磁电机在原材料、工艺和生产设备等方面与工业电机存在多处不同。

进入 21 世纪以来，车用电机驱动系统技术取得了引人注目的进展，以丰田混合动力电机为代表的车用电机驱动系统的全球累计产量已超过 500 万台套，已初步实现了规模化生产。与国际上车用电机驱动系统技术水平相比，我国的车用电机驱动系统性能指标也取得了明显进步，同时自主开发的永磁同步电机、交流异步电机和开关磁阻电机产品实现了系列化，功率范围覆盖 0～200 kW，基本满足了整车需求，实现了对国内整车企业的小批量配套。但是，车用电机驱动系统技术仍然面临以下一些突出问题。

(1) 在世界范围内，现有车用电机驱动系统技术无法支撑电动汽车的大规模应用，IGBT 和电机的材料利用率有待提高。

2010 年美国能源部相关报告表明：当前世界上最先进的丰田车用电机驱动系统在效率、性能方面与满足规模化应用目标的差距最小（仅为 10%），在成本方面的差距则最为显著。满足大规模应用的车用电机驱动系统成本目标值是 8～10 美元/kW（即相当于当前内燃机的单位功率成本），而事实上，当前国际最先进的电机驱动系统单位功率成本为 30～35 美元/kW，即目前车用电机驱动系统成本是规模化应用目标值的 3.5 倍多，这也是当前电动汽车价格居高不下和难以大规模应用的主要原因之一。工业制造经验表明虽然产量增加将降低单位功率成本（见图 4－24），但要满足电动汽车大规模应用，技术突破是十分必要的。换言之，基于硅基 IGBT、高导磁硅钢和高温磁能积永磁体、数字控制和三相全桥电力电子变流技术的现有车用电机驱动系统技术还无法支撑电动汽车的大规模应用。

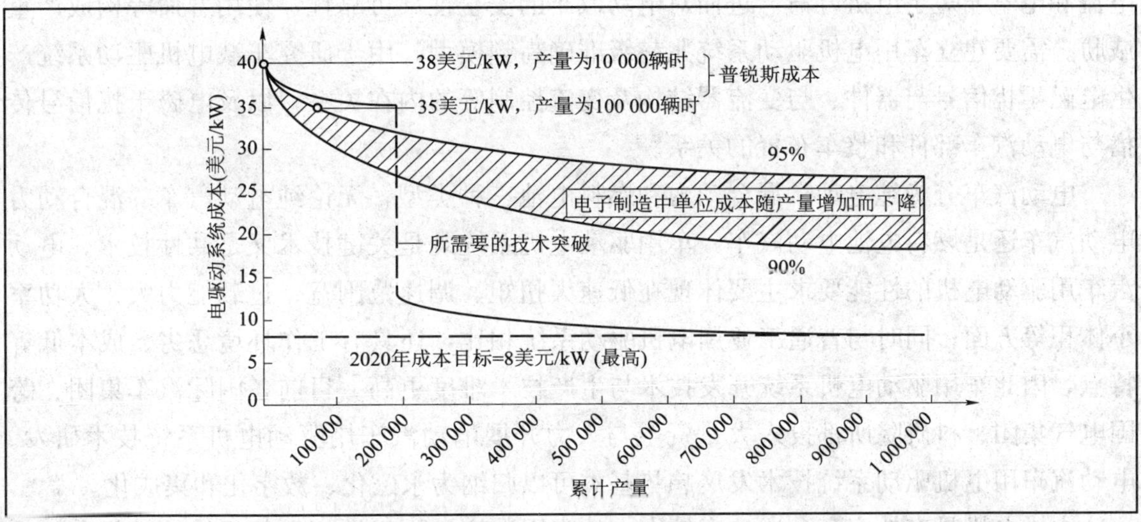

图 4－24　车用电机驱动系统单位成本下降趋势预测

（2）国内车用电机驱动系统的可靠性和耐久性较低，且缺乏可靠性和耐久性评价理论依据，无法通过设计和相关试验获知电动汽车电机驱动系统的寿命。

车用电机驱动系统可靠性是当前国内电动汽车产业化的一个重要问题，国家标准 GB/T 29307—2012《电动汽车驱动电机系统可靠性试验方法》的制定本着先测试再修订的思路，有使用意义，但还不能理论上阐释车用电机驱动系统的设计寿命和可靠性的评价方法，反映了理论落后于需求、落后于技术的现状。

车用电机驱动系统是一个包含有源开关器件（IGBT 或 MOSFET）、无源器件、电子元件、传感器、机械部件、绝缘材料及电导体等能量流、信息流相互耦合的复杂系统，设计电场、磁场、温度场和应力场等多场合耦合。该复杂系统处于环境极端恶劣、变化频繁的汽车道路工况下，任何一个部件瞬时或长时间失效都直接影响系统的可靠性。因此，建立车用电机驱动系统的可靠性模型、建立车用电机驱动系统寿命和可靠性评价的试验体系，已成为电动汽车电机驱动行业急需解决的关键问题，同时也是材料学、电工学、电子学、机械工程等多学科交叉的基础课题。

（3）缺乏车用电机驱动系统兆赫级高频准确模型及验证手段、整车电磁兼容（EMC）

问题的解决缺乏理论支撑。

车用电机驱动系统功率大，内部电气电子元器件排布密度高、逆变器开关过程的电压变化率量级高达 10^9 V/s，是车载最主要的电磁干扰源。由于电机驱动系统安装在整车上与大地绝缘，电动汽车底盘、车身等结构复杂、材料多样化，由此带来电磁干扰信号传播途径十分复杂。一方面，电机驱动系统主功率回路的高电压变化率对其自身的弱电控制、整车控制、电池管理系统等影响较大；另一方面，高电压变化率带来的电机轴电流和电晕缩短了电机寿命，进而对电动汽车的安全性、可靠性、使用寿命等构成严重威胁。需要建立车用电机驱动系统兆赫级准确高频模型，用于研究车载电机驱动系统产生电磁干扰信号与器件、与变流器结构及变流控制等的内在关系，以及电磁干扰信号传播与电动汽车部件和整车布置的关系。

电动汽车分为纯电动、混合动力和燃料电池三种类型，无论纯电动汽车、混合动力电动汽车还是燃料电池电动汽车，车用驱动电机系统既是关键技术又是共性技术。电动汽车用驱动电机的性能要求主要体现在低速大扭矩、调速范围宽、过载能力大、大功率小体积等方面；同时与普通工业用电机驱动系统相比，还具有工作环境恶劣、成本低等特点，因此车用驱动电机系统开发技术与生产技术难度更高。目前各国际汽车集团、跨国电气集团、科研院所都投入大量资金与人力开展电动汽车用驱动电机系统技术研发。电动汽车用电机驱动系统技术发展趋势基本可以归纳为永磁化、数字化和集成化。

永磁电机具有效率高、比功率较大、功率因数高、可靠性高和便于维护的优点。采用矢量控制的变频调速系统，可使永磁电动机具有宽广的调速范围。因此，电机的永磁化成为电机驱动技术的重要发展方向之一。永磁电机是电动汽车尤其是轿车的主流技术，永磁磁阻式比表贴式更适合电动汽车应用。数字化也是未来电机驱动技术发展的必然趋势。数字化不仅包括驱动控制的数字化，驱动到数控系统接口的数字化，而且还应该包括测量单元数字化。随着微电子学及计算机技术的发展，高速、高集成度、低成本的微型计算机专用芯片，以及 DSP 等的问世及商品化，使得全数字的控制系统成为可能。用软件最大限度地代替硬件，除完成要求的控制功能外，还可以具有保护、故障监控、自诊断等其他功能。全数字化是电动汽车控制乃至交流传动系统的重要发展方向之一。

电机驱动系统的集成化主要包括两个方面，一是指电机与发动机总成或电机与变速箱的集成，电机驱动技术向着集成化的方向发展有利于减小整个系统的重量和体积，并可以有效地降低系统的制造成本；二是电力电子集成，包括功能集成（多逆变＋DCDC＋电池管理＋整车控制）、物理集成（功率模块、驱动电路、无源器件、控制电路、传感器、电源等）、应用 Trench＋FS IGBT 等新器件，以及基于单片集成、混合集成和系统集成技术达到系统的高度集成。

第5章

电动汽车的动力电池及管理系统

电动汽车自诞生以来，动力电池技术一直制约着电动汽车的实用化进程。提高功率密度、能量密度、使用寿命及降低成本一直是电动汽车动力电池技术研发的核心。同时，动力电池成组应用技术（包括电池箱、电池管理系统和热管理系统等）是连接整车制造和动力电池研发生产的技术纽带和桥梁，对电动汽车的产业化和市场化发展至关重要。

5.1 电动汽车动力电池技术

5.1.1 动力电池的基本性能参数

动力电池的充放电过程是电能与化学能的相互转换过程，因此无论电池的正负极材料如何变化，其电化学原理都是基本类似的。不同类型的动力电池之间的区别主要体现在电化学特性及适用场合等方面。通常人们采用可对比的电池参数分析不同电池的特性，如电池的电压、容量、内阻、能量密度、功率密度、充放电性能、成本、使用寿命、单体一致性和安全性等，这些参数也是评价电动汽车动力电池性能的主要指标。

1. 有关电压和电动势的几个概念

动力电池的端电压是指动力电池正极和负极之间的电位差，动力电池在没有负载情况下的端电压称为开路电压。动力电池接上负载后处于放电状态下的电压称为负载电压，又称为工作电压。电池充放电结束时的电压称为终止电压，分为充电终止电压和放电终止电压。以锰酸锂离子电池为例，电池在不同的荷电状态（SOC）下的充放电曲线如图 5－1 所示。由图 5－1 中的放电曲线可见，端电压低于放电终止电压时继续放电，会导致端电压的急剧下降甚至造成电池损坏，故应严格避免此类现象的出现。

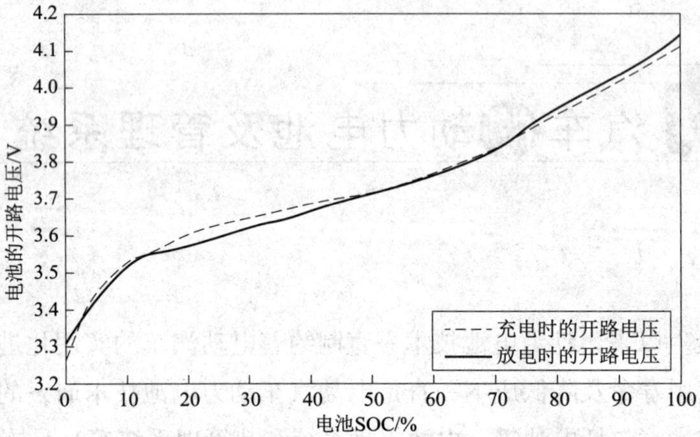

图 5－1　锰酸锂离子电池在不同荷电状态（SOC）下的开路电压曲线

电池的电动势等于组成电池的两个电极的平衡电极电位之差。而实际上电池中两个电极并非处于热力学可逆状态，这时的电极电位为稳定电极电位而非平衡电极电位，故电池的开路电压理论上并不等于电池的电动势，但一般来说，可认为电池的开路电压和其电动势近似相等。

2. 电流

电池在放电时输出的电流称为放电电流，电池在充电时流过的电流称为充电电流，电池在放电或充电时所允许的电流的最大值称为最大允许电流。

通常所说的电池瞬时功率是指在某一特定状态下，电池的端电压与流过电极的电流的乘积。假设初始时刻电池的 SOC 为 x，电池的开路电压可以写成 U_x，电池的内阻为 R_0，外部电源控制流入（或流出）电池的电流为 I_0，电池的端电压为 U_1，所建成的蓄电池为阻的简易模型如图 5－2 所示。

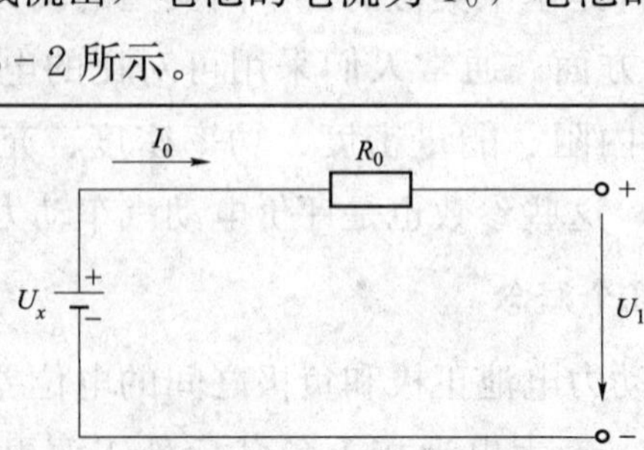

图 5－2　蓄电池内阻的简易模型

根据前述内容及图 5-2 设定，电池在 SOC 为 x 时的功率为

$$P = U_1 I_0 = (U_x - I_0 R) I_0 \tag{5-1}$$

式（5-1）中的 U_X 可以通过查询电池的 SOC 与开路电压的对应曲线（图 5-1）得到。若电池以功率 P 持续放电的时间长度为 t，假设 t 时刻电池的 SOC 为 x'，电池的开路电压为 U'_x，电池内阻仍为 R_0，则此时的电流 I_t 仍满足如式（5-1）所示的方程，即

$$P = U'_1 I_t = (U'_x - I_t R_0) I_t \tag{5-2}$$

电池的充/放电电流的大小直接影响电池的各项指标，表示动力电池容量时必须说明动力电池的充/放电电流，通常用充/放电率来表示，充/放电率分为时率和倍率两种，时率是指以放电时间表示的放电速率，即以一定的放电电流放完额定容量所需的时间，单位为 h。倍率是指动力电池在规定时间内放出其额容量时所输出的电流值，在数值上等于额定容量的倍数。即

$$I - k \cdot C_n \tag{5-3}$$

式中：I——蓄电池的充电或放电电流，A；

n——与蓄电池额定容量对应的标定放电时间，h；

C——蓄电池的额定容量，Ah；

k——比例系数。

式（5 3）中的 C_n 所代表的涵义为 n 小时充或放出的电量，称放电倍率。

3. 电池的容量

电池的容量是指充满电的电池在指定的条件下进行放电，直到端电压，达到终止电压时所输出的电量，单位为 Ah。电池的容量包括理论容量、额定容量和实际容量三个不同的概念。

（1）理论容量。假定电池中的活性物质全部参加反应，根据法拉第定律计算所能给出的电量称为理论容量。理论容量是电池容量的最大极限值，电池在实际应用中放出的容量只是理论容量的一部分。

（2）额定容量。额定容量也叫标称容量，是指在规定的条件下电池应放出的电量。额定容量是制造厂标明的安时容量，也是验收电池质量的重要技术指标。

（3）实际容量。实际容量是指充满电的电池在一定条件下所能输出的电量，它等于放电电流和放电时间的乘积。

电池的实际容量主要受到放电制度的影响。放电制度包括放电速率、放电形式（恒流、变流或脉冲）、终止电压和温度等要素。终止电压是指充放电结束时的电压。

4. 电池的荷电状态（SOC）

电池的荷电状态（state of charge，SOC）通常用于描述电池剩余容量占额定容量的

百分比与电池容量的影响机制。SOC也可以用电池放电率、工作环境温度和电池老化程度的函数来表达。

5. 电池的放电深度（DOD）

放电深度（depth of discharge，DOD）则用来描述电池已放出的电量与电池额定容量的比值。

6. 电池的能量与能量密度

电池的能量是指在一定标准所规定的放电制度下，电池所输出的电能，单位为瓦时（Wh）或千瓦时（kWh）。

电池的能量也有标称能量与实际能量之分。标称能量是指电池的额定容量与其额定电压的乘积；实际能量则为电池在一定的放电条件下的实际容量与平均工作电压的乘积。

通常用能量密度（又称比能量）作为衡量各种动力电池性能的一项重要指标。能量密度又包括质量能量密度和体积能量密度。质量能量密度是指电池单位质量所能输出的电能，单位为瓦时/千克（Wh/kg）；体积能量密度是指电池单位体积所能输出的电能，单位为瓦时/升（Wh/L）。既然电池的可利用容量是电池放电率的函数，那么，电池质量能量密度和体积能量密度的定义也与电池的放电率有关。

7. 电池的功率与功率密度

电池的功率是指在一定的放电制度下，电池在单位时间内输出的能量，单位为瓦（W）或千瓦（kW）。为测试电池的峰值功率，人们提出了多种近似的计算方法，这些方法也用于评价电池的功率特性。美国FreedomCAR项目提出了混合动力脉冲功率特性（hybrid pulse power characteristic，HPPC）测试方法，该测试方法的目的是验证电池的峰值充放电功率是否满足FreedomCAR提出的目标。

HPPC测试程序如表5-1所示，与此相对应的脉冲电流曲线如图5-3所示。在图5-3中，t_0－t_4为试验数据采样点，试验采用电池厂商提供的最大放电电流I_{max}作为参考放电电流，脉冲充电电流为$0.75I_{max}$，充电脉冲电流与放电脉冲电流的持续时间各为10 s，脉冲之间的间隔为40 s，通过计算$\Delta V/\Delta I$求得脉冲开始后10 s时刻的放电阻抗R_{dch}和充电阻抗R_{ch}。其中电池放电时的电流方向为正，电池充电时的电流方向为负。

表5-1　HPPC测试程序

单步时间/s	累计时间/s	相对电流/A
10	10	1
40	50	0
10	60	0.75

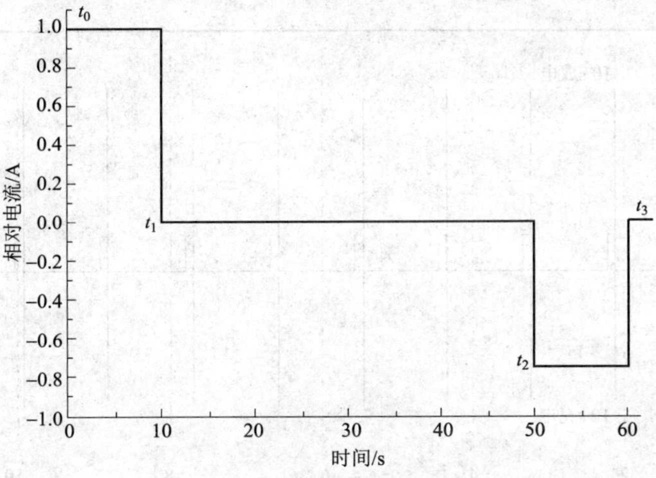

图 5 - 3　HPPC 脉冲电流曲线

测试中的放电阻抗 R_{dch} 和充电阻抗 R_{ch} 分别为

$$R_{dch}=\frac{\Delta U_{dch}}{\Delta I_{dch}}=\frac{U_{t1}-U_{t0}}{-(I_{t1}-I_{t0})}=\frac{U_{t1}-U_{t0}}{I_{t0}-I_{t1}} \tag{5-4}$$

$$R_{ch}=\frac{\Delta U_{ch}}{\Delta I_{ch}}=\frac{U_{t3}-U_{t2}}{(I_{t3}-I_{t2})}=\frac{U_{t3}-U_{t2}}{I_{t2}-I_{t3}} \tag{5-5}$$

将式（5-4）和（5-5）计算得到的充电阻抗和放电阻抗，代入式（5-6）和（5-7），从而得到电池的脉冲放电功率 P_{dch} 和脉冲充电功率 P_{ch}。

$$P_{dch}=U_{min}\cdot\frac{U_{ocv}-U_{min}}{R_{dch}} \tag{5-6}$$

式中：U_{min}——电池允许放电的最低电压，V；

U_{OCV}——电池的开路电压，与电池的放电深度（DOD）对应，可以通过 SOC-OCV 曲线查询得到，V。

$$P_{ch}=U_{max}\cdot\frac{U_{max}-U_{OCV}}{R_{ch}} \tag{5-7}$$

式中：U_{max}——电池充电的最高电压，V。

为测得电池在不同 DOD 下的脉冲放电功率和脉冲充电功率，可以采用如图 5-4 所示的 HPPC 功率试验方法。

① 将充满电的电池以 1C 的电流进行放电，调整电池的 DOD 到目标值；

② 静置 1 h 后恢复到电化学和热平衡状态；

③ 对电池进行一次持续时间为 10 s 的脉冲充电和一次持续时间为 10 s 的脉冲放电；

④ 重复①～③的试验内容，每间隔 10% DOD 进行一次测试，最后得到电池的脉冲

充放电功率与 DOD 的关系曲线如图 5－5 所示。

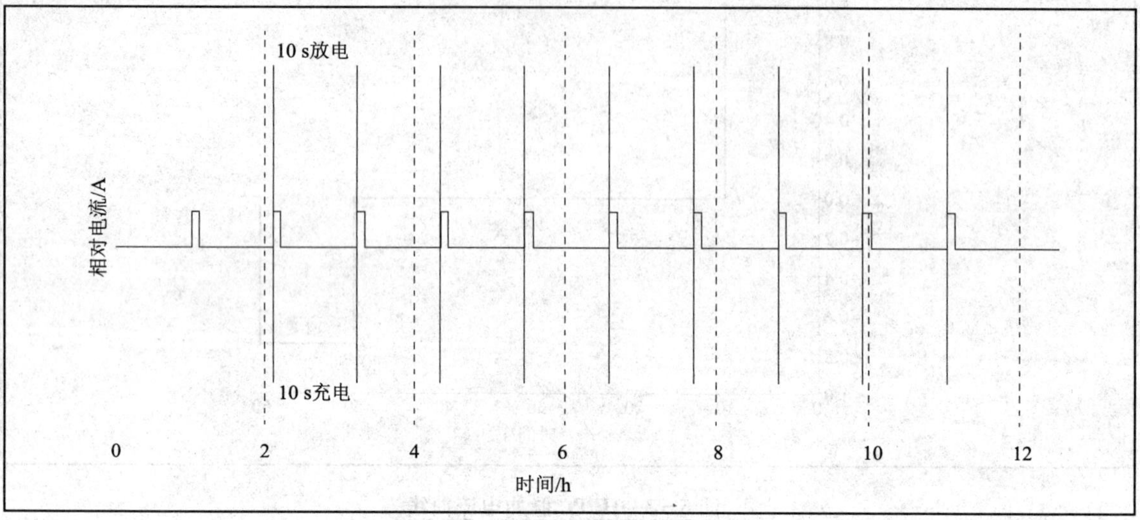

图 5－4　HPPC 功率测试方法

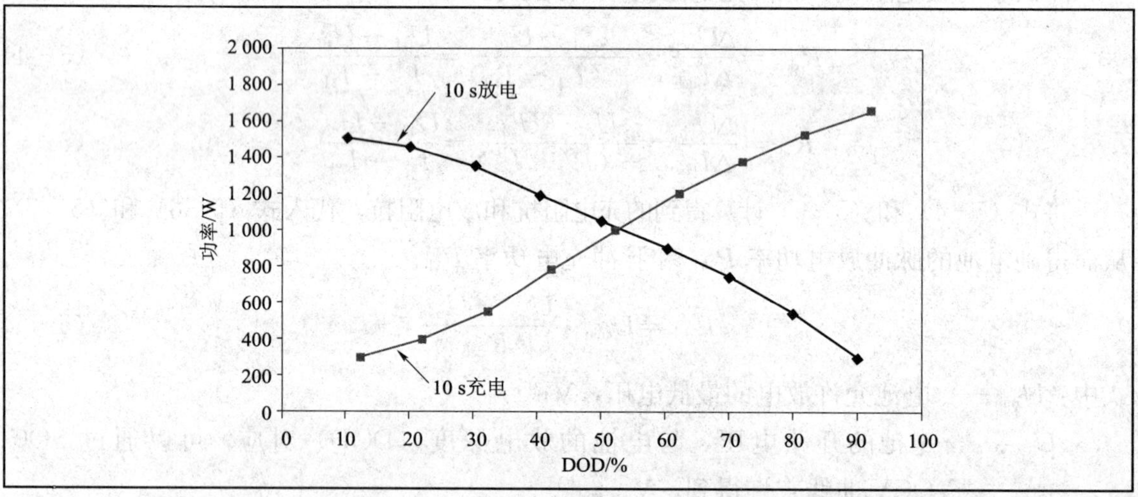

图 5－5　充/放电功率与 DOD 关系曲线

8. 质量功率密度与体积功率密度

质量功率密度是指单位质量的电池能够输出的功率，单位为 W/kg。体积功率密度是指单位体积的电池能够输出的功率，单位为 W/L。质量功率密度是评价电池能否满足电动汽车加速和爬坡性能的重要指标。对于电化学电池来说，质量功率密度（比功率）与电池的放电深度（DOD）密切相关。因此，在表示电池的质量功率密度时还要指出电池的放电深度（DOD）。

9. 电池的循环使用寿命（cycle life）

电池的循环使用寿命是指，以电池充电和放电一次为一个循环，按一定的测试标准，在电池容量降到某一规定值（一般规定为额定值的 80%）以前，电池经历的充放电循环总次数。循环使用寿命是评价电池寿命性能的一项重要指标。

图 5-6 为电池在不同循环次数下以 1 C 的倍率进行充/放电的电压曲线，在进行循环试验前，首先需要对该电池以 0.5 C 的倍率进行 50 个充放电循环，以建立性能稳定的 SEI 膜。从充放电曲线的衰退情况分析，导致电池退化可能的原因包括正极活性材料的衰退或可脱嵌锂离子的损失等。

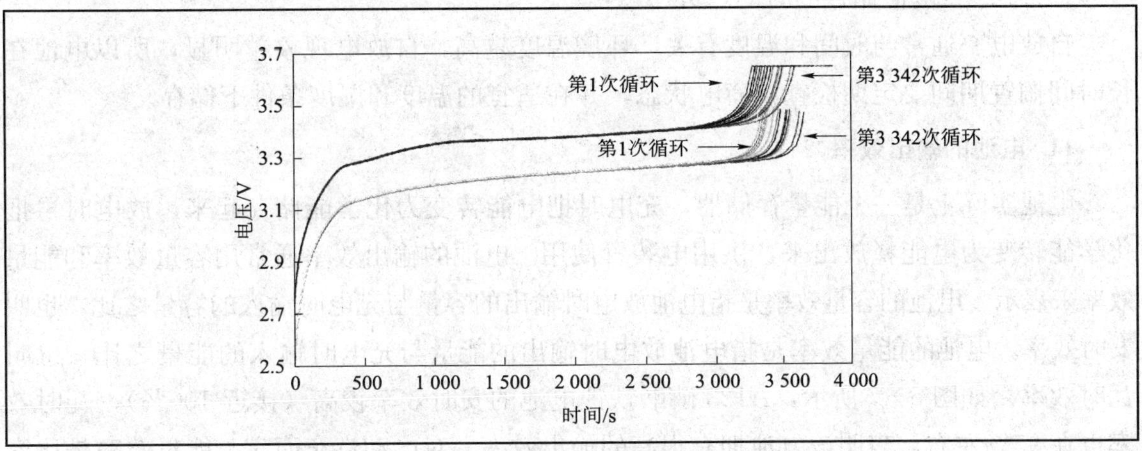

图 5-6　不同循环次数的 1 C 倍率下充放电电压曲线

图 5-7 为电池在不同循环次数下的容量、安时效率及瓦时效率的变化情况。从图 5-7 可以看出，在经过 3 500 次循环后，电池的剩余容量约为初始值的 90%，说明在常温条件下该电池体系的稳定性较高，副反应较小。

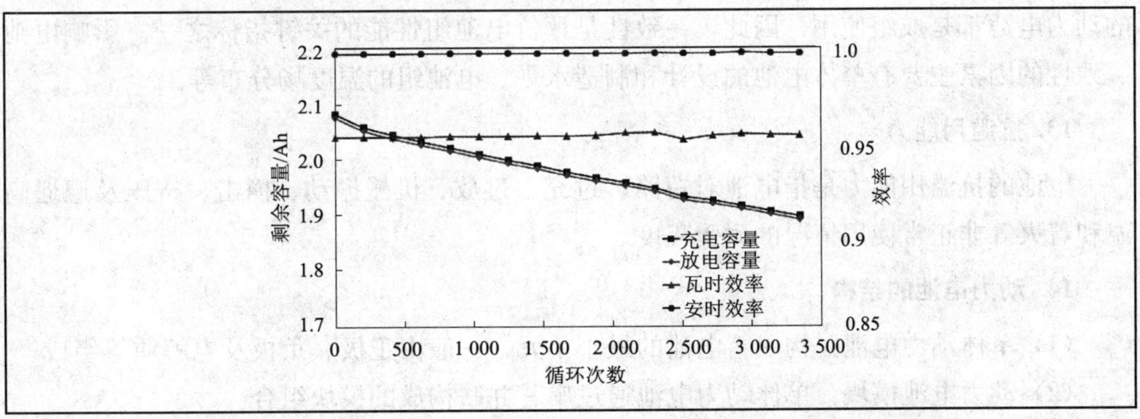

图 5-7　电池在不同循环次数下的容量、安时效率及瓦时效率的变化情况

10. 电池的自放电率

电池的自放电率是指电池在存放期间容量的下降率，即电池在没有负载时由于自身

放电而使容量损失的速率。自放电率 C 用单位时间内容量下降的百分数表示，即

$$C=\frac{\frac{C_{\text{ini}}-C_{\text{tin}}}{C_{\text{ini}}}\cdot 100\%}{t}=\frac{C_{\text{ini}}-C_{\text{tin}}}{C_{\text{ini}}\cdot t}\cdot 100\% \tag{5-8}$$

式中：C_{ini}——电池储存初始时刻的容量，A·h；

C_{tin}——电池储存以后的容量，A·h；

t——电池储存的时间，天/月。

自放电率通常与时间和温度有关，环境温度越高，自放电现象越明显，所以电池在长时间搁置期间要定期检查其荷电状态，并在适宜的温度和湿度条件下储存。

11. 电池的输出效率

电池实际上是一个能量存储器，充电时把电能转变为化学能储存起来，放电时再把化学能转变为电能释放出来，供用电装置使用。电池的输出效率通常用容量效率和能量效率来表示。电池的容量效率是指电池放电时输出的容量与充电时输入的容量之比，也叫安时效率。电池的能量效率是指电池放电时输出的能量与充电时输入的能量之比，也叫瓦时效率。如图 5－7 所示，A123 磷酸铁锂电池的安时效率较高（接近 100%），瓦时效率也在 95%左右，表明该电池拥有很高的输出效率。对电动汽车而言，能量效率是比容量效率更为重要的一个评价指标。

12. 电池的一致性

同一类型、同一规格、同一型号的电池之间在电压、内阻、容量等参数方面存在的差别称为电池的一致性。一组电池的寿命在很大程度上取决于其一致性。由于电动汽车的动力电池都是成组使用，因此，一致性是评价电池组性能的关键指标之一。影响电池一致性的因素主要有单体电池的设计和制造水平、电池组的温度场分布等。

13. 抗滥用能力

电池的抗滥用能力是指电池对短路、过充、过放、机械振动、撞击、挤压及遭遇高温和着火等非正常使用情况的耐受程度。

14. 动力电池的结构

（1）单体动力电池：构成蓄电池的最小单元，一般由正极、负极及电解质等组成。

（2）动力电池模块：单体动力电池通过串、并联构成的模块组合。

（3）动力电池组：由一个或多个动力电池模块组成。

（4）电池管理系统：能够实现控制动力电池的输入和输出功率，监视蓄电池的状态（温度、电压、荷电状态）等功能，并为蓄电池提供通信接口的系统。

（5）电池辅助装置：电池系统正常工作时所需的蓄电池支架、热管理系统等部件。

（6）动力电池系统：所有的动力电池组、电池管理系统及电池辅助装置的组合。

15. 放电

（1）恒流放电：动力电池以一个受控的恒定电流进行的放电。

（2）倍率放电：动力电池以额定电流的倍率值进行的放电。

16. 充电

（1）涓流充电：为补充自放电，使动力电池保持在近似完全充电状态的连续小电流充电，仅适用于部分蓄电池。

（2）均衡充电：电池管理系统为确保动力电池组中所有单体动力电池荷电状态的均匀所采取的一种充电方式。

（3）恒流充电：以一个受控的恒定电流为动力电池进行充电的方式。

（4）脉冲充电：以脉冲电流为动力电池进行充电的方式。

17. 相关现象

（1）内部短路：动力电池内部正极与负极间发生微短路或短路的现象。

（2）析气：动力电池在充电过程中产生气体的现象。

（3）热失控：蓄电池在充放电过程中，在电池内部由电流及温度所引发的一种呈累积态势的互相增强的作用而导致动力电池损坏的现象。

（4）反极：动力电池的正常极性发生改变的现象。

（5）漏液：电解液泄漏到动力电池外部的现象。

（6）记忆效应：动力电池经过长期浅充/放电循环后，再进行深度放电时，表现出的明显的容量损失和放电电压的下降。

（7）过充电：动力电池在已达到完全充电的状态后仍继续充电的现象，过充电易引起析气和热失控等现象的发生。

（8）过放电：动力电池的端电压在低于放电终止电压时仍继续放电的现象，过放电易引起电极活性材料的损坏。

5.1.2　动力电池的分类

已应用于电动汽车的动力电池主要包括阀控铅酸（VRLA）电池、镍-镉（Ni-Cd）电池、镍-锌（Ni-Zn）电池、镍-氢（Ni-MH）电池、锂聚合物（Li-Polymer）电池和锂离子（Li-ion）电池等多种类型，各类主流动力电池性能参数的对比情况如表 5－2 所示。动力电池在经历了铅酸电池、镍-镉电池、钠硫电池等多种类型的发展和探索之后，目前在工业生产和日常生活中得到广泛应用的动力电池类型主要有阀控铅酸电池、镍-氢电池和锂离子电池。其中，锂离子电池由于具有能量密度高、大功率充放电特性良好等优点，逐渐成为电动汽车的主要能量源。表 5 - 2 为各类主流动力电池参数的对比情况。

表 5 - 2　各类主流动力电池性能参数的对比情况

动力电池类型	质量能量密度/（Wh/kg）	体积能量密度/（Wh/L）	比功率/（W/kg）	循环寿命/次	预计成本/（美元/kW・h）
阀控铅酸（VRLA）电池	30～45	60～90	200～300	400～600	150
镍-镉（Ni-Cd）电池	40～60	80～110	150～350	600～1 200	300
镍-锌（Ni-Zn）电池	60～65	120～130	150～300	300	100～300
镍-氢（Ni-MH）电池	60～80	130～170	150～300	600～1 200	200～300
锂聚合物（Li-Polymer）电池	155	220	315	600	—
锂离子（Li-ion）电池	90～130	140～200	250～450	800～1 000	>200

根据正负极材料特性和电化学成分等的不同，可以用以下四种常用的方法对动力电池进行分类。

1. 按电解液种类划分

（1）碱性电池。碱性电池的电解质主要是以氢氧化钾水溶液为主，如碱性锌锰电池（俗称碱锰电池或碱性电池）。

（2）酸性电池。酸性电池主要是以硫酸水溶液为介质，如铅酸蓄电池。

（3）中性电池。中性电池是以盐溶液为介质，如锌锰干电池、海水激活电池等。

（4）有机电解液电池。有机电解液电池主要是以有机溶液为介质，如锂离子电池等。

2. 按工作性质和储存方式划分

（1）一次电池。又称原电池，即不能再次充电使用的电池，如锌锰干电池。

（2）二次电池。又称可充电电池，如铅酸电池、镍、镉电池、镍、氢电池、锂离子电池等。

（3）燃料电池。活性材料只有在电池工作时才连续不断地从外部加入到电池内部参加反应产生电能，如氢氧燃料电池、金属燃料电池等。

（4）储备电池。储备电池在储存时电极板不能直接接触电解液，直到电池使用时，才加入电解液，如镁-氯化银电池（又称海水激活电池）。

3. 按电池所用正、负极材料划分

（1）锌系列电池。如锌锰电池、锌银电池等。

（2）镍系列电池。如镍镉电池、镍氢电池等。

（3）铅系列电池。如铅酸电池。

(4) 锂系列电池。如锂离子电池、锂聚合物电池和锂硫电池。

(5) 二氧化锰系列电池。如锌锰电池、碱锰电池等。

(6) 空气(氧气)系列电池。如锌空气电池、铝空气电池等。

4. 按电池容量的大小和输出功率的等级划分

(1) 能量型动力电池。通常具有较大的容量，能够提供比较持久的能源供给，常常用于纯电动汽车、中度或重度混合动力电动汽车，这种电池由于在整车的能源配置中占有较大的比例，因此其总能量常常超过 10 kWh，不仅可以吸收车辆制动时回馈的能量，而且还可以提高车辆在纯电动模式下运行时的续驶里程，降低污染物的总排放。

(2) 功率型动力电池。通常容量较小，但可以提供瞬间大功率放电，主要用于电动工具、轻度混合动力电动汽车等。这种电池在电动汽车中主要用于吸收制动回馈的能量，同时为车辆启动和加速等工况提供瞬间的额外能量。

(3) 能量功率兼顾型动力电池。要求电池同时兼有高能量、大功率的特性，主要用于插电式混合动力汽车，具备较高的能量密度，同时可以保证在低 SOC 区间时仍可以进行大功率放电，在高 SOC 区间时能接收大功率的电能回馈。

5.2　动力电池的特性

5.2.1　铅酸蓄电池

铅酸蓄电池是电动汽车在最初的发展阶段中应用最为广泛的电池。其优点主要包括成本低，电池原材料获取容易，制造工艺简单等，并且其比功率也基本能满足电动汽车的动力性能要求。铅酸蓄电池在电动汽车上的应用特点如表 5-3 所示。

表 5-3　铅酸蓄电池在电动汽车上的应用特点

铅酸电池的类型	主要特点	应用的电动汽车类型
开口管式铅酸蓄电池	有较高的比能量，良好的循环寿命，自动加水，维护少	轻型、中型和大型客车，服务与环卫车辆
阀控胶质管式铅酸蓄电池	有较高的比能量、比质量和比功率，以及良好的循环寿命，免维护	轻型、中型和大型客车，服务与环卫车辆，厢式车辆

续表

铅酸电池的类型	主要特点	应用的电动汽车类型
平板阀控铅酸蓄电池	有较高的比功率，免维护	轻型、中型和大型客车，服务与环卫车辆，货车
薄平板阀控铅酸蓄电池	有较高的峰值功率，浅循环放电，免维护	各种用途的混合动力电动汽车

5.2.2 镍-镉电池

镍-镉电池是一种碱性电池，是纯电动汽车（EV）、燃料电池电动汽车（FCEV）和混合动力电动汽车（HEV）等车型可选取的电池种类之一，在目前也广泛应用于铁路机车及车辆上作为后备电源。镍-镉电池的比能量可达到 55 Wh/kg，比功率则超过 225 W/kg。极板强度高，工作电压平稳，能够带电充电，并可以快速充电。镍-镉电池过充电和过放电性能好，有高倍率的放电特性，瞬时脉冲放电率很大，深度放电性能也好。循环使用寿命长，采用全封闭外壳，可在真空环境中正常工作。低温性能较好，可以在−40～80 ℃的温度环境条件下正常工作，并且能够长时间存放。镍-镉电池的工作电压较低，单体电池的标称电压为 1.2 V。深度放电时的 DOD 可达 100%，自放电率低于 0.5%/d，同时还存在记忆效应等。此外，镍-镉电池中采用的镉（Cd）是一种有害的重金属，在电池报废后必须进行有效的回收。

5.2.3 镍-氢电池

镍-氢电池是镍基电池中较成功的一种，已经应用于量产的混合动力汽车上。镍-氢电池的正极是氢氧化镍，负极为金属氢化物。在一定的温度和压力条件下，金属合金可以吸收大量的氢气分子生成金属氢化物。镍-氢电池中的合金成分为 A_xB_y（主要包括 AB、A_2B、AB_2、AB_3、AB_5、A_2B_7）。在 AB_5 合金里，A 是稀土元素的混合物，B 是镍或某些可替代镍的金属。在 AB_2 合金中，A 是钛或锆，或者是两者的组合，B 是镍或其他可替代金属。镍-氢电池具有平稳的放电特性，其比能量在 60～80 Wh/kg。

镍-氢电池的单体电压为 1.2 V，镍-氢电池应用于电动汽车上的主要优势包括启动加速性能好，一次充电后的行驶里程较长，不会对周围环境造成污染，易维护，可快速补充电，充电时间短等。

但镍-氢电池也存在一些缺点，主要体现在镍-氢电池在充电过程中容易发热，而发热产生的高温会对电池产生负面影响。这是因为高温状态会使正极板的充电效率变差，并加速正极板的氧化，从而导致电池的寿命缩短。此外，镍-氢电池在充电后期会产生大量的氧气，在高温环境条件下，将加速负极储氢合金的氧化，并使储氢合金的平衡压力增加，致使储氢合金的储氢量减少而降低镍氢电池的性能。为此，在镍-氢电池的制造技术上可以做如下的改进，如通过在正极板采用多极耳技术，在负极板采用端面焊接技术，在电解液中适当加入 LiOH 和 NaOH，采用抗氧化能力强的聚丙烯毡作隔膜等方法都可以有效地提高镍-氢电池的耐高温能力。此外，还可以加大镍-氢电池组单体电池之间的散热间隙，并采取有效的散热措施和建立自动热管理系统，从而保证镍-氢电池的正常工作和延长其使用寿命。

5.2.4　锂离子电池

锂是最轻的金属元素，原子量仅为 6.49，密度仅为 0.534 g/cm^3，也是化学性能最活泼的金属元素之一，在早期，锂主要用于军事工业，用锂来制取氚，是原子能工业的重要原料。锂可以作为高电压和高比能量的电池。金属锂暴露在空气中或遇到水时会发生燃烧。目前在锂电池中已不采用金属锂，因为金属锂为负极的电池在充电时，会生成枝晶并引发内部短路，普遍采用锂合金或锂的碳化物来替代金属锂负极。

锂离子电池主要由正极、负极、隔膜及电解液等组成，其中正极材料的活性物质包括钴酸锂、锰酸锂和磷酸铁锂等，集流体使用厚度为 10～20 μm 的电解铝箔；负极材料的活性物质为石墨，或近似石墨结构的碳，导电集流体使用厚度 7～15 μm 的电解铜箔；电解质溶液为溶解有六氟磷酸锂的碳酸酯类溶剂，而锂聚合物电池则使用凝胶状电解质。下面以锰酸锂离子电池为例介绍锂离子电池在充/放电过程中的工作原理，如图 5－8 所示。

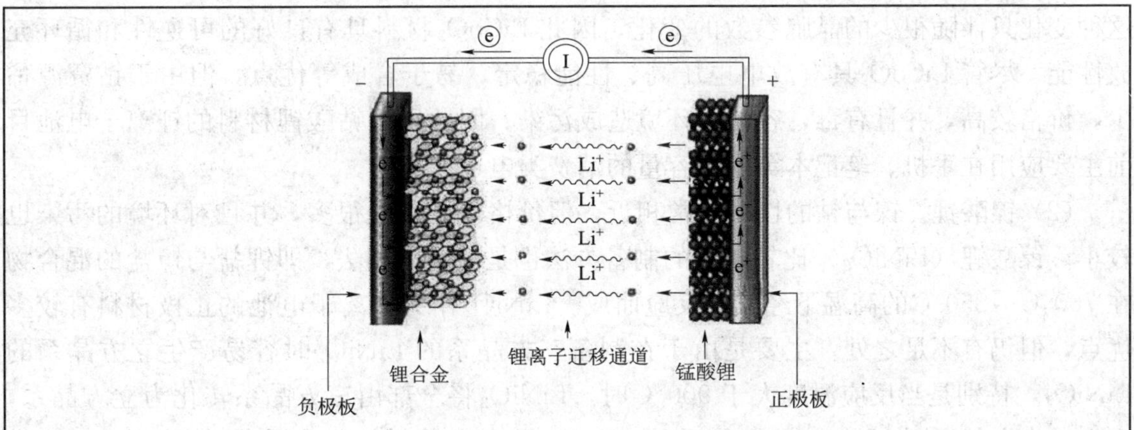

图 5－8　锂离子电池充放电过程的工作原理示意

1. 锂离子电池在充/放电时正负极材料的化学变化和离子运动情况

（1）锂离子电池在充电时，Li^+ 的迁移经历了三个阶段，首先电池的正极上有锂离子生成，生成的锂离子经过电解液和隔膜运动到负极，而负极的碳材料呈层状结构，有很多微孔，到达负极的锂离子就嵌入到碳层的微孔中，嵌入的锂离子越多，电池两极之间的电压差越高。随着充电过程的进行，负极逐渐进入富锂状态，正极变成贫锂状态。在此过程中，电子的补偿电荷从外电路供给到负极，维持电荷平衡。

(2) 当电池放电时，嵌在负极碳层中的锂离子脱出，经过运动回到正极。回到正极的锂离子越多，两极之间的电压差越小。

不难看出，在锂离子电池的充放电过程中，锂离子处于从正极到负极再到正极的运动状态。如果我们把锂离子电池形象地比喻为一把摇椅，摇椅的两端为电池的两极，而锂离子在这两端来回移动，因此又称为摇椅式电池。

2. 锂离子电池的正极材料

锂离子电池的正极材料采用具有能使锂离子较为容易嵌入和脱出，并能同时保持结构稳定的嵌入式化合物制成。目前，被用来作为电极材料的嵌入式化合物均为过渡金属氧化物。在充放电循环过程中，锂离子会在金属氧化物制成的电极上进行反复的嵌入和脱出反应，因此，金属氧化物晶体结构内氧的排列和其稳定性是电极材料的一个重要指标。

1) 层状化合物

在层状正极材料中研究比较成熟的是钴酸锂（$LiCoO_2$）和镍酸锂（$LiNiO_2$）。

(1) 钴酸锂。钴酸锂（$LiCoO_2$）是最早用于商品化二次锂离子电池的正极材料。传统的 $LiCoO_2$ 固相制备方法是用 Li_2CO_3 或 LiOH 与 $CoCO_3$ 的混合物在 900 ℃的高温下烧制而成，尽管这一制备方法比较简单，但是难以制备出纯度高、平均粒度小且粒度分布较窄的理想粉体。在充放电过程中，$LiCoO_2$ 发生从三方晶系到单斜晶系的可逆相变，但这种变化只伴随很少的晶胞参数的变化，因此 $LiCoO_2$ 材料具有良好的可逆性和循环充放性能。尽管 $LiCoO_2$ 具有放电电压高、性能稳定、易于合成等优点，但由于钴资源稀少，价格较高，并且有毒，容易对环境造成污染。因此采用钴酸锂材料的锂离子电池目前主要应用在手机、笔记本等中小容量的消费类电子产品中。

(2) 镍酸锂。镍与钴的性质非常相近，但价格却比钴低很多，并且对环境的污染也较小。镍酸锂（$LiNiO_2$）比较常用的制备方法也是高温固相法，即锂盐与镍盐的混合物在 700 ℃～850 ℃的高温下经固相反应而成。$LiNiO_2$ 作为锂离子电池的正极材料有较多优点，但仍有不足之处。主要是由于在制备三方晶系的 $LiNiO_2$ 时容易产生立方晶系的 $LiNiO_2$，特别是当反应温度大于 900 ℃时，$LiNiO_2$ 将全部由三方晶系转化为立方晶系，而在非水电解质溶液中，立方晶系的 $LiNiO_2$ 没有电化学活性。此缺点可以通过改进 $LiNiO_2$ 的制备方法来解决，如通过软化学合成方法来降低反应温度，以抑制立方晶系的 $LiNiO_2$ 生成。同时，可采用掺杂的方法（常用的掺杂元素有 Ti、Al、Co、Ca 等）抑制在充放电过程中发生的相转变，以进一步提高 $LiNiO_2$ 的热稳定性和电化学性能。

2) 尖晶石型结构

锰酸锂（$LiMn_2O_4$）是尖晶石型嵌锂化合物中的典型代表。锰（Mn）元素含量丰富，价格便宜，毒性也远小于过渡金属 Co、Ni 等。锰酸锂电池的理论放电容量为 148 mAh/g，实际放电容量是 110～120 mAh/g。尖晶石型 $LiMn_2O_4$ 常用的制备方法是熔融浸渍法。该方法首先将锂盐与锰盐混合均匀，然后加热至锂盐的熔点，利用二氧化锰（MnO_2）的微孔毛细作用使熔融的锂盐充分渗透到 MnO_2 的微孔中，这样反应物之间的接触面积大大增加，提高了产物的均匀性，并加快了固相反应的反应速率。$LiMn_2O_4$ 材料的主要缺点是电极的循环容量容易迅速衰减，造成循环容量衰减的原因主要有以下几个方面。

① $LiMn_2O_4$ 晶体的正八面体空隙发生变化产生四方畸变，在充放电过程中，电极表面易形成稳定性较差的四方相 $LiMn_2O_4$ 晶体；

② $LiMn_2O_4$ 中的锰易溶解于电解液中而造成流失；

③ 电极极化引起内阻增大等。

针对上述问题，利用掺杂金属离子（如 Cr、Fe、Zn、Mg 等）的方法来稳定 $LiMn_2O_4$ 的尖晶石结构是目前解决锰酸锂电池循环容量衰减的最有效方法之一。

目前，锰酸锂离子电池已经大量应用在示范运营的电动汽车上。2008 年北京奥运会期间运行的纯电动客车和 2010 年上海世博会的部分电动客车就采用了单体 90 Ah 的锰酸锂离子电池。日产公司推出的 Leaf 纯电动汽车、三菱公司推出的 i-MiEV 纯电动汽车的动力电池也均采用了该类型锂离子电池。

3）橄榄石型结构

磷酸铁锂（$LiFePO_4$）在自然界以磷铁锂矿的形式存在，其晶体属于橄榄石型结构。$LiFePO_4$ 材料的实际最大放电容量高达 164 mAh/g，非常接近其理论容量，工作电压为 3.2 V。此外，由于 $LiFePO_4$ 中的强共价键的作用使其在充放电过程中能保持晶体结构的高度稳定性，因此具有比其他正极材料更高的安全性能和更长的循环寿命。此外，$LiFePO_4$ 还有原材料来源广泛、价格低廉、无环境污染、比容量高等优点，使其成为现阶段各国竞相研究的热点之一。

$LiFePO_4$ 正极材料常用的合成方法有高温固相法和水热法。高温固相法工艺简单，易实现产业化，但产物粒径不易控制，形貌也不规则，并且在合成过程中需要惰性气体保护。水热法可以在水热条件下直接合成 $LiFePO_4$，由于氧气在水热体系中的溶解度很小，所以水热合成不再需要惰性气体保护，并且产物的粒径和形貌易于控制。目前 $LiFePO_4$ 正极材料的缺点主要是电导率低，针对这一问题有效的改进方法主要有表面包覆碳膜法和掺杂法。

目前，我国国内建设的大型锂离子动力电池生产厂（如杭州万向、天津力神等）均以磷酸铁锂电池的产业化为主要目标。在国内装车示范的电动汽车中，磷酸铁锂电池也已经成为主流产品之一。

3. 锂离子电池的负极材料

负极材料是决定锂离子电池综合性能优劣的关键因素之一。比容量高、容量衰减率低、安全性能好是满足做负极材料的基本要求。

1）碳材料

碳材料是目前在商品化的锂离子电池中应用最为广泛的负极材料。碳负极材料包括石墨和无定型碳，其中石墨又分为天然石墨、人造石墨和石墨化碳；无定型碳可分为硬碳和软碳。石墨是锂离子电池碳材料中应用最早、研究最多的一种，其具有完整的层状晶体结构。在石墨晶体的片层结构中，碳原子以 sp2 杂化方式结合成六角形网状平面，理想石墨的层间距为 0.335 4 nm，层与层之间以范德华力结合。石墨的层状结构有利于锂离子的脱嵌，形成锂-石墨层间化合物，其理论最大放电容量为 372 mAh/g，充/放电效率通常在 90%以上。锂在石墨中的脱嵌反应主要发生在 0～0.25 V 之间（相对于 Li/Li^+），表明石墨具有良好的充/放电电压平台，与提供锂源的正极材料匹配性较好，所组成的电池平均输出电压高，是一种性能较好的锂离子电池负极材料。

2）氧化物负极材料

氧化物是当前人们研究的另一种负极材料体系，主要包括金属氧化物、金属基复合氧化物和其他氧化物。前两者虽具有较高的理论比容量，但因从氧化物中置换金属单质消耗了大量的锂而导致巨大的容量损失，抵消了高容量的优点；Li_xMoO_2、$LiWO_2$ 等氧化物负极材料具有较好的循环性能，但由于其比容量低，目前为止并没有进行深入的研究。$Li_4Ti_5O_{12}$ 的分子具有尖晶石型结构，充/放电曲线平坦，放电容量为 150 mAh/g，具有非常好的耐过充、过放特征，晶体结构在充/放电过程中几乎无变化（零应变材料），循环寿命长，充/放电效率接近 100%，是一种比较理想和具有很大发展潜力的负极材料，目前在储能型锂离子电池中有所应用。

3）金属及合金类负极材料

金属锂是最先采用的负极材料，理论比容量可达 3 860 mAh/g，其原子量为 6.94，电化学还原电位为－3.045 V。20 世纪 70 年代中期，金属锂开始在商业化电池中得到应用。但因充电时负极表面会形成枝晶导致电池短路，于是人们开始寻找一种能替代金属锂的负极材料。合金负极材料是目前研究较多的新型负极材料体系，金属锂能够与如铝（Al）、硅（Si）、锗（Ge）、锡（Sn）、铅（Pb）、砷（As）、锑（Sb）、铋（Bi）、银（Ag）、金（Au）、锌（Zn）等众多金属在室温下形成金属间化合物，因此与锂形成合金的金属在理论上都能够作为锂离子电池的负极材料。金属合金最大的优势是能形成锂含量很高的锂合金，具有很高的比容量。同时，合金材料由于加工性能好和导电性好等优点，被认为是极有发展潜力的一种负极材料。目前的研究主要集中在锌（Sn）基、硅（Si）基、锑（Sb）基和铝（Al）基合金材料。

4）能量型锂离子电池和功率型锂离子电池的区别

在锂离子的迁移过程中，构成电池本体的电解质、隔膜、集流体等部分的化学结构内部及部件之间存在阻抗的称为电池内阻。电池两极化学反应速度的差异及由离子、电荷的移动在两极附近产生的离子浓度变化，会使电池的电极电位偏离平衡电势，这种现象称为电池的极化。内阻和极化在一定程度上限制着电池的性能。电动汽车用功率型锂离子电池在生产制造的过程中考虑到大倍率电流充/放电的需求，与同等容量的能量型电池相比，其正负极板的面积要大得多，隔膜也相对更薄，这就使得两极之间的阻抗要小很多，一般 10 Ah 的能量型电池的直流内阻约为 10 mΩ，而功率型电池的内阻仅 1～2 mΩ。同样，功率型电池的极化阻抗较能量型的也小了很多，极化电压的恢复时间常在 5 s 以内。正是由于材料和结构的特殊性，功率型锂离子动力电池具有以下的特性。

（1）功率密度高。功率型锂离子电池的功率密度高达 2 000～2 500 W/kg，但能量密度较低，约为 100 Wh/kg。

（2）内阻小、倍率特性好。电池内阻对电池的功率性能影响很大，相同容量的电池，其内阻越小，电池放电时的电压压降就越小，其功率性能就越好。功率型锂离子电池的大倍率特性优势非常明显，图 5-9 为功率型锂离子电池在不同倍率电流下的放电曲线，由图 5-9 可见，在常温条件下，功率型锂离子电池在 1*C*～5*C* 的放电倍率下恒流放电能够放出其额定容量的 98%以上，在 10*C* 的放电倍率下放电仍能放出其额定容量的 95%。

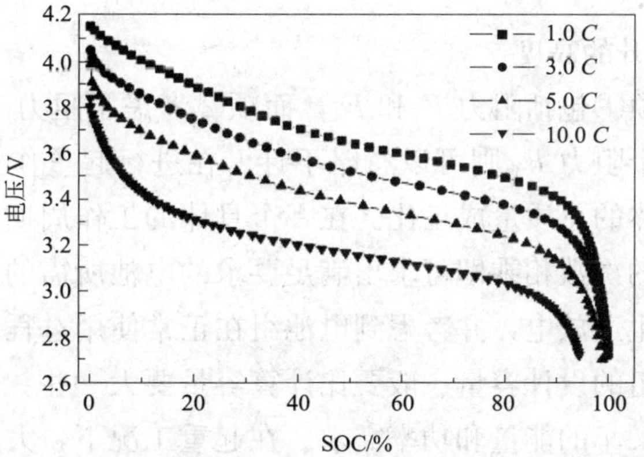

图 5-9　功率型锂离子电池在不同倍率电流下的放电曲线

（3）极化恢复时间短。与能量型锂离子动力电池相比，功率型锂离子电池的极化恢复时间很短，一般能量型电池的极化恢复时间约为 30 s 或更长，而功率型锂离子电池的恢复时间往往在 5 s 以内。

（4）循环寿命长。在常温环境下，对混合动力电动汽车（HEV）用功率型锂离子电池进行 1*C* 放电倍率下的循环寿命测试，循环 1 600 次后电池的实际容量仍在额定容量的 80%以上，说明该功率型锂离子电池的循环特性是非常出色的。功率型锂离子电池可以满足 HEV 对储能装置长时间可靠运行的要求。

5.3 电动汽车对电池的要求

5.3.1 纯电动场地车辆

纯电动场地车辆的道路运行工况通常都是事先已知的。以用于搬运货物的电动叉车为例，其在工作时间内自身移动和搬运货物的路程是基本确定的。因此，在这种应用条件下，可以精确地计算出车辆在执行具体任务时所需的能量。

车辆制造商可以根据客户提供的数据确定车辆完成搬运货物等具体任务时电池所需的能量。这些数据包括：

① 在平路上行驶的里程；

② 任何斜坡的坡度；

③ 货物的重量及提升的高度。

在功率需求方面，项①包括阻力 F_f和 F_j，而项②考虑了阻力 F_i，由于场地车辆的运行速度低，剩余的一个阻力 F_w则可以忽略不计。在进行起重作业时，还需要额外的功率，其大小与举起物体的总质量成正比。在一个具体的工作周期内，每一次车辆运行需求的能量总和与运行的次数相乘即可求出满足要求的电池所需的总能量。为了确保动力电池组在应用中不发生过放电，并考虑到电池组在正常使用过程中由于电池性能下降所需的补偿，动力电池组的设计容量一般要比计算容量要大一些。现有的铅酸动力电池能满足正常工况下电动叉车的能量和功率需求。在起重工况下，大质量的铅酸电池组还可以起到平衡有效载荷的作用，因而也是电池质量较大的铅酸电池应用于电动叉车上的一个优势。

由于在变牵引条件的复杂道路工况下计算牵引车辆所需动力电池的性能难度较大，一般以综合常用工况为计算依据进行纯电动场地车辆所需的动力电池功率和能量的计算。

5.3.2 纯电动道路车辆

纯电动道路车辆在行驶完全依赖动力电池组的能量，动力电池组能量越大，可以实现的续驶里程就越长，但动力电池组的体积和重量也越大。纯电动道路车辆要根据设计目标、道路情况和运行工况的不同来选配动力电池，具体要求归纳如下。

① 动力电池组要有足够的能量和容量，以保证典型的连续放电电流不超过 1C，典型的峰值放电电流一般不超过 3C；如果电动汽车上安装了回馈制动系统，则动力电池组必须能够接受 5C 以上的脉冲电流充电。

② 动力电池要能够实现深度放电（如 80%DOD），并且不会影响其使用寿命，在必要时能实现满负荷功率和全放电。

③ 需要安装电池管理系统和热管理系统，显示动力电池组的剩余容量和实现温度控制。

④ 由于动力电池组的体积和质量较大，电池箱的设计、动力电池的空间布置和安装都需要根据整车的空间、前后轴荷的配比进行具体的设计。

5.3.3　混合动力车辆

与纯电动车辆相比，混合动力电动汽车对动力电池的能量要求有所降低，但要能够在整车需要时提供更大的瞬时功率，即要实现“小电池提供大电流”。

由于混合动力汽车的构型不同，串联式和并联式混合动力汽车对电池的要求也有所差别。

① 串联式混合动力汽车完全由电动机驱动，内燃机-发电机与电池组一起提供电动机需要的电能，电池的 SOC 处于较高的水平，对电池的要求与纯电动汽车相似，但在容量上的要求小于纯电动汽车，对电池功率特性的要求根据整车需求与电池容量确定。总体而言，动力电池的容量越小，对其大倍率放电能力的要求越高。

② 并联式混合动力汽车的内燃机和电动机可直接为车轮提供驱动力，整车的驾驶需求可以通过不同的动力组合来满足。动力电池的容量可以更小，但是电池组瞬时提供的功率要满足汽车加速或爬坡的要求，电池的最大放电电流有时可能高达 20C 以上。

由于不同构型的混合动力汽车的工作环境、汽车构型和工作模式等方面的复杂性，对混合动力汽车用动力电池提出统一的要求是比较困难的，但一些典型、共性的要求可以归纳如下：

① 动力电池的峰值功率要大，能进行短时、大功率的充/放电；

② 循环寿命要长，至少要有 5 年以上的电池使用寿命，最理想的情况则是与电动汽车整车同寿命；

③ 电池的 SOC 应尽可能保持在 50%～85%；

④ 需要配备电池管理系统，包括热管理系统。

可外接充电式混合动力汽车（PHEV）在纯电力工作模式的续驶里程要能够达到 40 km 以上的期望值，并且兼具混合动力驱动的功能，因此对动力电池的要求要兼顾纯电动和混合动力两种模式。同时由于其应用模式设置为在纯电力行驶到电量不足时启动混合动力驱动工况，因此需要动力电池组在低 SOC 时也能提供很高的功率。

现有的燃料电池电动车辆由于燃料电池的功率密度较低，一般采用与动力电池共同驱动的方式对外输出电能。在燃料电池与动力电池连接方式上也有并联和串联两种形式，在该类车型上对动力电池性能要求与混合动力电动车辆相似。

5.4　车用动力电池的发展趋势

5.4.1　锂硫与富锂材料电池

由于电动汽车市场对车用锂离子动力电池在能量密度、循环寿命、输出功率和安全性能等方面的要求较高，因而电池的能量密度、寿命和安全等问题成为了锂离子动力电池技术主要的研究发展方向。而在实际应用中，则很难兼顾能量密度指标和安全性。目前在动力电池领域还存在着锰酸锂（包括三元材料在内）和磷酸铁锂材料发展路线竞争的情况。理论上，锰系电池的能量密度较高，但循环寿命和安全性稍差，而磷酸铁锂材料安全性好，但能量密度低。如果从产业应用和推广的角度看，锰酸锂体系材料在现阶段占据了一定优势，但不容忽视的是我国的磷酸铁锂电池产业已十分庞大，并且大大超过了锰酸锂体系电池的生产能力。

以锰酸锂、三元材料和磷酸铁锂为正极材料的锂离子电池技术目前均较为成熟，也都实现了规模化应用。美国能源部于 2010 年投入 500 万美元资助锂硫电池的研究，并持续加大投入力度，计划开发出能量密度达到 500 Wh/kg 的锂硫电池产品。日本也把锂硫电池作为本国车用动力电池技术的主要研究方向之一，计划到 2020 年开发出能量密度达到 500 Wh/kg 的产品，而德国研究界定下的锂硫电池的能量密度目标是要达到 1 000 Wh/kg。目前，受美国、日本和德国等国政府的影响，我国提倡大力发展锂硫电池的呼声较高。

硫在自然界中广泛存在，且属于尚未充分利用的自然资源，自然界中的硫主要是以常温下热力学稳定的单质硫（S_8）的形式存在，单质硫具有毒性低、价格低廉、存量大和密度低等特点，特别是硫锂材料有很高的理论能量密度，是目前已知比容量最高的正极材料。较高的比容量和能量密度意味着锂硫电池可以实现较小的单体质量和体积，同时具有较强的放电能力。但与此同时，锂硫电池目前在研发中也遇到了一些问题，主要包括以下几个方面。

(1) 负极的锂金属与溶解于电解液的硫发生反应，单质硫逐渐在正极区域缩小并形成多硫化物，多硫化物从正极剥离并浸入电解液，进而与金属锂发生反应，正极活性物质发生损耗和侵蚀，最终造成正极区域坍塌。

(2) 在锂硫电池的放电过程中，形成的多硫化物进入电解液后，高度富集的多硫化物致使电解液黏度升高，导致电解液导电性降低，从而电池性能显著降低。

(3) 由于单质硫在室温下不导电，不能单独作为正极材料使用，所以在制备锂硫电池时通常将其与一定量的导电材料混合，以提高正极区域的导电性，但如果导电材料混合过度又会使锂硫电池的比能量显著降低。

以上问题都会最终导致锂硫电池活性物质利用率低、容量衰减迅速等情况的出现，而有效改善并解决这些问题就成为推动锂硫电池及其关键材料应用发展的关键。

目前锂硫电池的研发方向主要有多样化硫系正极材料的设计与制做、对金属锂负极的改进，以及降低电池的工作温度和防止正极区域放电产物的溶解等。锂硫电池的正极材料研究方面有多孔碳，如大介孔碳、活性炭、碳凝胶等，以及碳纳米管、纳米结构导电高分子材料，如多壁碳纳米管（MWCNT）、导电聚合物有聚吡咯（Ppy）、聚苯胺（PANi），另外在聚丙烯腈（PAN）和固态电解质方面也有不少研究成果。

目前国际上锂硫电池研究的代表性厂商有美国的 Sion Power、Polyplus、Moltech，英国的 Oxis 及韩国三星等。我国锂硫电池的研发，目前还集中在研究机构，以天津电子 18 所、防化研究院、清华大学、上海交通大学、国防科技大学、武汉大学、北京理工大学等科研院所为代表，相比较参与研发的企业还非常少。

从我国二次电池市场的需求和研发能力来看，锂离子电池仍将是未来几年的主流技术，技术成熟的锂离子电池仍有很大的技术进步空间。虽然锂硫电池拥有很高的理论能量密度（单质硫的比容量高达 1 675 mAh/g，质量比能量更是高达 2 600 Wh/kg），然而锂硫电池在技术开发方面的存在很大的难度。此外，锂离子电池的能量密度在过去曾经长期被认为在 250 Wh/kg 左右，但随着富锂锰基材料（又称固溶体类正极材料）和固态电解质材料等新材料技术的成功开发，锂离子电池的能量密度实现了突破，可以达到 500 Wh/kg 甚至 700 Wh/kg。从目前的技术进展来看，能量密度为 500 Wh/kg 的富锂材料二次电池产品可能比同等能量密度的锂硫电池产品更早得到商业化推广和应用。

丰田汽车公司已经开发出可以量产的全固态锂离子电池技术，通用电气公司也是同样关注全固态锂离子电池和富锂锰基材料的锂离子电池技术的供应商。在发展纯电动汽车方面最为积极的日产汽车公司也在重点开发使用富锂锰基材料的锂离子电池技术。

其他全球知名的制造锂离子电池的企业如松下（Panasonic）、索尼（SONY）、LG 化学（LG Chem）、三星 SDI（SAMSUNG SDI）等公司也持有相同的态度，一方面这些企业近几年都在持续投入巨资扩充锂离子电池的产能，另一方面不断有新的锂离子电池技术问世，而锂硫电池在同期却几乎没有研发成果发布。因此对于企业而言，锂硫电池的开发风险较大，研发应用的成功概率至少在现阶段不高。相比较来看，技术更为成熟的以锂氧化物作为正极材料的电池更有可能实现技术突破。

5.4.2 燃料电池

燃料电池电动汽车采用燃料电池作为电源，是一种节能、无污染、环保型的汽车，是未来汽车发展的重要技术路线之一。燃料电池的反应过程包括：氢气通过管道或导气板到达阳极；在阳极催化剂的作用下，一个氢分子分解为两个氢原子，并释放出两个电子；在电池的另一端，氧气（或空气）通过管道或导气板到达阴极，同时氢离子穿过电解质到达阴极，电子通过外电路也到达阴极；在阴极催化剂的作用下，氧和氢离子与电子发生反应生成水，电子在外电路中形成电流，通过适当的连接可以向负载输出电能。燃料电池的主要构成组件如下。

1）电极（electrode）

燃料电池的电极是燃料发生氧化反应与氧化剂发生还原反应的电化学反应的场所，其性能好坏的关键在于触媒的性能、电极的材料与电极的制造过程等。电极可分为阳极（anode）和阴极（cathode）两部分，厚度一般为 200～500 mm。

2）电解质隔膜（electrolyte membrane）

电解质隔膜的主要功能是分隔氧化剂与还原剂，并传导离子，故电解质隔膜越薄越好，就现阶段的技术而言，其厚度一般约在数十 μm 至数百 μm；材质方面，目前主要有两个发展方向，一是先以石棉（asbestos）膜、碳化硅（SiC）膜、铝酸锂（$LiAlO_3$）膜等绝缘材料制成多孔隔膜，再浸入熔融锂-钾碳酸盐、氢氧化钾与磷酸，使其附着在隔膜孔内；另一则是采用全氟磺酸树脂（如 PEMFC）及由氧化钇稳定的氧化锆 YSZ（如 SOFC）。

3）集电器（current collector）

集电器又称作双极板（bipolar plate），具有收集电流、疏导反应气体等功用，集电器的性能主要取决于其材料特性、流场设计及其加工技术。

1. 燃料电池的分类

燃料电池可以按照以下几种方式分类。

（1）按工作温度分类。可以将燃料电池分为低温燃料电池和高温燃料电池。低温燃料电池包括碱性燃料电池（AFC，工作温度在 100 ℃）、固体高分子型质子膜燃料电池（PEMFC，也称为质子膜燃料电池，工作温度为 100 ℃以内）和磷酸型燃料电池（PAFC，工作温度为 200 ℃）；高温燃料电池包括熔融碳酸盐型燃料电池（MCFC，工作温度为 650 ℃）和固体氧化型燃料电池（SOFC，工作温度为 1 000 ℃）。

（2）按技术出现顺序分类。可以将 PAFC 称为第一代燃料电池，MCFC 称为第二代燃料电池，SOFC 和 PEMFC 称为第三代燃料电池。

（3）按照电解质类型的不同分类。可以将燃料电池分为碱性型、磷酸型、聚合物型、熔融碳酸盐型、固体电解质型等类型。

2. 几种目前研究较多的燃料电池

（1）碱性燃料电池（alkaline fuel cell，AFC）。该电池以碱性溶液为电解质，如采用含水氢氧化钾（KOH）溶剂作为电解液。在碱性燃料电池中，导电离子为 OH^-，燃料为氢，其反应式为：

阳极反应：$2H_2+4OH^- \rightarrow 4H_2O+4e^-$（标准电极电位为 −0.828 V）

阴极反应：$O_2+2H_2O+4e^- \rightarrow 4OH^-$（标准电极电位为 0.401 V）

总反应：$O_2+2H_2 \rightarrow 2H_2O$

理论电动势为 0.401 V+0.828 V=1.229 V

碱性燃料电池可获得较高的效率，尤其是氧的氧化反应（$O_2 \rightarrow OH^-$）比酸性燃料电池中氧的还原反应容易，因此其活性损耗较低。由于空气中含有二氧化碳（CO_2），若电解液与含有 CO_2 的气体接触，电解液中就会生成碳酸根离子，会影响燃料电池的输出功率，因此必须配置 CO_2 清除装置，但这会导致成本的增高。

（2）质子交换膜燃料电池（proton exchange membrane fuel cell，PEMFC）。该电池的单体由阳极、阴极和质子交换膜组成，阳极为氢燃料发生氧化的场所，阴极为氧化剂还原的场所，质子交换膜作为电解质，两极都含有加速电极电化学反应的催化剂。工作时相当于直流电源，阳极即电源负极，阴极即电源正极。PEMFC 中发生的反应为：

燃料极：$H_2 \rightarrow 2H^+ +2e^-$

空气极：$1/2O_2+2e^- +2H^+ \rightarrow H_2O$

总反应：$H_2+(1/2)O_2 \rightarrow H_2O$

在燃料极中，供给的燃料气体 H_2 分解成 H^+ 和 e^-，H^+ 移动到电解质中与空气极侧供给的氧气发生反应，e^- 经由外部的负荷回路到达空气极侧。为了获得一定的输出功率，需采用组件多层叠加的方法以获得较高的电压。PEMFC 中的电解质为质子导电性聚合物系材料的膜，电极通常采用碳的多孔体。值得注意的是，燃料气体中的 CO 成分会引起催化剂中毒，降低电极性能。为此，PEMFC 在应用中必须限制燃料气体中的 CO 含量。

(3) 磷酸燃料电池 (phosphoric acid fuel cell, PAFC) 该电池使用液体磷酸作为电解质，电解质通常位于碳化硅基质中。磷酸燃料电池的工作温度要比质子交换膜燃料电池和碱性燃料电池略高，为 150 ℃～200 ℃，但仍需铂 (Pt) 催化剂来加速反应。其阳极和阴极上的反应与质子交换膜燃料电池相同，但由于其工作温度较高，所以其阴极上的反应速度要比质子交换膜燃料电池快。PAFC 较高的工作温度也使其对杂质的耐受性较强。磷酸燃料电池的效率比其他燃料电池低，其加热时间也大于质子交换膜燃料电池。除可以用氢气作为燃料之外，PAFC 还能直接利用甲醇、天然气、城市煤气等低廉燃料参与反应。与碱性氢氧燃料电池相比，其最大的优点是它不需要 CO_2 处理设备。

(4) 熔融碳酸盐燃料电池 (molten carbonate fuel cell, MCFC)。该电池属于高温燃料电池 (500 ℃～800 ℃)，它依靠熔融碳酸盐（通常为锂-钾碳酸盐或锂-钠碳酸盐）传导离子。被传导的离子是碳酸根离子 (CO_3^{2-})。熔融碳酸盐燃料电池的电极反应不同于其他类型的燃料电池，其反应式为：

$$阳极：H_2 + CO_3^{2-} \rightarrow H_2O + CO_2 + 2e^-$$

$$阴极：1/2O_2 + CO_2 + 2e^- \rightarrow CO_3^{2-}$$

高温燃料电池的主要优点是可以直接处理碳氢化合物燃料，同时高温运行环境还提高了动力学速率，降低了对催化剂的依赖程度。但是，由于碳酸盐属于碱性物质并且在高温下的腐蚀性极强，同时燃料电池在升温过程中还会消耗一定的燃料，以及高温的运行条件导致其在电动汽车中使用的难度较大。

(5) 固态氧化物燃料电池 (solid oxide fuel cell, SOFC) 该电池在陶瓷隔膜中传导离子 (1 000 ℃～1 200 ℃)。通常，陶瓷材料为 YSZ 负责传导氧离子 (O^{2-})，其导电机理类似于半导体，通常称之为固态组件，其名称即由该类似性衍生而来。其半反应式如下：

$$阳极：H_2 + O^{2-} \rightarrow H_2O + 2e^-$$

$$阴极：1/2O_2 + 2e^{2-} \rightarrow O^{2-}$$

固态氧化物燃料电池的最大优点是其电解质在运行中始终处于固态。同熔融碳酸盐燃料电池相比，固态氧化物燃料电池的缺点以及其高温运行的环境可能会影响其使用的安全性和燃料的经济性。

燃料电池技术是国际各主要汽车企业竞争的热点，美国的通用，日本的丰田、本田、日产，德国戴姆勒等都拥有自主的车用燃料电池技术，这些技术也代表了目前国际燃料电池技术的先进水平。现有的技术已经可以使电堆功率达到 1 500～2 000 W/L，动态寿命达到 4 000～5 000 h。当前，燃料电池行业研究开发的重点主要是降低成本，以及提高燃料电池系统的功率密度、工作寿命、可靠性和环境适应性等。

除了功率密度及寿命外，成本也是制约燃料电池汽车商业化的主要瓶颈之一。燃料电池系统的商业价格高达每千瓦 3 000～5 000 美元，如果按照年产 50 万台（套）50 kW

的系统计算，以美国能源部公布的 2003 年系统目标价格为 225 美元/kW 为参照标准，二者价格的差距较大。即便按照美国能源部报告中 2008 年的目标价格 73 美元/kW 计算，燃料电池的成本仍然为内燃机汽车的 2.5 倍。其中，燃料电池堆占燃料电池系统总成本的 47%，其他部分如空气供应、氢气供应、水管理、冷却、热管理、装配检测等共占 53%。美国能源部要求到 2017 年燃料电池成本控制到与内燃机汽车相当的水平，即 30 美元/kW。另外，燃料电池汽车的能量转换效率也要继续提高，丰田汽车公司研究发现，如果考虑“从矿井到车轮”的总体效率，混合动力汽车的总效率为 28%，目前燃料电池电动汽车的总效率为 29%，而报告提出燃料电池电动汽车的能量转换总效率在未来有希望提高到 42%。同时，我们也必须意识到，发展燃料电池汽车是一项庞大的系统工程，它不仅是汽车技术的革命，而且涉及规划和建设规模庞大的制氢、储氢及加注站等相关基础设施。如何合理协调基础设施与燃料电池电动汽车的发展关系也十分重要。对不同类型燃料电池性能的分析对比如表 5-4 所示。

表 5-4　不同类型燃料电池性能的分析对比

燃料电池类型	缩写	电解质	工作温度/℃	电化学效率/%	燃料	功率输出/kW
碱性燃料电池	AFC	氢氧化钾溶液	室温 90	60～70	氢气、氧气	0.3～5
质子交换膜燃料电池	PEMFC	质子交换膜	室温 80	40～60	氢气、氧气（或空气）	1
磷酸燃料电池	PAFC	磷酸	160～220	55	天然气、沼气、过氧化氢、空气	200
熔融碳酸盐燃料电池	MCFC	碱金属碳酸盐熔融混合物	620～660	65	天然气、沼气、煤气、过氧化氢、空气	2 000～10 000
固体氧化物燃料电池	SOFC	氧离子导电陶瓷	800～1 000	60～65	天然气、沼气、煤气、过氧化氢、空气	100

5.4.3　超级电容器

超级电容器（双电层电容器），是利用电极材料与电解质之间形成的界面双电层来存储能量的一种新型储能元件。当电极材料与电解液接触时，由于界面间存在分子间力、库仑力或者原子间力的相互作用，会在固液界面处出现界面双电层，是一种符号相反的、稳定的双层电荷。对于一个电极一溶液体系来说，体系会因电极的电子导电和电解质溶液的离子导电而在固液界面上形成双电层。当外加电场施加在两个电极上后，溶液中的阴、阳离子会在电场的作用下分别向正、负电极迁移，而在电极表面形成双电层；当外加电场撤销后，电极上具有的正、负电荷与溶液中具有相反电荷的离子会互相吸引而使双电层变得更加稳定，这样就会在正、负极之间产生稳定的电位差。在体系中对于某一电极来说，会在电极表面一定距离内产生与电极上的电荷等量的异性离子电荷，来使其保持电中性；当将两极和外电源连接时，由于电极上的电荷迁移作用而在外电路中产生相应的电流，而溶液中离子迁移到溶液中会呈现出电中性，这就是超级电容器充/放电原理。与传统的电容器和二次电池相比，超级电容器的比功率是电池的10倍以上，储能电荷的能力比普通电容器高。超级电容器的储能过程是可逆的，因为它是通过将电解质溶液进行电化学极化实现的，整个过程并没有产生电化学反应。超级电容器的工作原理如图5-10所示。

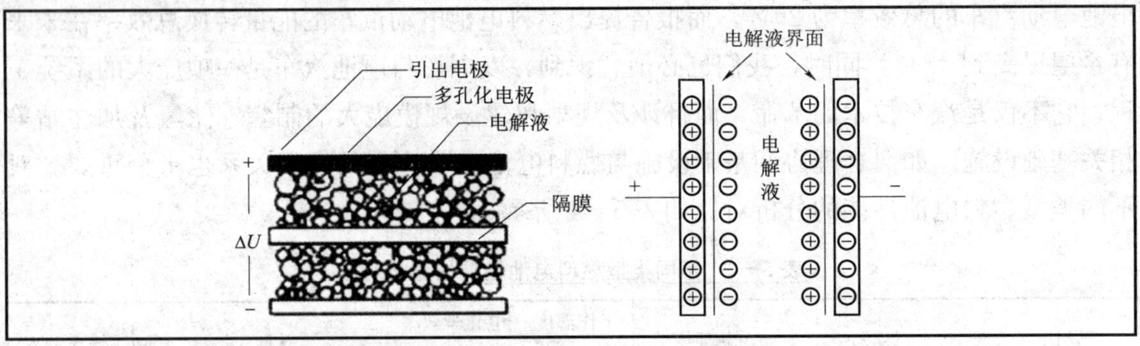

图5-10　超级电容器的工作原理

在理论研究中，通常采用helmholtz模型近似代表超级电容器。在电极一侧的单层电子和溶液一侧的单层离子构成双电层，其结构类似平板式电容器。而电极一侧过剩电荷的密度等于溶液一侧过剩电荷的密度，电荷密度 q 与双电层所产生的界面电位差 V 成正比，与双电层的厚度 d 成反比，即

$$q=\frac{\varepsilon}{4\pi kd}V \tag{5-9}$$

则单位面积双电层微分电容

$$C_{\mathrm{d}}=\frac{\partial q}{\partial V}=\frac{\varepsilon}{4\pi kd} \tag{5-10}$$

由式（5-9）还可以得到双电层电容器的静电容量

$$C=\int\frac{\varepsilon}{4\pi kd}\mathrm{d}S \tag{5-11}$$

式中　S——电极在体系中能够形成双电层的实际表面积，mm^2；

ε——电解质溶液的介电常数；

d——双电层的厚度，就是离子中心至电极表面的距离，其大小决定与电解质中离子的大小和浓度，当电解质溶液的浓度较高时，d 通常为0.5～1.0 nm。

由式（5-9）可看出，超级电容器的静电容量 C 与双电层的厚度 d 成反比，与电极形成

双电层的实际面积 S 成正比。为了使双电层电容器更多的存储电荷，根据以上的相应关系就要求极化电极可利用的表面积应尽可能大，而且电解液中存在的离子应尽可能地接近极化电极的面积。此外，由于每一单元双电层电容器是由两个电极组成的，则可将其看作是两个电容器的串联组合，故双电层电容器所存储的电量 Q 与电压 U 和静电容量 C 的关系为：

$$Q=\frac{1}{2}CU \tag{5-12}$$

双电层电容器存储的能量则为

$$W=QU=\frac{1}{2}CU^2 \tag{5-13}$$

电极材料是决定电容器电量大小的主要因素，要求电极材料的电导率较高且不与电解质发生化学反应，表面积尽可能大，价格便宜，制备过程中易于成形。目前，超级电容器电极材料的代表是 $RuO_2 \cdot nH_2O$，比电容已达到 720 F/g，但 Ru 资源稀缺且价格昂贵。而成本较低的、表面积较高的多孔碳电极材料，其比电容值只能达到 200 F/g 左右。

超级电容器已有半个多世纪的发展历史。早在 1957 年，美国的 Becker 就已申请了利用活性炭作为超级电容器的电极材料的专利，日本电气株式会社（NEC）生产出了第一个以 Supercapacitor 命名的超级电容器，并以储存器备用电源作为应用对象，将其成功地推向了市场。此后，美国、日本、德国、韩国和我国都进行了超级电容器的生产，并迅速推动了超级电容器的发展。超级电容器的关键材料主要包括电极材料、电解质、隔膜和集电材料等，而人们对超级电容器的研究主要集中在电极活性物质上。

根据美国能源部要求，超级电容器应用于 EV 和 HEV 的比能量和比功率超过 15 Wh/kg 和 1 600 W/kg，而目前典型的超级电容器的比能量约为 2 Wh/kg。由于超级电容器能够进行高功率的充/放电，使其可以应用在其他交通工具上，例如将城轨车辆或者大型客车的刹车能量利用超级电容器储存起来，在加速时提供峰值功率的输出。此外，以目前电池应用来看，锂离子动力电池和超级电容器混合使用有一定的前景。因为锂离子电池能量密度高，超级电容器的功率密度高，特别是在城轨车辆或大型客车方面，其制动瞬间会比小型电动汽车产生更大的能量回馈，而在车辆起步或加速时，其牵引功率也比小型电动汽车所需功率更大，通过超级电容器可以实现大功率充放电，而在匀速工况需要持续能量消耗时，可以使用锂离子动力电池完成能量转换。目前，超级电容器主要应用在混合动力电动汽车上，美国 Maxwell 公司开发的超级电容器在多类型电动汽车上都得到了良好的应用。超级电容一蓄电池构成的复合电源系统被认为是解决未来电动汽车动力问题的有效途径之一。

5.4.4　其他二次电池

除在本章前几节内容所提到的几种目前研究和应用较多的二次电池外，包括钒锂电池、钠离子电池、镁离子电池和锂空气电池等在内的其他种类的二次电池也在越来越多地得到重视和研究，以下内容将简要对这些二次电池进行概述。

1. 钒锂电池

最初开始研发二次锂电池技术的时候，技术人员一般是将金属锂作为负极材料使用，但由于锂枝晶等技术问题（易造成短路）很难解决，目前的锂离子电池中主要以锂合金或锂化合物作为负极材料。尽管如此，多年来仍有企业和研究人员坚持金属锂作为负极的技术开发路线，如日本富士重工、法国 BatScap 等，它们采用钒氧化物作为正极材料，并推出了钒锂电池投入应用。

2006 年，日本的富士重工发布了采用五氧化二钒（V_2O_5）作为正极材料的锂电池，其能量密度高达 200 Wh/kg。钒锂电池的技术原理为：在制作电池时对锂金属进行电解，使锂离子掺杂到负极上。由于负极一侧存在大量的锂离子，因此作为正极材料的 V_2O_5 虽然不含有锂，但也能与掺杂在负极上的锂离子构成电极使用。钒锂电池的技术还在进一步研发中，其稳定性目前仍不能达到要求。法国 BatScap 开发的锂金属聚合物电池（LMP 锂电池）产品采用金属锂作为负极材料，而正极材料则是采用由钒氧化物、碳和聚合物构成的树脂复合材料，并采用固态的聚合物作为电解质。BatScap 开发的 LMP 锂电池已在博洛雷公司开发的电动汽车产品 BlueCar EV 上得到应用。BlueCar EV 配备的 30 kWh 的 LMP 锂电池组铺设在整个车厢内的地板下方，重 300 kg，与日产 Leaf EV 可存储 24 kWh 电量但重达 280 kg 的锰酸锂系电池组相比，能量密度略高。电池组电压为 200～435 V，电池组在外部气温为－20 ℃～60 ℃、内部温度为 60 ℃～80 ℃的情况下可以正常工作，电池组的保修范围为 20 万 km。BlueCar EV 另外还配备了超级电容器作为辅助设备，其配备的电机最大输出功率为 45 kW。通过使用 LMP 锂电池及超级电容器的混合电力模式，BlueCar EV 的最高时速可达 130 km，持续行驶距离为 250 km。一次完整充电需要 6 h，而采用 2 h 快速充电则能够恢复 50％的电池容量。

2. 钠电池

锂资源在全球范围内的储量并不高，相比而言，钠元素廉价、无毒且储量丰富，因而受到了广泛关注。此前采用钠的二次电池有日本 NGK 公司开发的商用化的钠硫电池及瑞士 MES-DEA 公司开发的钠镍氯化物电池，这些电池使用钠和陶瓷固体电解质，需要至少 300 ℃的工作温度。

1）钠镍氯化物电池

钠镍氯化物（Na-$NiCl_2$）电池是由南非 Zebra Power System 公司的 J Coetger 博士发明，因此称为 Zebra 电池。德国的 AEG Zebra Battery Marketing GmbH 公司是研究、试制 Zebra 电池的主要公司，已经进行了 1～3 代电池产品的试制，并在轿车、货车和大客车上装车试验和使用，试验证明 Zebra 电池具有优良的性能，能够满足电动汽车动力性能和续驶里程等多方面的要求。

钠镍氯化物电池的比能量高，理论上可以超过 700 Wh/kg，目前实际产品的比能量达到了 100 Wh/kg，因此有较大的开发潜力。钠氯化镍电池的开路电压较高，可达 2.58 V。改进后的钠镍氯化物电池的峰值功率较高，利于后可提高电动汽车的动力性能。此外，钠镍氯化物电池还具有能量转换率高，没有自放电，耐过充电和过放电，电池有宽广的工作温度范围和良好的稳定性，循环寿命可以达到充放电 1 000 次以上等优点。钠镍氯化物电池采用全密封结构，在受到振动和冲击时，不会发生燃烧或爆炸，便于维护；电池的外形为方形，电池组的组合效率高，便于安装。

德国在吕根岛（Regen）建立的实验示范区中，奔驰公司（Mercedes-Benz）的 190 型电动轿车和 A 级电动轿车、宝马（BMW）公司 3 系电动轿车、大众公司（VW）高尔夫电动轿车、欧宝（Opel）公司的 Kadelt 的电动轿车及曼（MAN）公司的大客车都装配了 Zebra 动力电池作为混合动力电池包使用，有效地增加了车辆的行驶里程。Zebra 电池可以在五年中做到免维护，其中有些实验车的行程更是超过了 10 000 km。试验表明，Zebra 钠镍氯化物电池是一种非常有发展前途的电动汽车用新型高能电池。

2）钠离子电池

钠离子电池也受到了研究人员的广泛关注，尽管钠离子电池的特性与锂离子电池类似，但钠离子半径比锂离子至少大 35%以上，物理尺寸的限制使得钠离子在正负极嵌入脱出的反应速率较低，同时对钠离子电池正极材料的稳定性要求也更高。钠离子电池的最新研究进展如图 5－11 所示。

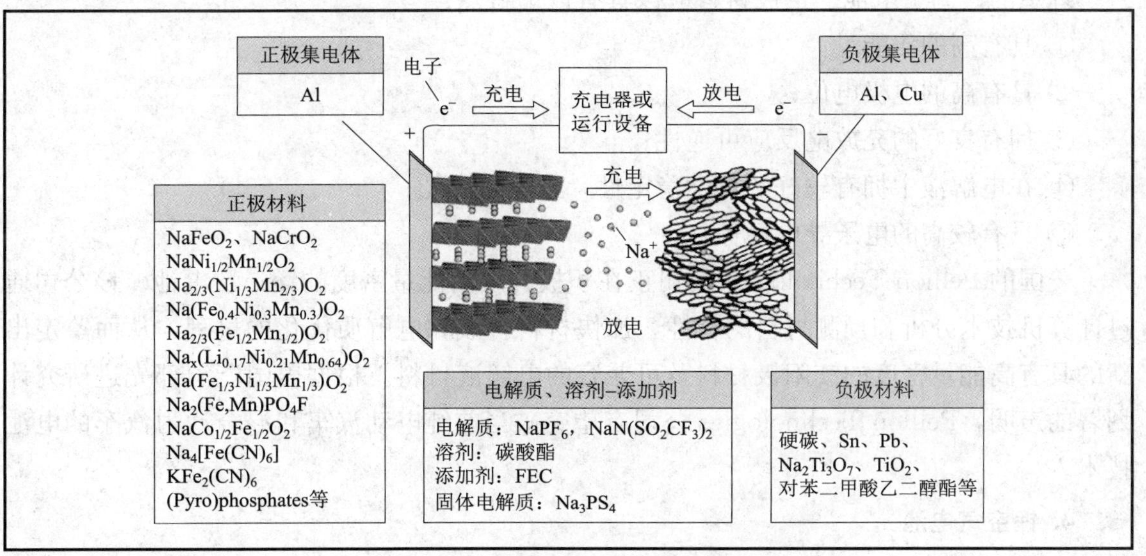

图 5－11　钠离子电池的最新研究进展

钠离子电池的正极材料有氧化物型、聚阴离子型；负极材料有碳基材料、钛基材料和合金材料等；电解液主要有有机溶剂电解液和凝胶聚合物电解液两种。尽管目前各种材料的都有各自的优势与局限性，但很多研究人员认为钠二次电池体系可能会逐渐替代锂离子电池，现阶段钠离子电池研究的主要问题是不同材料体系如何相互匹配，廉价、高性能的材料是钠离子电池实现商业化的关键。在借鉴锂离子电池开发经验的同时，也需要了解二者存在的较大差异，关于不同类型的正负极材料与结构体系的大量研究结果表明，继续对钠盐化合物进行深度发掘是钠离子电池快速发展的重要路径。

3. 镁离子电池

镁是一种活泼轻金属，其化学性质和离子半径与锂有很多相似之处。与锂相比，镁离子电池的电极电位较高（锂离子电池为－3.03 V，镁离子电池为－2.37 V/酸性、－2.69 V/碱性）、理论比容量相对较低（锂离子电池为 3 862 mAh/g，镁离子电池为 2 205 mAh/g），但镁材料具有价格低廉、对环境污染小、熔点高（649 ℃）、易加工处理、安全性好等优点。镁离子电池的正极可嵌入材料大都为无机过渡金属化合物，主要包括氧化物、硫化物、硼化物、聚阴离子化合物及含硫导电材料等。制约镁离子电池发展的因素主要有两个方面：

① 镁离子的溶剂化作用强，可供镁离子嵌入的基质材料很少；

② 即使在质子惰性溶剂中，镁电极表面也很容易形成一层致密的钝化膜，使得镁电极表面的电化学反应相对复杂，需要寻找替代的电解液体系以解决钝化膜问题。总之，如何解决镁在电解液中的电化学溶解和沉积平衡，并提高电池的工作电压和能量密度是目前亟待解决的问题。

理想的镁离子电池的正极材料应该具有以下特点：

① 具有高的比能量；

② 具有高的电极电位；

③ 拥有良好的充放电反应可逆性；

④ 在电解液中拥有较好的化学稳定性，且溶解度低；

⑤ 具有较高的电子导电性等。

美国的 Pellion Technologies 公司正在积极开发高能量密度的镁二次电池。该公司通过计算机技术分析和预测材料的特性，加快材料合成和电解质优化的过程，从而鉴定出新的具有高能量密度的镁阳极材料及可兼容的电解液材料。根据美国能源部先进研究计划署的声明，Pellion Technologies 公司有望突破当前纯电动汽车和混合动力汽车的电池技术。

4. 锂空气电池

锂空气电池是一种以金属锂作负极，以空气中的氧气作为正极反应物的电池。其在放电过程中，负极的金属锂释放电子形成锂离子（Li^+），Li^+穿过电解质材料在正极与氧气及从外电路流过来的电子结合生成氧化锂（Li_2O）或者过氧化锂（Li_2O_2），并留在正极的多孔碳素基底之中。锂空气电池单体的开路电压为 2.91 V。

锂空气电池具有很高的能量密度，其比能量可达 5 210 Wh/kg（含氧气质量），或 11 140 Wh/kg（不含氧气质量），由于作为正极活性物质的氧气可以直接从环境中获取并不需要储存在正极。理论上，由于氧气作为正极反应物没有物料限制，所以锂空气电池的容量仅取决于锂金属电极，其等放热值为 40.1 MJ/kg，而这一数值与汽油的 44 MJ/kg 相差不多。因此，从比能量的角度来看，锂空气电池极具吸引力。

1996 年，K. M. Abraham 与同事首次论证了可实际应用的非水锂空气电池，这款电池使用金属锂作为负极，使用多孔碳作为正极基底材料，正负极之间使用凝胶状电解质薄膜作为电池隔膜和离子传输的媒介，电解质材料包括聚丙烯腈（PAN）和聚偏氟乙烯（PVDF）等凝胶状电解质，还可以使用有机溶剂、干燥的有机聚合物和无机金属电解质等材料。来自于环境中的氧气通过多孔碳的孔隙进入正极区域并作为正极活性材料。在锂空气电池放电的过程中，碳基孔洞中的氧气被消耗掉，产生的放电产物随之被填充于碳基孔洞中。

由于锂空气电池正极的构造与燃料电池一样，因此电极需要具备利用催化剂与氧气发生反应的能力。同时，作为二次可充电电池，还必须有能够还原 Li_2O_2 等反应产物的功能，这些都需要在实用化方面进一步解决。日本产业技术综合研究所在 2009 年开发出了新型大容量锂空气电池，该电池的负极材料为金属锂，浸泡在含有锂盐的有机溶剂电解液中，正极则使用水性电解液，其结构类似于燃料电池，空气中的氧气在多孔碳材料内的催化剂作用下，与正极的水基电解液发生反应，在正极形成碱性溶液，完全避免了原有锂空气电池在正极生成锂氧化物而堵塞多孔碳的问题。电池的隔膜使用锗酸锌锂（LISICON）晶片作为固体电解质以防止两种电解液发生混合，电池的开路电压为 3 V 左右。实验证明该电池具有非常高的比容量，其数值高达 50 000 mAh/g，最高达到了 80 000 mAh/g。日本的丰田汽车公司在 2010 年发布了正极由炭黑（ketjen black）、电解二氧化锰和氟树脂粉末（PTFE）构成，负极为金属锂材料构成的锂空气电池的试制结果。

美国在锂空气电池方面的研发也在持续进行。如 IBM 在材料科学、纳米科技、化学及超级计算机方面具有丰富的经验，因而在锂空气电池的开发上具有明显优势，公司计划利用纳米隔膜技术开发水纯净系统以便将空气中的氧气与水等物质隔离开来。利用在纳米结构上的经验还可以将电池中的氧分配到每个电池单元中以防止堵塞。超级计算机可以进行建模方面的研究，从而有效保证单个原子能通过电池中的纳米隔膜。IBM 领导的技术联盟希望制造锂和氧元素结合的锂离子动力电池，并将目前锂电池的性能提高

10 倍，一次充电可驱动电动汽车行驶 500～800 km。

尽管有不少国家和公司在锂空气电池领域取得了进展并且制出了样品，但到目前为止，锂空气电池的开发难度仍然很大，该电池技术亟须解决的问题主要包括如何防止两种电解液在隔膜外发生慢性渗透；如何提高有机电解液的可用温度范围，催化剂的改进，锂材料的安全问题，以及如何循环利用未用完的金属锂和氢氧化锂等方面。

5. 锌空气电池

锌空气电池自发明以来已有上百年的历史，但直到 1995 年以色列电燃料（Electric Fuel）有限公司才首次将锌空气电池用于电动汽车上，从而使空气电池进入到实用化阶段。美国的 Dreisback Electromotive 公司，以及德国、法国、瑞典、荷兰、芬兰、西班牙、葡萄牙和南非等多个国家也都在电动汽车上积极地推广应用锌空气电池。

锌空气电池主要具有以下几个方面的优点。

(1) 比能量大。锌空气电池的理论比能量可达 1 350 Wh/kg，虽然目前锌空气电池的实际比能量只能达到 180～230 Wh/kg，但仍然是铅酸电池的 4.35～5.5 倍。因此可以预期在采用锌空气电池后，电动车辆将能够明显地提高续驶里程。

(2) 性能稳定。成组使用的锌空气电池具有良好的一致性，没有其他类型的电池组在充电和放电时在各单体电池之间出现的不均匀现象。锌空气电池允许深度放电，电池的容量不受放电强度和温度的影响，能在 −20 ℃～80 ℃的温度范围内正常工作。

(3) 安全性好。锌空气电池能够有效地防止因泄漏、短路引起的火灾或爆炸等情况。此外，锌没有腐蚀作用，对人体不会造成伤害和危险，可以完全实现密封免维护，便于管理。

(4) 锌的来源丰富，生产成本较低。锌电极也便于回收再生，回收再生的成本也较低，可以建立废电池回收再生工厂。锌在循环使用过程中，不会污染环境。

6. 铝空气电池

铝空气电池以高纯度铝（Al 含量达 99.99%）为正极，空气中的氧气为负极，以氢氧化钾和氢氧化钠水溶液为电解质。铝空气电池内部的化学反应与锌空气电池类似，在电池放电时铝与空气中的氧气发生化学反应转化成氧化铝。铝空气电池的开发进展十分迅速，在电动汽车上已取得良好的应用效果，是一种很有发展潜力的空气电池。

铝空气电池主要有以下几个方面的优点。

(1) 比能量大。铝空气电池的理论比能量可达 8 100 Wh/kg，尽管目前铝空气电池的实际比能量只达到 350 Wh/kg，但也是铅酸电池的 7～8 倍、镍氢电池的 5.8 倍、锂离子电池的 2.3 倍。电动汽车在采用铝空气电池后能够明显地提高续驶里程。根据国外相关资料的数据，使用铝空气电池的电动汽车在美国加利福尼亚州曾创造了只更换一次铝电极，续驶里程达 1 600 km 的纪录。

(2) 质量轻。我国研制和开发的牵引用动力型铅酸蓄电池的总能量为 13.5 kWh，总质量为 375 kg。而同样能量的铝空气电池的总质量仅 45 kg，仅为铅酸蓄电池质量的 12%。由于电池质量大幅减轻，电动汽车的整备质量也相应降低，从而可以提高电动汽车的装载质量或延长电动汽车的续驶里程。

(3) 铝没有毒性和危险性，对人体不会造成伤害。此外，铝电极还可以回收循环使用，不污染环境。

(4) 成本低。铝资源丰富，已具有大规模的铝冶炼厂，生产成本较低。铝的回收再利用方便，回收再生成本也较低。

虽然铝空气电池含有很高的比能量，但也存在比功率较低，充电和放电速度比较缓慢，电压滞后，自放电率较大等缺点，需要在应用中采取有效的解决措施，如可以采用热管理系统来防止铝空气电池工作时的过热问题，可以采用更换铝电极的方法来解决铝空气电池充电较慢的问题。

5.5 车用动力电池管理系统

5.5.1 动力电池管理系统技术概述

随着锂离子电池的安全性、性价比的逐渐提升及成组技术的不断成熟，锂离子动力电池逐渐进入大功率应用场合，特别是在电动汽车领域中，锂离子动力电池的需求增速很快，并开始逐步取代铅酸电池和镍氢电池。锂离子电池具有电压高、自放电率低、充放电效率高、循环寿命长、无记忆效应、无污染等优点，但是目前锂离子电池仍存在一些不足，如抗滥用性能较差，不支持电池浮充，且易出现过充电和过放电等。此外，与便携式设备或固定设备相比，电动汽车用动力电池的工作环境更为复杂和恶劣。

1. 锂离子电池在电动汽车上的应用特点

1）大规模的串、并联使用

为了达到相应的功率和能量等级，锂离子电池应用于电动汽车时需要大量地串联使用。以奥运用纯电动大巴为例，车辆采用锰酸锂离子电池作为动力电池，4 并 104 串，电池组容量为 360 Ah。与此同时，电池的容量越大，在安全性方面的要求也越高。因此，与单个电池的使用和管理不同，电池在成组应用时需要更加完善系统管理和使用技术。

2）空间受限

电动汽车在空间上的限制一方面使得动力电池的摆放相对集中，给动力电池系统的安装、散热和通风处理等带来了不小的难度。由于空间的局促和散热困难，有可能会使电池长时间在高温下运行，而这将会导致电池的性能衰退加快，甚至会出现热失控从而有安全隐患；另一方面，由于空间狭小，加之大容量电池组需要的均衡设备的容量和体积等都较大，所以大部分的电动汽车并不具备在线均衡器的安装条件，使得电池组使用过程中的一致性问题更加突出，也给电池的使用带来更加严格的考验。

3）工作电流大、变化快

由于电动汽车在运行中经常会出现加速、减速刹车等工况，需要动力电池能够在各种工况下快速响应以满足车辆的动力需求。如动力电池在车辆加速的时候其电流变化很快，奥运大巴的动力电池电流从 0 A～300 A 的转换时间要求小于 0.5 s，且工作电流的最大值超过 350 A。

4）工作环境恶劣

与其他应用场合相比，车辆在运行中有可能遇到的较差路况或颠簸等情况，这对动力电池的抗冲击和耐震动等性能提出了更高的要求；同时灰尘、雨水及线路磨损可能导致电池出现爬电、短路、搭铁等绝缘问题。

应用于电动汽车所要求的高性能和恶劣的工作环境对动力电池的安全性和循环寿命及动力能量的有效使用提出了很大的挑战。特别是锂离子电池的抗滥用能力较差，电池的滥用（包括过充电、过放电、过热和过电流等）可能导致其寿命严重衰减，甚至出现着火或爆炸等安全事故。因此，车用锂离子动力电池（特别是成组应用的锂离子电池）的安全性和使用寿命成为锂电池使用与管理方面急需解决的问题。

锂离子动力电池的高安全性、使用寿命及利用效率等问题需要从电化学和电学两个学科的角度共同解决。一方面，需要通过研发提高电池本身的性能；另一方面，上述指标也与电池的使用和管理技术水平密切相关。科学有效的管理技术能够实现监控电池参数、估算电池状态、保障电池的使用安全、高效的热场管理及避免循环寿命衰减过快等功能。动力电池管理系统作为电动汽车的核心零部件之一，主要包括电池管理的基本方法、电池管理系统架构的设计、电池一致性分析、充/放电控制、电池状态估算、电池均衡的实现方法与均衡策略、车载 CAN 通信网络、电气安全设计、系统测试方法等多项技术，动力电池管理系统的研究内容和关键技术点主要包括以下几个方面。

1）动力电池管理系统的基础理论

动力电池在成组应用中主要有以下几方面的基础问题，包括电池发热模型及电池箱热场分布、锂离子动力电池组模型、锂离子动力电池组的寿命模型、电池组一致性的评价、动力电池组充电模型参数的跟踪与优化、充电控制方法等内容。在对上述课题开展深入研究和通过对大量的实验与实际车辆运行数据的分析，针对传统电池电压的均衡方法存在的不足，提出了以电池容量为目标的新型均衡方法，发挥整组电池的运行效率；为了保证电池组充电时的安全性和智能化，提出了跟踪电池组最大单体电池电压的充电方法及电池管理系统与充电机相互配合的充电模式，从而有效地提高了电池组充电的安全性。

2）动力电池管理系统的设计

为了满足电动汽车的实际运行需求，动力电池管理系统在功能、可靠性稳定性和实用性等方面均有着非常重要的性能指标。主要包括以下几个方面。

① 在电池检测方面，提高对电压、温度及电流的测量精度，完成基于分布式结构的电池管理系统的硬件设计；

② 在软件设计中，需要将基础理论与实际相结合，嵌入电池管理系统的硬件系统当中，充分实现电池管理系统的设计理念；

③ 在数据通信方面，配备了齐全的通信接口，可以将电池的信息发送给整车控制器，显示界面及充电机等。可靠性方面，结合现代大规模集成电路技术，提高系统运行的抗干扰能力；

④ 在数据库管理方面，由于电池和电动汽车都处于试验和日益完善的阶段，电池管理系统大多配备了储存和监测电池运行和充电数据的数据库管理系统，便于对电池的性能进行评价，对车用电池的优化设计提供数据支持。

3）成组动力电池的一致性评价技术

在科学实验和工程实践的基础上，提出纯电动汽车的动力电池组在应用过程中基于电池内阻和容量的一致性评价方法。

该方法针对传统的基于电池外电压差异的一致性评价方法，由于不能有效指示电池之间的内在差异性而导致均衡效果降低的问题，从使用的角度分析了成组电池不一致性产生的原因及直流内阻、极化电压、最大可用容量和各单体电池 SOC 的差异对电池外电压的影响，找到单体电池外电压存在差异的内在成因，并以该关键参数作为评价指标对电池组的一致性进行评价。

4）动力电池 SOC 的估算方法

在对电动汽车运行工况进行分析的基础上，分别提出了纯电动汽车、混合动力汽车的 SOC 估算方法。对于纯电动汽车，优化包括基于开路电压、安时累积及动态修正的算法等多种方法；对于混合动力汽车，针对混合动力汽车复杂的工况特性，采用了基于

kalman 滤波器的 SOC 估算方法，从而能够实时准确地估算电池的 SOC 状态。

5）动力电池充/放电安全技术

从多种技术方案着手，开发和实现了可靠、稳定的动力电池充放/电控制方法，主要包括车辆通信控制技术、基于最高电压单体与最低电压单体的充/放电安全控制技术、防止电池过充与过放和基于电池温度变化率的充/放电控制技术、电池系统及车辆直流高压母线的安全技术、电池系统故障诊断技术、电池功能状态估算技术及远程监控技术等。建立了电动汽车与充电机之间的充电过程通信协议、电池管理系统与整车控制器的放电控制和智能使用的通信协议。借助多种技术手段，实现了电动汽车电池系统的行驶过程安全、充电过程安全、防火安全、电气安全等管理机制。

6）动力电池管理系统测试技术

基于对电池特性及车辆运行工况数据的研究，建立了集成组电池系统测试、充放电机测试、监控上位机测试于一体的综合测试平台。在多项汽车电子、动力电池、电子电气、结构设计等国际先进标准的基础上，建立了动力电池管理系统的型式试验测试项目、测试方法及操作规程，构建了动力电池管理系统规模化应用的检测方法体系。

7）标准体系

起草和制定了相关的国家标准包括电动汽车充电标准、动力电池测试标准及动力电池管理系统的技术条件。对动力电池管理系统型式试验的测试方法进行了规定，规范了国内整个动力电池管理系统行业的设计标准。

5.5.2 动力电池管理系统的功能与结构

在电动汽车上，动力电池管理系统（battery management system，BMS）对整车的安全运行、控制策略的选择、充电模式的选择及运营成本等都有很大的影响。无论是在车辆运行还是在充电过程中，动力电池管理系统都要完成对电池状态的实时监控和故障诊断，并通过总线的方式告知车辆集成控制器或充电机等设备以便采取相应的控制策略，从而达到有效利用电池性能并且保障使用安全的目的。动力电池管理系统的主要任务包括：保证电池使用的安全、保障电池的使用寿命、为用户和控制器提供电池的各种状态信息作为决策依据。电池组的工况随车辆类型（如纯电动汽车或混合动力汽车等）的不同而有所变化，相应动力电池管理系统的功能和参数也存在差异。

如图 5-12 为纯电动汽车的系统结构图。纯电动汽车的动力全部来自于动力电池，配备的电池组的容量和功率均较大。在车辆行驶时电池组的工作模式有放电和能量回馈两种模式，其充电方式可分为车载充电和地面充电两种。

图 5-13 为混合动力汽车的系统结构图。混合动力汽车拥有电力和发动机两种动力源，电池组的工作模式较多，既包括纯电力运行，又有混合动力模式下的充电、放电与回馈模式。

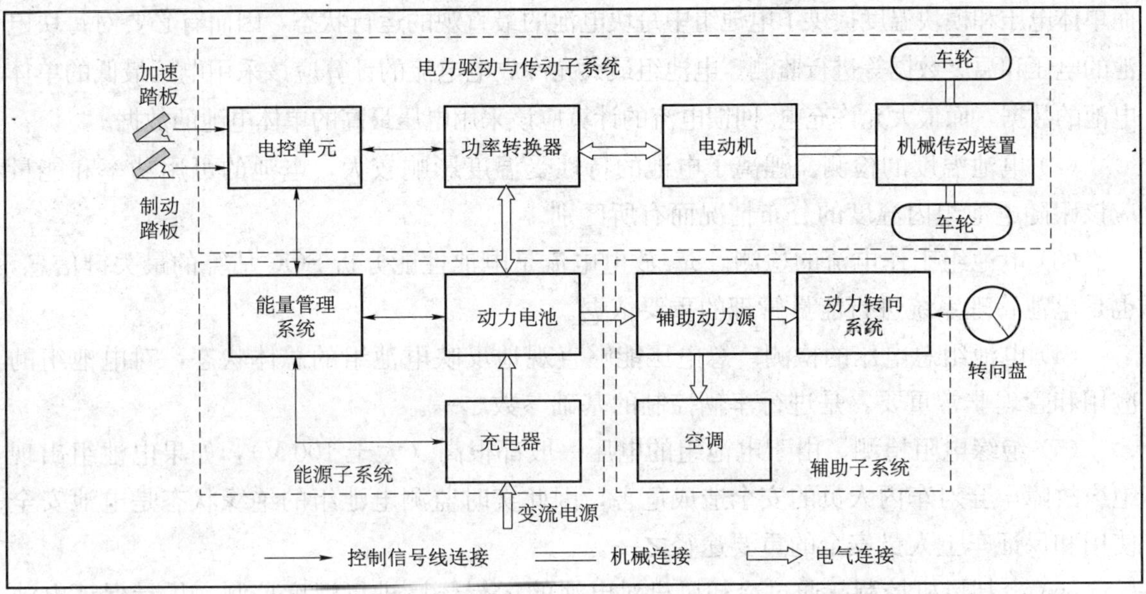

图 5-12　纯电动汽车的系统结构

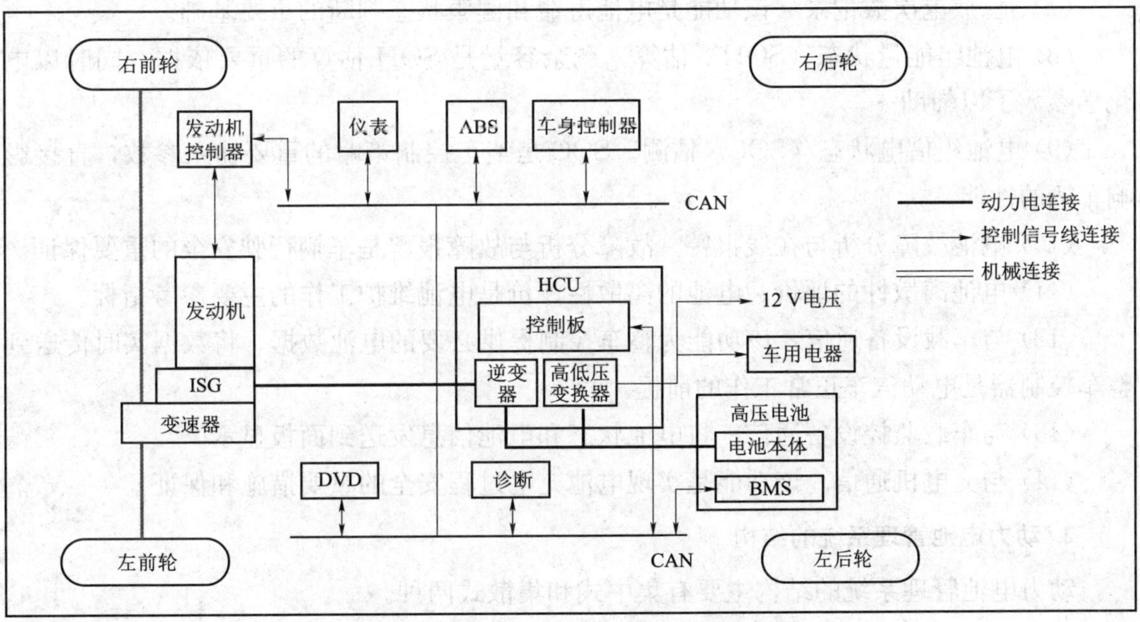

图 5-13　混合动力汽车的系统结构

1. 动力电池管理系统的功能

为了实现车辆安全、高效的运行及延长电池使用寿命的管理目标，BMS 应主要具备以下功能。

(1) 单体电池电压的检测：由于电池组中的每节电池在使用中的性能和状态都不一致，

而单体电压和模块温度提供了电池组中每块电池的最直观的运行状态，因而有必要对每块电池的电压和温度数据等进行监测。电池组最大允许放电电流的计算应该采用电压最低的单体电池的数据，而最大允许充电/回馈电流的计算应该采用电压最高的单体电池的数据。

(2) 电池温度的检测。锂离子电池的特性受温度影响较大，电池的可用功率和能量应该跟随电池组内温度的分布情况而有所区别。

(3) 电池组工作电流的检测。充/放电电流是电池性能分析 SOC 估算的最关键信息，也是电池管理系统进行能量管理的重要依据。

(4) 电池组总电压的检测。总电压能够直观地反映电池组的总体状态，对电池组的应用和管理非常重要，是进行车辆控制的基础参数之一。

(5) 绝缘电阻检测。由于电池组的电压一般都很高（大于 100 V），如果电池组出现绝缘故障，会对车内人员的安全造成危害，因此实时监测电池组的绝缘状态是电池安全使用和保证车上人员安全的重要途径之一。

(6) 冷却风机控制。通过冷却风机对电池的运行环境进行温度控制，尽量保证电池的温度处于安全、高效和可控的范围内。

(7) 充/放电次数记录。该功能是电池寿命和健康状态判断的重要基础。

(8) 电池组能量状态（SOH）估算。剩余容量是 SOH 估算的重要依据，同时以电化学参数予以辅助。

(9) 电池组借电状态（SOC）估测。SOC 是整车控制策略的重要输入参数，直接影响车辆的性能。

(10) 电池故障分析与在线报警。故障分析与故障报警是车辆行驶安全的重要保证。

(11) 电池离散性的评价。电池的离散性评价是电池维护工作的主要参考指标。

(12) 与车载设备通信：该功能为整车控制提供必要的电池数据，将数据实时传送到整车控制器是电动汽车正常工作的前提。

(13) 与车载监控设备通信。将电池状态和电池信息发送到面板显示。

(14) 与充电机通信。该功能是实现电池充电过程安全的重要措施和保证。

2. 动力电池管理系统的结构

动力电池管理系统的结构主要有集中式和集散式两种。

1) 集中式

集中式测量结构对电压、温度、电流、绝缘和通信等进行集中测量，然后在 BMS 中央处理器内进行数据的处理、计算、判断和相应的控制，要求采样点相对集中，具有接线简单、成本低和利于维护等优点。但是由于车体空间的限制，动力电池在大多数情况下分布在车体中不同的区域，并且动力电池的数量相对较多，为相关的检测和数据采集、传输等工作带来一些不便。

2）集散式

集散式动力电池管理系统的结构由主控模块和检测模块构成，如图 5 - 14 所示。

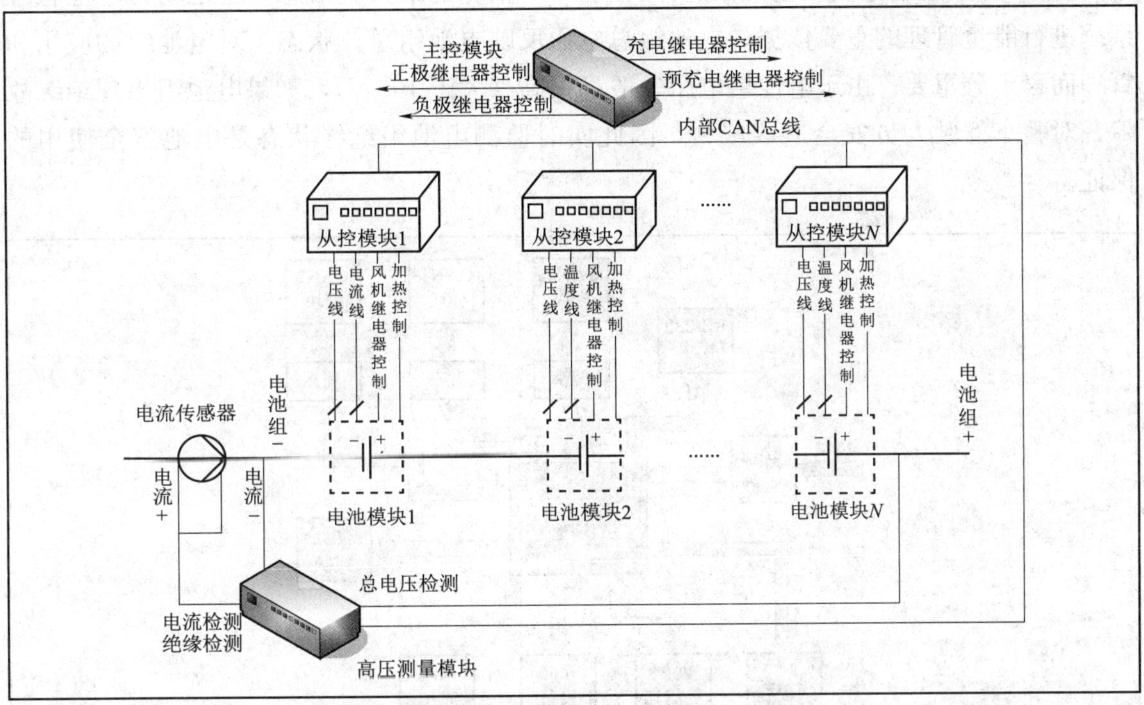

图 5 - 14　集散式动力电池管理系统的结构

主控模块主要用于统一处理各测控单元采集的电池运行参数，估算电池组的状态，包括荷电状态（state of charge，SOC）、能量状态（state of energy，SOE）、健康状态（state of health，SOH）和 功能状态（state of function，SOF）等，为整车控制和充电控制等提供基础数据，并向检测模块发送控制命令。其硬件电路结构如图 5 - 15 所示。

检测模块主要测量单体电压、总电压、电流、绝缘电阻和温度等参数，并执行主控模块的控制命令。检测模块可根据其测量电压等级的不同分为从控模块（主要负责低压测量，图 5 - 16 为它的硬件结构）和高压测量模块（图 5 - 17 是它的硬件结构），从而有效地避免了高低压信号的相互干扰，增加了设计和安装的灵活性，提高系统的可靠性和安全性。主控模块和检测模块都具有能通过 CAN 总线或 RS-485 总线等进行数据通信的功能。集散式结构可以解决动力电池较多且位置分散的问题，因而在目前得到了广泛的采用。

高压测量模块中的电池参数采集模块是动力电池管理系统获取电池状态的关键模块，是系统硬件设计的核心。动力电池管理系统通过电池参数采集模块实时采集电动汽车的电池参数，包括单体电池的电压、温度、充放电电流、电池组总电压及电池组的绝缘状态等。

由于电池组中的每节电池在使用中的性能和状态不一致，而单体电压和模块温度提供了电池组每块电池的最直观的运行状态，因而有必要对每块电池的电压、温度数据都进行监测；充/放电电流是电池性能分析和SOC估算的最关键信息，也是动力电池管理系统进行能量管理的重要依据；电池组总电压反映电池组总体状态，对电池组的应用和管理而言十分重要；由于电池组电压一般都很高（大于100 V），如果电池组出现绝缘故障，对整车驾驶人员安全造成威胁，因此实时监测电池组绝缘状态是电池安全使用的保证。

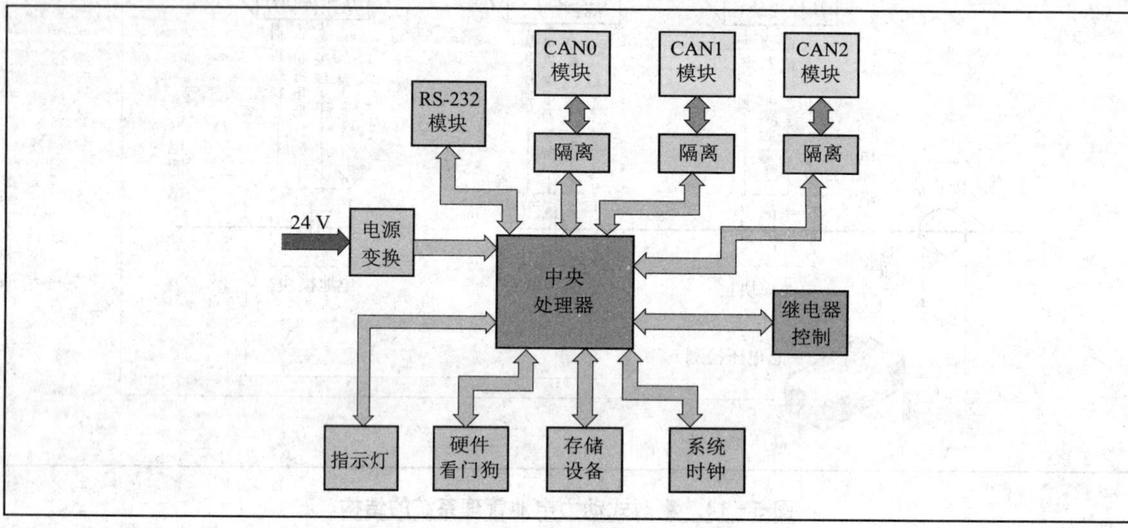

图 5-15　主控模块硬件电路的结构

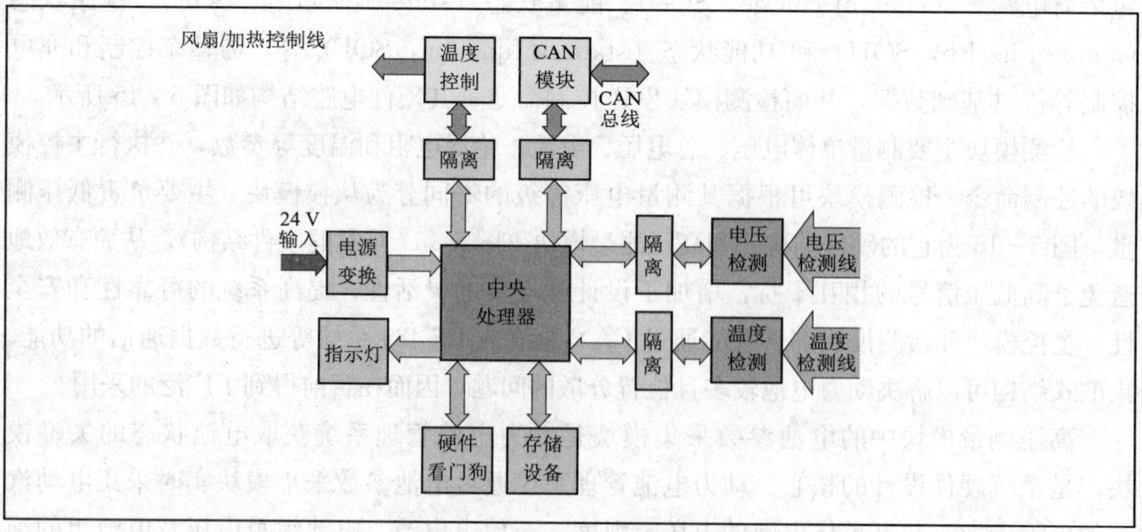

图 5-16　从控模块的硬件结构

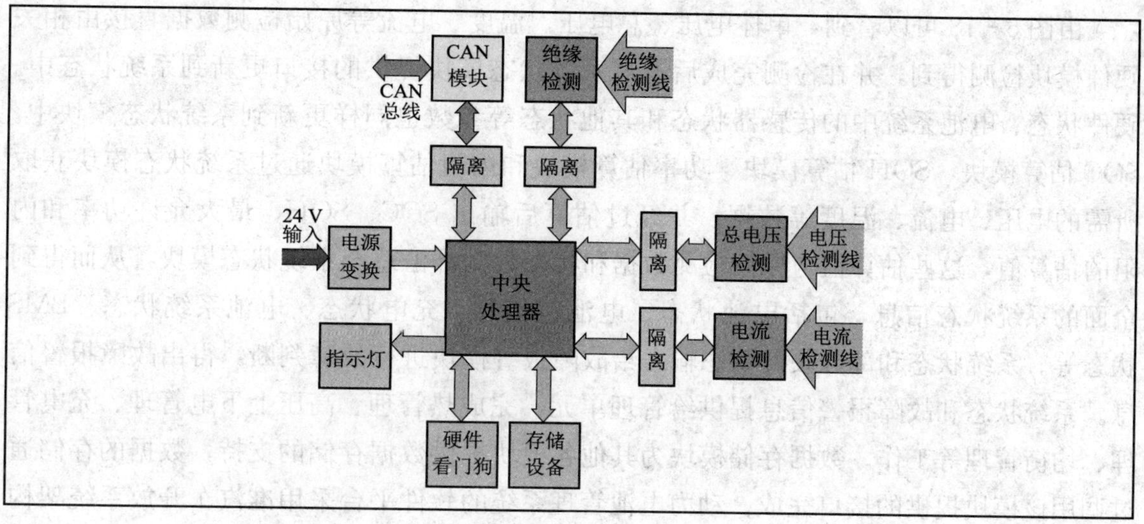

图 5-17　高压测量模块的硬件结构

5.5.3　动力电池管理系统的控制策略

动力电池管理系统的控制策略主要包括：电池热管理、高压上下电管理、充电管理、均衡管理、系统状态模块、故障报警模块、SOC 估算模块、SOH 估算模块、内阻估算模块、功率估算模块和数据存储等部分，各部分间的关系如图 5-18 所示。

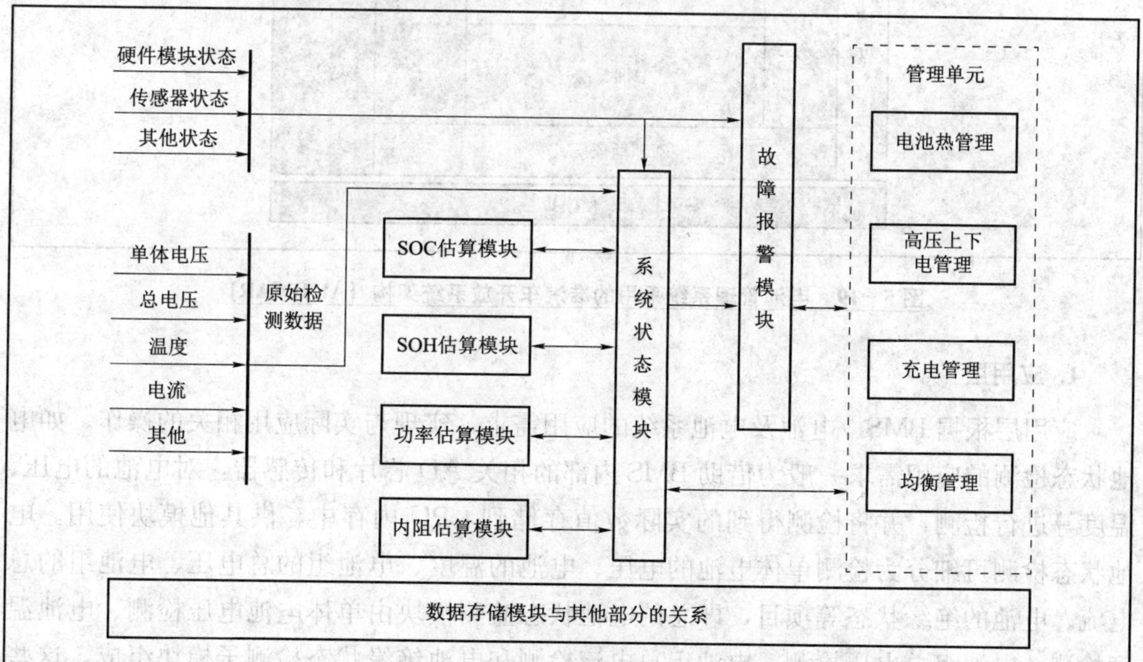

图 5-18　动力电池管理系统各部分间关系

由图 5－18 可以看到，单体电压、总电压、温度、电流等原始检测数据直接由相关硬件模块检测得到，并在检测完成后通过系统状态模块提供的接口更新到系统状态中。硬件状态、电池系统中的传感器状态和其他状态等参数也同样更新到系统状态模块中。SOC 估算模块、SOH 估算模块、功率估算模块和内阻估算模块通过系统状态模块获取所需的电压、电流、温度等数据，并经过估算后输出 SOC、SOH、最大允许功率和内阻的估算值，这些估算值与原始检测数据和状态数据都汇总至系统状态模块，从而得到全面的系统状态信息，包括电池状态、电池包信息、充电状态、电池系统状态、BMS 状态等。系统状态和部分硬件状态输送给故障报警模块进行故障判断，得出故障报警信息。系统状态和故障报警信息提供给管理单元，完成热管理、高压上下电管理、充电管理、均衡管理等工作。数据存储模块为其他各模块提供数据存储的支持，数据的存储通过调用该模块提供的接口完成。动力电池管理系统的软件平台采用准汽车开放系统架构（AUTOSAR），其总体结构如图 5－19 所示。

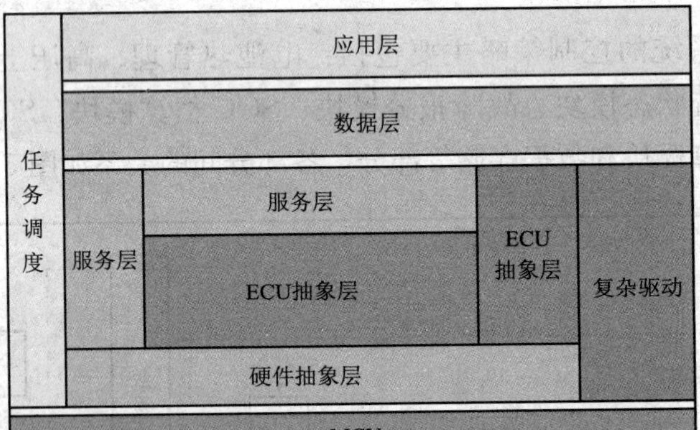

图 5－19　电池管理系统采用的准汽车开放系统架构（AUTOSAR）

1. 应用层

应用层根据 BMS、电池及电池系统的应用需求，实现与实际应用相关的操作。如电池状态检测的应用需求一般为借助 BMS 内部的相关 AD 芯片和传感器，对电池的电压、温度等进行检测，并将检测得到的实际数值存储到 CPU 内存中，供其他模块使用。电池状态检测可细分为检测单体电池的电压、电池的温度、电池组的总电压、电池组的总电流、电池的绝缘状态等项目，即总的电池状态监测模块由单体电池电压检测、电池温度检测、电池组总电压检测、电池组总电流检测和电池绝缘状态检测子模块组成，这些应用模块相当于为其他应用模块（如 SOC 估算）提供了单体电池电压传感器、电池温度传感器、电池组总电压传感器、电池组总电流传感器、电池绝缘传感器等组件。提供内存资源后，模拟的“传感器”即可开始工作，其他应用层模块（如 SOC 估算模块）通过信号接口（如获取单体电压的接口）便可获得所需要的电池状态信息。应用层主要根据车辆的实际应用进行划分设定，不过多考虑具体的实现细节。

动力电池管理系统控制策略的应用层功能模块的划分如图 5-20 所示。应用层主要由传感单元、执行单元、通信单元、数据处理单元和管理单元组成。

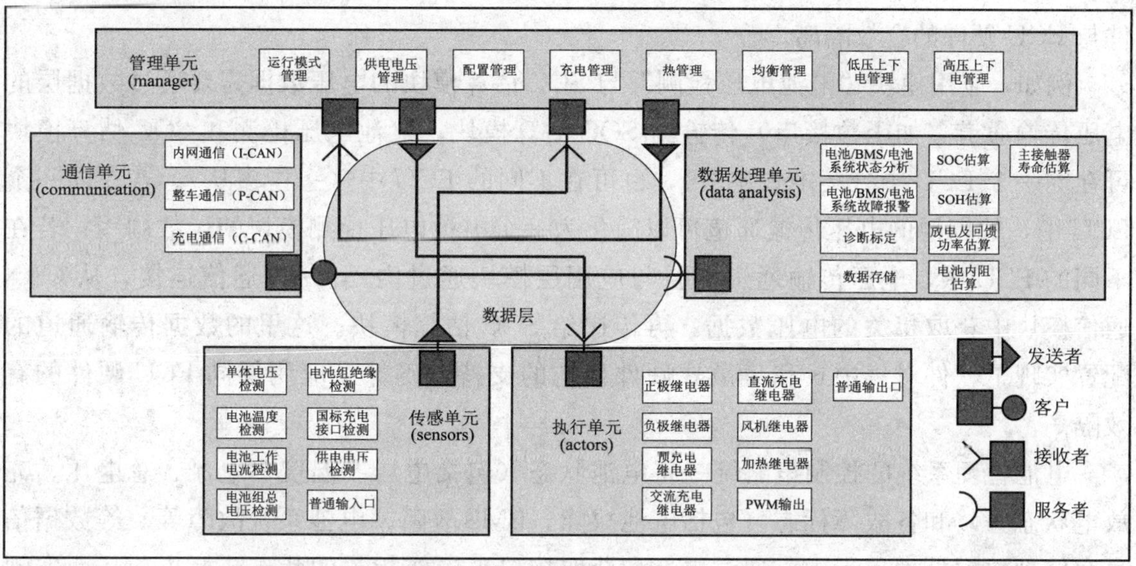

图 5-20　动力电池管理系统控制策略的应用层功能模块的划分

(1) 传感单元。该单元用于实现电池及电池系统的相关检测，包含有单体电压检测、电池温度检测、电池工作电流检测、电池组总电压检测、电池组绝缘检测、国标充电接口检测、供电电压检测、普通输入口等子模块，实现对电池及电池系统的检测。

(2) 执行单元。该单元用于实现对动力电池系统执行机构（如继电器、风机等）的控制，包括正极继电器、负极继电器、预充电继电器、交流继电器、直流充电继电器等高压控制机构及风机继电器、加热继电器、PWM 输出、普通输出口等辅助设备，实现对高压和低压的控制。

(3) 通信单元。该单元用于实现与内网、整车及充电机的通信，为电子控制单元（ECU）的数据交互提供直接的支持。

(4) 数据处理单元。该单元用于集中处理电池的相关数据，包括对单体电压、温度、电流、总电压、绝缘等基本信息的统计和对 SOC、SOH、内阻、放电功率和回馈功率、主接触器寿命等参数的估算，以及进行诊断标定和数据存储。

（5）管理单元。该单元主要借助传感单元、执行单元、通信单元和数据处理单元实现对电池的放电、充电、运行环境、安全和一致性、BMS 系统的工作环境（工作电压）和整个电池系统运行模式的管理，最终满足整车的应用需求。此外，管理单元中还包含有配置单元，用于实现代码的静态配置、动态配置及版本管理。

2. 数据层

动力电池管理系统的数据层是指为应用层各模块之间、应用层与各基础模块（服务层、ECU 抽象层、复杂驱动层）之间提供数据传输接口。通过数据层可以实现应用软件与 ECU 硬件的有效隔离。

例如，应用模块“电池电压检测”与 SOC 估算模块的电压数据需要通过数据层的电压传输通道（如函数接口）传输给 SOC 估算模块，电池电压检测和 SOC 估算模块可在同一个 ECU 中（集中式主板），也可在不同的 ECU 中（一主多从）。若在同一个 ECU 中，数据层的电压传输通道可以简化为一个电池电压检测模块的函数调用；若在不同的 ECU 中，电压传输通道需要与应用层模块通过内网 CAN 通信连接，从 CAN 通信模块中获取相关的电压数据，再传递给 SOC 估算模块。这里的数据传输通道的配置实现了软件对集中式和集散式硬件架构的支持，确保了应用层同 ECU 硬件的有效隔离。

电池管理系统的控制策略统一将电池状态（包括电压、温度、电流、总电压、充放电状态等）和各故障标志（包括电池故障、BMS 故障、电池系统故障等）等数据信息存储到数据处理单元中，通过更新和获取接口来操作相关的状态或标志，从而实现上层的策略、通信与下层的硬件操作的隔离。相关的数据交换均通过周期性的任务调度来实现。

3. 基础模块层

动力电池管理系统控制策略的基础模块层包含了服务层、ECU 抽象层、硬件抽象层及复杂驱动层。其中，服务层为数据层提供基础性的服务（如 CAN 发送、CAN 接收、EE 数据读取、EE 数据存储、看门狗服务等）；ECU 抽象层为服务层提供操作硬件的统一接口，ECU 抽象层中有关 IO 操作的接口直接为数据层提供相关接口，确保了 IO 操作的实时性；硬件抽象层实现与硬件相关的接口及定义；复杂驱动层实现各专用芯片（如电压采样芯片、总电压采样芯片等）的操作服务，同时为数据层提供获取相关数据的接口。需要说明的是，硬件抽象层实现与硬件相关的接口及定义是通过采用 PE 工具自动生成的，PE 工具不仅实现了 CPU 各外围的驱动接口，还建立了软件的运行环境，为各事件驱动模块实现了中断调度接口，该层还定义了 CPU 的资源（Register、RAM、FLASH）分配情况。

4. 任务调度模块

任务调度模块为基础模块层、数据层和应用层提供任务调度接口，主要在定时器和 main 函数中循环执行，调度间隔有 10 ms、20 ms、50 ms 和 1 s，并提供事件型接口。

5. 系统状态处理模块

动力电池管理系统的控制策略将系统状态模块分成多个子模块状态，包括电池状态、电池包信息、充电状态、电池系统状态和 BMS 状态等，分别对这些子模块的状态或数据进行处理，最后形成一个完整的系统状态处理模块，并作为 BMS 控制体系中的一个独立模块，图 5-21 是动力电池管理系统控制策略中的系统状态模块的功能划分。

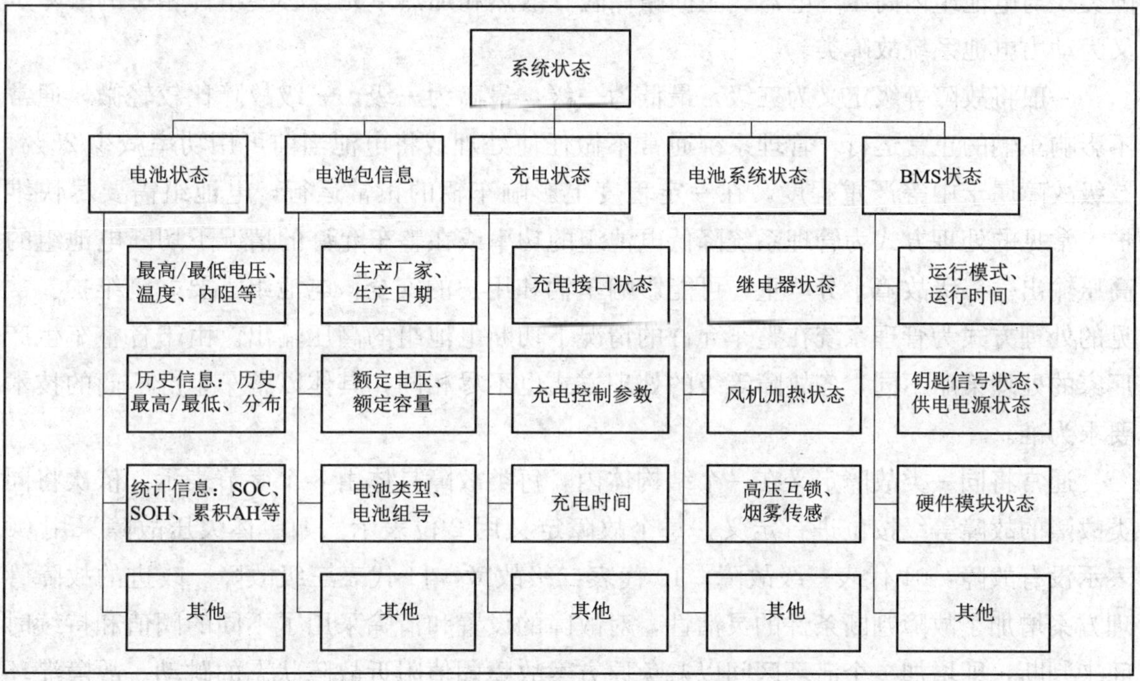

图 5-21　动力电池管理系统控制策略中的系统状态模块的功能划分

（1）电池状态主要包含电池的常规数据、特征数据及特征数据的分布情况，主要新增了特征数据的历史分布状态，如历史最高电压、历史最高温度、最高温度的分布、SOC 的分布情况等。一部分状态数据（如最高/最低单体电压，最高/最低温度等）在模块内部进行计算，另一部分（如 SOC、SOH、内阻等）由其他模块输入。

（2）电池包信息主要包括电池包的生产厂家、生产日期、额定电压、额定容量、电池类型和电池组号等。

（3）充电状态主要是指对充电接口、充电参数、充电过程、充电结束的原因、充电机的输出情况等方面的数据进行检测及分析。

(4) 电池系统状态包含了系统的运行模式、工作状态、绝缘状态、继电器状态、继电器的寿命、风机的状态、加热器的状态及其他传感器的状态。

(5) BMS状态包含了BMS的软硬件版本、协议版本、各硬件模块的工作状态、系统供电电源状态和BMS的运行时间等信息。

6. 故障报警模块

首先对各种故障进行梳理分类，与电池状态相关的故障（如SOC过高、电池电压过高、电池温度过高等）定义为电池状态故障类；与管理系统相关的故障（如电压检测故障、温度检测故障、电流检测故障、实时时钟故障、通信故障等）定义为管理系统故障类；与电池组内高压继电器、主回路保险、散热和加热单元等必要组件相关的故障定义为动力电池系统故障类。

一般将故障等级定义为三级，最低为一级，最高为三级。一级故障比较轻微，通常不影响车辆的正常运行，管理系统通常不做任何处理或将电池当前可用功率减少25%；二级故障属于中等严重程度，在一定程度上影响车辆的正常运行，电池组需要尽快维护。常见的处理方式为管理系统降低电池组的功率或在整车允许的情况下切断电池组的高压输出。三级故障十分严重，可能影响车辆和用户的安全，电池组需要立刻维护。常见的处理方式为管理系统在整车允许的情况下切断电池组的高压输出。由于各整车生产厂家的处理策略不同，各故障等级的处理方式也不尽相同，具体以整车生产厂商的技术要求为准。

通常将同一类故障定义在一个结构体内，每类故障具体由8个字节表示。依次将同类故障的故障等级按位进行定义，每个故障定义用2位表示。如单体欠压故障采用00表示没有故障，01代表一级故障，10代表二级故障，11代表三级故障。改进的故障管理方案增加了故障判断条件的灵活性，对故障的设置和清除采用了不同的阈值和持续时间来判断，即增加一个滞环区间以避免原方案故障阈值附近故障状态的跳动。故障滞环区间指的是对于电池状态低于某阈值的故障，故障设置（下限）的阈值比故障清除（上限）的阈值低一些；对于电池状态高于某阈值的故障，故障设置（上限）的阈值比故障清除（下限）的阈值高一些。一个故障等级需要定义上限和下限两个阈值，同一故障的3个等级最多需要定义6个阈值。故障滞环区间的具体大小（即故障设置阈值与故障清除阈值的差值）根据项目的具体情况定义，也可以采用故障设置阈值与清除阈值相同，无滞环区间兼容原方案的故障处理方式。电池管理系统控制策略的故障报警模块及分类方案如图5-22所示。

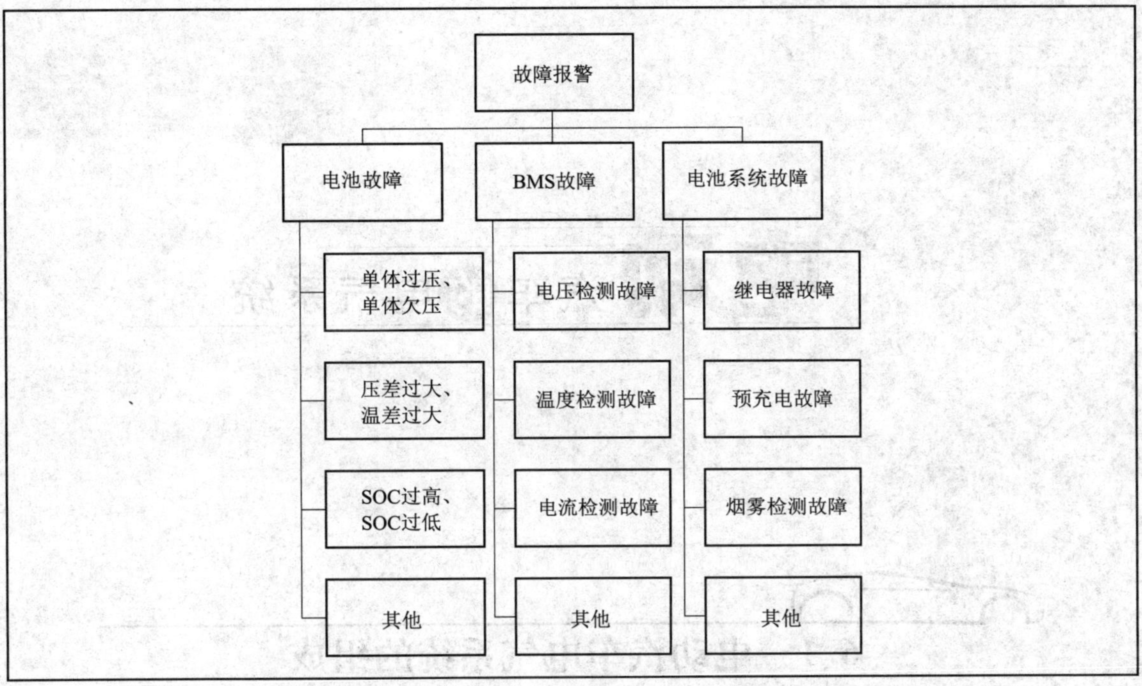

图 5 – 22　动力电池管理系统控制策略的故障报警模块及分类方案

第 6 章

电动汽车的电气系统

6.1 电动汽车电气系统的组成

6.1.1 电气系统概述

电气系统是电动汽车的重要组成部分。根据不同的电压等级和用途，电动汽车电气系统可以分为低电压系统和高电压系统两个部分。低电压系统采用直流 12 V 或 24 V 电源，一方面为灯光、雨刷等车辆的常规低压电器提供电源，另一方面为整车控制器、高压电气设备的控制电路和辅助部件提供电源。高电压系统主要由动力电池（或燃料电池）、电源变换器和驱动电机等大功率、高电压电气设备组成，根据车辆行驶的功率需求完成从动力电池（或燃料电池）到驱动电机的能量变换与传输过程。

1. 低压电气的控制逻辑

以燃料电池电动汽车为例，低压电气系统在为常规电器和控制系统提供电源的同时，还应该根据驾驶员的操作实现各电气设备的顺序与协同工作。图 6 - 1 为低压电气系统的控制逻辑梯形图。

在图 6 - 1 中，低压电气系统的控制对象主要包括氢气泄漏检测单元 J0、常规低压电气系统 TLE、高压电气设备的控制单元和高压电气主回路的继电器 J3 和 J4。当驾驶员操作时，首先闭合氢气泄漏检测开关 K0，如果氢气泄漏检测单元 J0 检测到氢气泄漏浓度达到设定值，常闭触点 J-H2 断开，继电器 J0 断电，其触点 J0-1 不闭合，车辆电气

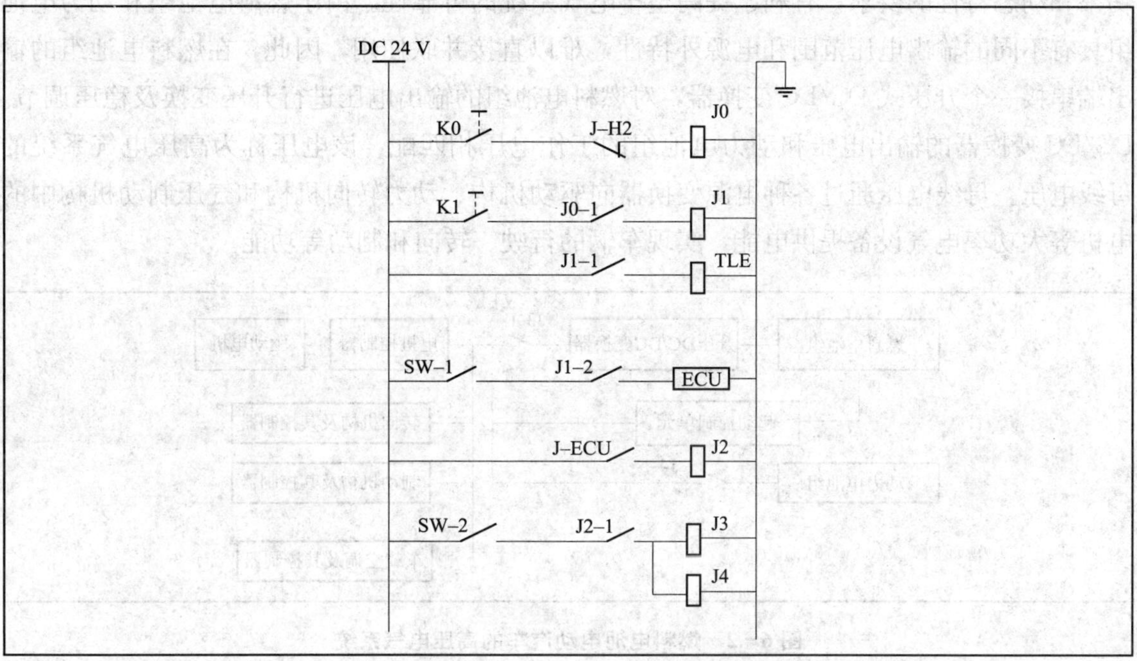

图 6-1　燃料电池汽车低压电气系统的控制逻辑

系统无法向其他设备通电。只有在氢气未发生泄漏、J0 得电、J0-1 闭合的情况下，才能顺序给电气系统供电，具体操作步骤如下。

① 闭合开关 K1，继电器 J1 得电，触点 J1-1 和 J1-2 闭合，24 V 电源给车辆的常规低压电气系统 TLE 供电，可以实现车门、灯光、雨刷等部件的操作；

② 闭合开关 SW-1，24 V 电源给整车控制器（ECU）和电气设备的控制电路供电，ECU 判断各控制电路工作正常后，闭合继电器触点 J-ECU，使 24 V 电源通过触点 J-ECU 给继电器 J2 供电，相应触点 J2-1 闭合；

③ 闭合开关 SW-2，24 V 电源通过触点 J2-1 给高压继电器 J3 和 J4 供电，分别使燃料电池发动机和动力电池接到直流高压总线上。

2. 高压电气系统

根据电动汽车动力系统构型的不同，高压电气系统具有不同的电气部件。同样以燃料电池汽车为例，其高压电气的最大系统是采用燃料电池组和动力电池组构成的双电源结构。燃料电池组是车辆运行的主要动力源，动力电池组是辅助动力源。燃料电池电动汽车的高压电气系统如图 6-2 所示。当采用燃料电池组作为主要动力源时，动力电池组在车辆启动过程中通过启动控制单元为燃料电池组的启动提供能量。车辆在加速过程中，当燃料电池组输出功率不足时，动力电池组放电以补充车辆加速所需能量。当车辆减速和制动时，则由动力电池组吸收制动能量。这种混合动力结构降低了车辆运行中对燃料电池峰值功率和动态特性的要求，有利于提高整车电气系统的可靠性。由于燃料电池组和动力电池组具有不同的输出电压范围和电源外特性，难以直接并联使用，因此，在燃料电池组的输出端串接一个升压式 DC/DC 变换器，对燃料电池组的输出电压进行升压变换及稳压调节。DC/DC 变换器的输出电压和动力电池组的工作电压相匹配，该电压称为高压电气系统的母线电压。母线电压通过各种电源变换器向驱动机构、动力转向机构和气压制动机构中的电机等大功率电气设备提供电能，实现车辆的行驶、转向和制动等功能。

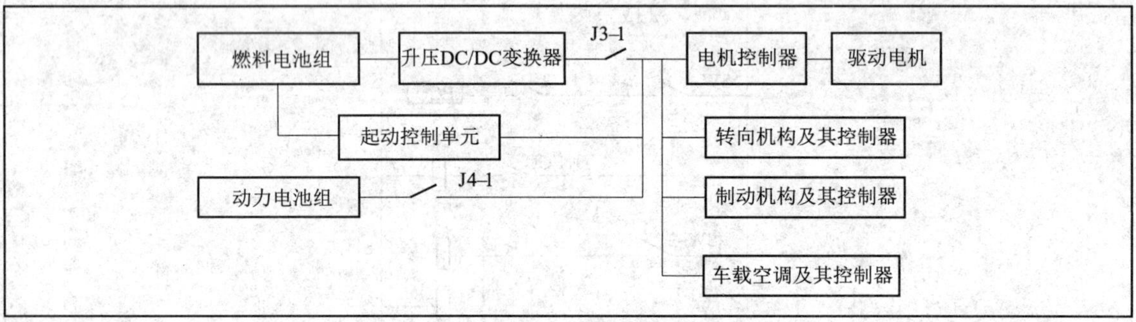

图 6-2 燃料电池电动汽车的高压电气系统

6.1.2 电气系统的组成

电动汽车主要由以下几个部分构成，分别为蓄电池、电池管理系统、充电系统、驱动系统、整车管理系统及车体等。其中，电力驱动及控制系统是电动汽车的核心，也是区别于内燃机汽车的最大不同点。电力驱动及控制系统由驱动电动机、电源和电动机的调速控制装置等组成。电动汽车的其他装置与内燃机汽车基本相同。驱动系统为电动汽车提供所需的动力，负责将电能转换成机械能。电动汽车无论采用何种形式的能源供给方案和驱动方式，其驱动系统都可以分成能源供给子系统、电气驱动子系统和机械传动子系统三部分，其中电气驱动子系统是电动汽车的心脏，主要包括电动机、功率电子元器件及控制部分。

电源为电动汽车的驱动电动机提供电能，电动机将电源的电能转化为机械能，通过传动装置或直接驱动车轮和工作装置。目前，电动汽车上应用最广泛的电源是铅酸蓄电池，但随着电动汽车技术的发展，铅酸蓄电池由于比能量较低，充电速度较慢，寿命较短，逐渐被其他蓄电池所取代。正在发展的电源主要有钠硫电池、镍铬电池、锂电池、燃料电池、飞轮电池等，这些新型电源的应用，为电动汽车的发展开辟了广阔的前景。驱动电动机的作用是将电源的电能转化为机械能，通过传动装置或直接驱动车轮和工作装置。目前电动汽车上广泛采用直流串激电动机，这种电机具有软的机械特性，与汽车的行驶特性非常相符。但直流电动机由于存在换向火花，比功率较小、效率较低，维护保养工作量大，随着电机技术和电机控制技术的发展，势必逐渐被直流无刷电动机（BCDM）、开关磁阻电动机（SRM）和交流异步电动机所取代。

电动机调速控制装置是为电动汽车的变速和方向变换等设置的，其作用是控制电动机的电压或电流，完成电动机的驱动转矩和旋转方向的控制。早期的电动汽车上，直流电动机的调速采用串接电阻或改变电动机磁场线圈的匝数来实现。因其调速是有级的，且会产生附加的能量消耗或使电动机的结构复杂，现在已很少采用。目前电动汽车上应用较广泛的是晶闸管斩波调速，通过均匀地改变电动机的端电压，控制电动机的电流，来实现电动机的无级调速。在电子电力技术的不断发展中，它也会逐渐被其他电力晶体管斩波调速装置所取代。从技术的发展来看，伴随着新型驱动电机的应用，电动汽车的调速控制转变为直流逆变技术的应用，将成为必然的趋势。

在驱动电动机的旋向变换控制中，直流电动机依靠接触器改变电枢或磁场的电流方向，实现电动机的旋向变换，这使得电路复杂、可靠性降低。当采用交流异步电动机驱动时，电动机转向的改变只需变换磁场三相电流的相序即可，可使控制电路简化。此外，采用交流电动机及变频调速控制技术，使电动汽车的制动能量回收控制更加方便，控制电路更加简单。

电动汽车传动装置的作用是将电动机的驱动转矩传给汽车的驱动轴，当采用电动轮驱动时，传动装置的多数部件常常可以忽略。因为电动机可以带负载启动，所以电动汽车上无须传统内燃机汽车的离合器。因为驱动电机的旋向可以通过电路控制实现变换，所以电动汽车无须内燃机汽车变速器中的倒挡。当采用电动机无级调速控制时，电动汽车可以忽略传统汽车的变速器。在采用电动轮驱动时，电动汽车也可以省略传统内燃机汽车传动系统的差速器。

行驶装置的作用是将电动机的驱动力矩通过车轮变成对地面的作用力，驱动车轮行走。它同其他汽车的构成是相同的，由车轮、轮胎和悬架等组成。

转向装置是为实现汽车的转弯而设置的，由转向机、转向盘、转向机构和转向轮等组成。作用在转向盘上的控制力，通过转向机和转向机构使转向轮偏转一定的角度，实现汽车的转向。多数电动汽车为前轮转向，工业中用的电动叉车常常采用后轮转向。电动汽车的转向装置有机械转向、液压转向和液压助力转向等类型。

电动汽车的制动装置同其他汽车一样，是为汽车减速或停车而设置的，通常由制动器及其操纵装置组成。在电动汽车上，一般还有电磁制动装置，它可以利用驱动电动机的控制电路实现电动机的发电运行，使减速制动时的能量转换成对蓄电池充电的电流，从而得到再生利用。

工作装置是工业用电动汽车为完成作业要求而专门设置的，如电动叉车的起升装置、门架、货叉等。货叉的起升和门架的倾斜通常由电动机驱动的液压系统完成。

6.2 电动汽车的整车能量管理控制策略

电动汽车的电子控制技术主要由传感器、电子控制单元（ECU）、驱动器和控制程序软件等组成。尽管在不同类型的电动汽车上，电控系统存在一定的区别，但总体来说一般都包括能量管理控制、底盘电子控制、车身电子安全控制和整车控制技术等。

能量管理系统是纯电动汽车、混合动力汽车及燃料电池汽车等新能源汽车的核心组成部分之一，主要由功率分配、功率限制和充电控制三部分组成。其工作原理可以简单归纳为：由电子控制单元根据数据采集电路采集到的电池状态信息及其他相关信息进行数据的分析和处理，并形成最终的指令和信息发送到相应的功能模块。

能量管理系统的功能包括：

① 维持电动汽车所有蓄电池组件的工作，并使其处于最佳状态；

② 采集车辆各子系统的运行数据，进行监控和诊断；

③ 控制充电方式和提供剩余能量的显示。

6.2.1 纯电动汽车的能量管理控制

在纯电动汽车中，动力蓄电池组作为唯一的动力源驱动电动机旋转从而使车辆行驶。当动力蓄电池组容量较低时，可通过车载或外界的充电机进行充电以补充能量。纯电动汽车还具备制动能量再生控制功能。纯电动汽车中能量的流动过程如图 6-3 所示。

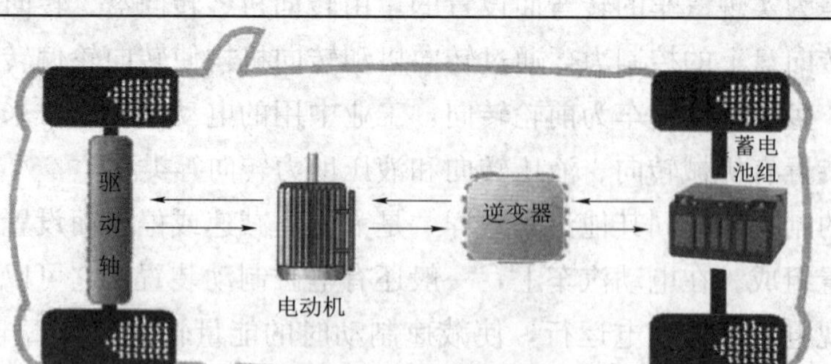

图 6-3 纯电动汽车中的能量流动示意

6.2.2　混合动力汽车的能量管理控制

混合动力电动汽车通过将发动机、电动机和能量储存装置（蓄电池）等组合在一起并对它们进行良好的匹配和优化控制，从而能充分发挥内燃机汽车和电动汽车的优点，避免各自的不足。混合动力汽车在行驶过程中，其控制策略的作用就是在满足车辆行驶的动力性需求等基本性能要求的前提下，根据动力总成各部件的性能特征与汽车的行驶工况，利用混合动力汽车的节能机理充分发挥设计方案的节能潜力，使整车达到燃油经济性和排放等方面的目标性能。能量管理控制策略是混合动力汽车研发的技术核心和设计难点，也是混合动力汽车研发成败与否的关键。

在确定混合动力总成的控制策略时，首先要明确提出控制策略所要达到的目标（即控制目标），然后根据控制目标及对各种控制方式分析比较的基础上，选择出合适的控制方法。

混合动力总成的控制目标主要有以整车油耗和排放最佳为目标和以电池的电量消耗最小为目标两种。以整车油耗和排放最佳为控制目标可以充分发挥混合动力汽车的优势，其控制策略在对车辆运行进行控制的同时还采取措施维持电池的电量状态，以提高电池的循环寿命，从而保证足够的续驶里程，这也是混合动力汽车产品的发展趋势。本节所讨论的混合动力总成的控制目标为在按照驾驶员的意图对动力输出进行调节的前提下，以整车燃油经济性能和排放性能最佳为目标。

混合动力总成的控制方法通常有逻辑门限值控制、动态自适应控制、逻辑模糊控制和神经网络控制四种。其中，逻辑门限值控制方法快速简单，实用性较强，应用广泛，而其他三种控制方法的数据采集和运算量非常大，特别是要实时采集大量的发动机运行数据以计算发动机的最佳油耗点和最佳排放点，并在运行中实时跟踪数值的变化，致使控制系统的软件和硬件过于复杂。此外，后三种控制方法对目标的改善效果依赖于发动机动态模型的精度和对运行数据实时、快速检测的精度，精度的偏差可能会导致目标效果的急剧恶化。因此，混合动力总成控制系统在目前宜采用逻辑门限值控制方法。

并联式混合动力系统在采用逻辑门限值控制方法时，有两种具体的控制策略，分别为限制发动机工作区间的控制策略和加权调节发动机工作区间的控制策略。这两种策略都是通过设定门限值的方式使发动机和电池控制在高效率区间内运行，并提供所要求的转矩。电机作为载荷调节装置，当车辆需要大转矩输出时参与驱动，而在当车辆仅需较小的转矩输出时则吸收发动机的剩余转矩进行发电，并将电池组的电量状态维持在高效率区间内。

串联式混合动力系统在采用逻辑门限值控制方法时主要采取限制发动机工作区间的控制策略，通过设定门限值，将发动机和电池的工作区限制在高效率区间，独立或联合为电机提供电功率。电池作为电功率调节装置，当车辆处于加速或爬坡等动力需求较高的工况时输出电功率；当车辆动力要求不高时，则可以利用发动机的富余功率充电，将电量状态维持在一定范围内。

对于混联式混合动力系统（其驱动装置采用行星齿轮机构）在采用逻辑门限值控制方法时主要采取限制发动机工作区间的控制策略，根据动力源的瞬时状态参数（如转速）、电池参数（SOC）及整车参数（如车速）等设定门限值，保证动力源的功率输出满足整车的动力需求，从而实现驾驶员的意图。

在控制策略研究结果的基础上，通过研究整车对控制系统的要求，完成控制系统的方案设计，主要包括控制系统的硬件设计和软件设计。

1. 硬件结构的功能要求

硬件结构方案的设计是以整车对混合动力总成控制系统的要求为基础的，整车对控制系统的要求主要有以下几个方面。

(1) 混合动力总成必须按照驾驶员的意图输出驱动或制动转矩。当驾驶人踩下加速或制动踏板时，混合动力总成要输出一定的驱动转矩或再生制动转矩。踏板开度越大，混合动力总成输出的转矩就越大。因此，控制系统需要能够接收踏板开度信号并将其转换为对混合动力总成的转矩输出要求。

(2) 混合动力总成中各动力元件的动力输出必须可控。动力元件要根据控制指令进行相应的动力输出或状态转换。因此控制系统中要包含动力元件的控制单元以实现接收控制指令信号，调节动力元件的动力输出和状态转换等功能。

(3) 混合动力总成的控制系统必须根据踏板开度信号和动力元件的反馈信号计算各动力元件的工作状态和动力输出要求，并输出控制指令给动力元件的控制单元。

2. 控制系统软件的结构方案设计

在控制系统硬件结构方案的基础上，提出控制软件的功能要求。不同模式的混合动力系统在控制软件的功能要求上是有所差别的。

1) 并联式混合动力系统控制软件的功能要求

(1) 将踏板开度信号转换为对混合动力总成的转矩输出要求。控制软件需要确定踏板开度与转矩输出要求间的关系，处于制动工况时还要确定再生制动转矩与机械制动转矩的分配比例及前后轮制动力矩的分配比例。

(2) 确定发动机的工作状态。控制软件需要根据行驶工况要求和发动机在不同工作区间的效率，以发动机工作在高效率区间为目标，决定发动机处于运行还是停机状态。

(3) 确定发动机的转矩输出。控制软件需要根据行驶工况要求和发动机的工作状态调节发动机，使其在高效率区间内运行，从而确定发动机的转矩输出。

（4）确定电机的转矩输出。控制软件需要根据行驶工况要求和发动机的转矩输出调节电机的转矩输出，以满足车辆的转矩输出要求，从而确定电机的转矩输出。

2）串联式混合动力系统控制软件的功能要求

（1）将踏板开度信号转换为对混合动力总成的转矩输出要求。这一点与并联式混合动力系统的软件功能要求相同。

（2）确定电动机的电功率输入和转矩输出。由于串联式混合动力汽车采用电动机作为唯一的动力输出装置，因此需要确定混合动力总成的转矩输出要求与电动机的转矩输出之间的关系，根据电动机的转矩输出要求确定相应的电功率输入。

（3）确定发动机-发电机组的工作状态。根据电动机的电功率输入要求和发动机在不同工作区间的效率，以发动机工作在高效率区间为目标，确定发动机-发电机组处于运行或停机状态。

（4）确定发动机-发电机组的转矩输出。根据电动机的电功率输入要求和发动机-发电机组的工作状态，调节发动机使其在高效率区间运行，从而确定发动机的转矩输出。

目前世界各国研究开发的混合动力电动汽车有不同的结构形式，根据其驱动系统的配置和组合方式的不同，可以分为串联式、并联式和混联式三种动力组合方式。

1）串联式驱动系统

串联式混合动力驱动方式中的能量流动如图 6－4 所示。串联式混合动力汽车通常将发动机和发电机集成为一体，由发动机带动发电机发电，产生的电能通过控制器直接输送到电动机，由电动机产生转矩驱动汽车。电池实际上起到平衡发动机输出功率和电动机输入功率的作用，即当发电机的发电功率大于电动机所需的功率时，控制器则将发电机的富余功率用于为电池充电，使其转换为电能储存起来；当发电机输出的功率低于电动机所需的功率时，电池则向电动机提供额外的电能。串联式混合动力系统使用一个较小的发动机在效率最高的转速范围内工作，因而能够最大限度地改善燃油经济性和减少排放。

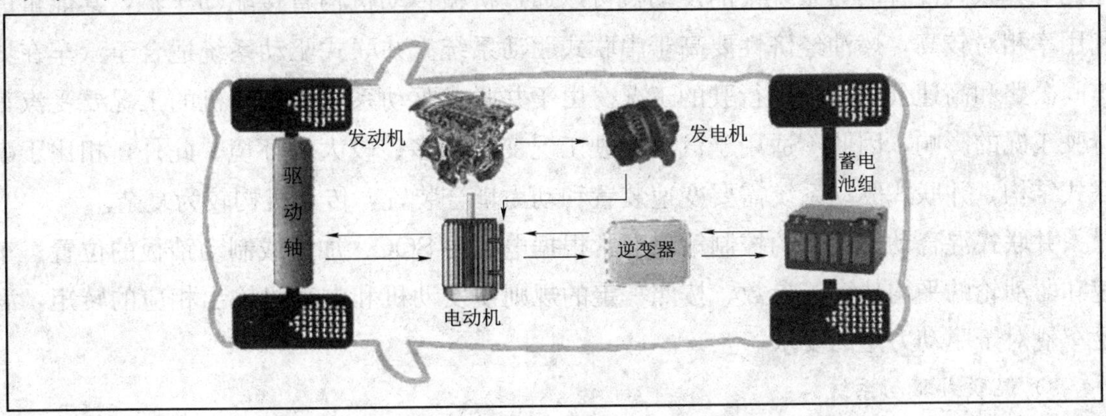

图 6－4　串联式混合动力驱动方式中的能量流动示意

由于串联型混合动力汽车的发动机与汽车的行驶工况没有直接联系，因此其控制策略的主要目标是使发动机在最佳效率区间和排放区间内工作。串联型混合动力汽车有以下两种基本的控制模式。

① 恒温器式控制模式。当蓄电池的荷电状态（SOC）降到所设定的低门限值时，发动机启动，在最低油耗点或排放点按恒定功率输出，一部分功率用于满足车辆的驱动要求，另一部分功率为蓄电池充电；而当蓄电池组的 SOC 上升到所设定的高门限值时，发动机关闭，由电池组为电动机提供能量驱动车轮。在这种模式中，蓄电池组要满足所有对于瞬时功率的要求，但蓄电池组的过度循环所引起的损失可能会降低发动机优化所带来的增益，因而此种模式对发动机比较有利而对蓄电池不利。

② 功率跟踪式控制模式。该方式主要根据电池的 SOC 和负荷确定发动机的开关状态和输出功率的大小，从而满足车辆的功率需求。当发动机功率需求小于输出功率时，将发动机的输出功率调整为最小值；当 SOC 高于下界，汽车总的需求负荷未超出电池容量但超过发动机最大功率，则发动机输出功率调整为最大值。发动机的功率紧随车轮驱动功率的变化，这与传统内燃机汽车的运行相似。

这两种控制模式相比较，恒温器式控制模式的发动机一般工作在最佳油耗点附近，功率跟随式的发动机一般工作在最佳经济性工作线附近。相比而言，前者发动机的平均工作效率要高，但功率跟随式控制策略在动力性和燃油经济性方面有较好的综合性能。上述两种控制模式可以结合起来使用，其目的是充分利用发动机和电池的高效率区，使其达到整体效率最高。

2）并联式驱动系统

并联式混合动力驱动系统的结构如图 6－5 所示，汽车可由发动机和电动机共同驱动或各自单独驱动。如果电动机仅作为辅助驱动用途时，其功率比较小。与串联式结构相比，并联式混合动力系统中的发动机可以通过机械传动机构直接驱动车辆，其能量的利用率相对较高，燃油经济性要高于串联式驱动系统。并联式驱动系统适合于汽车在城市间公路和高速公路上稳定行驶的工况。由于并联式驱动系统中发动机的工况要受汽车行驶工况的影响，因此不适用于汽车行驶工况变化较多、较大的环境。此外，相比于串联式结构，并联式驱动系统需要变速装置和动力耦合装置，传动机构较为复杂。

并联式混合动力汽车的控制策略通常根据电池的 SOC、加速或制动踏板的位置、车速和驱动轮的平均功率等参数，按照一定的规则使发动机和电动机输出相应的转矩，满足车辆对于驱动力矩的要求。

3）混联式驱动系统

混联式驱动系统是串联式与并联式的综合。发动机的功率一部分通过机械传动机构

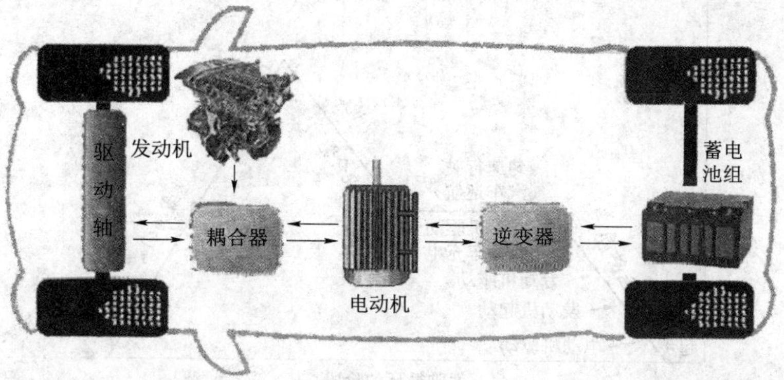

图 6－5　并联式混合动力驱动系统的结构

输送给驱动桥，另一部分则驱动发电机发电。发电机发出的电能输送给电动机或电池，电动机产生的驱动力矩通过动力耦合装置传送给驱动桥。混联式驱动系统的控制策略为：在汽车低速行驶时，驱动系统主要以串联方式工作；而当汽车高速、稳定地行驶时，则以并联工作方式为主。在混联式驱动系统中，发动机的工作不受汽车行驶工况的影响，能够在最高效率状态下工作或自动关闭，使汽车在任何时候都可以实现低排放及超低油耗，达到良好的环保和节能效果。这种方式能较好地实现汽车的各项性能需求，但控制技术复杂，结构设计与制造要求高。

根据能量供给方式的不同，并联式混合动力系统的基本工作模式可分纯电动驱动模式、纯发动机驱动模式、行车充电模式、混合驱动模式、减速/制动能量回馈模式和怠速/停车模式等几种类型。驾驶循环中的不同阶段所对应的工作模式如图 6－6 所示。

（1）纯电动驱动模式。当动力电池的荷电状态（SOC）高于下限值且车辆处于轻载起步工况时，分离发动机与传动系统间的离合器，切断发动机的动力并停机，由动力电池提供汽车起步所需的能量并由电动机驱动车辆运行。如果该工况以发动机作为动力源来驱动汽车（即处于传统内燃机汽车的起步工况时），由于发动机在低速工况时燃烧不良，热效率较低，会导致发动机在这一阶段的排放性能很差，油耗也很高。但当动力电池的电量低于下限值时（即 $SOC<SOC_{low}$时），则必须由发动机提供起步时所需的动力，车辆工作模式也切换到行车充电模式。

（2）纯发动机驱动模式。在正常行驶工况下，车辆克服路面阻力所需的动力较小，一般情况下主要由发动机提供动力。

（3）行车充电模式。当动力电池的电量比较低时，发动机除了要提供克服路面阻力

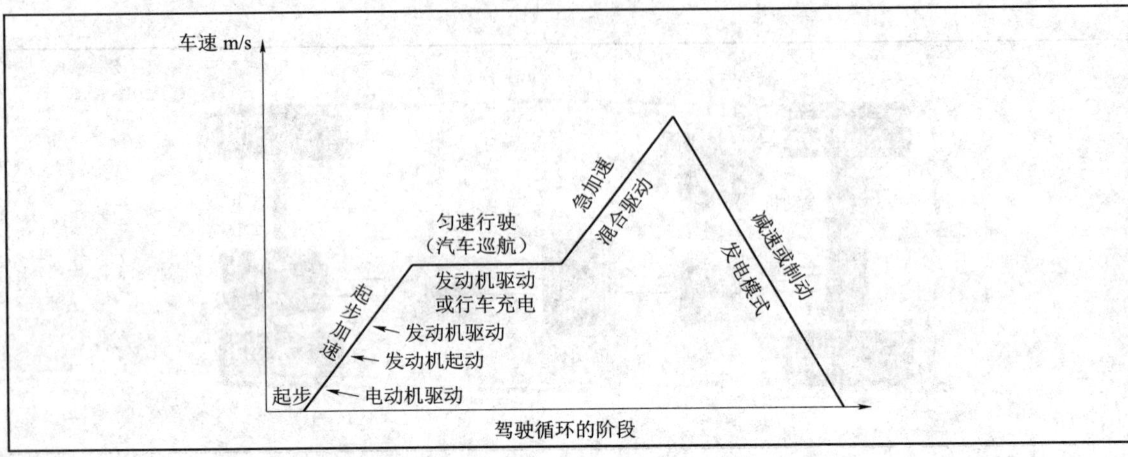

图 6-6　驾驶循环的不同阶段所对应的工作模式

所需的动力外，还要提供额外的动力驱动发电机发电，将部分机械能转换成电能储存在动力电池中，以备其他工况使用。

（4）混合驱动模式。在加速行驶或爬坡等大负荷工况下，当车辆行驶所需的动力超过发动机的经济油耗时，动力电池输出能量驱动电动机向车辆提供辅助动力。当动力电池的 SOC 较低时，电动机不再工作，发动机满功率运行以提供最大的动力输出，此时车辆处于纯发动机工作模式。

（5）减速/制动能量回馈模式。车辆在减速/制动工况时通常有两种工作模式，一种是只通过电机的反拖作用使车速缓慢下降并回收大部分减速制动能量；另一种模式是在有较急迫的制动需求时，通过电机反拖和机械制动系统的联合作用使车速迅速下降，制动能量的一部分通过电机回收储存在电池组中，另一部分则通过机械制动系统的摩擦作用转化为热能。

（6）怠速/停车模式。在怠速/停车模式下混合动力驱动系统中没有能量流动，通常情况下发动机和电动机均处于停机状态。但当动力电池的 SOC 比较低时，发动机需启动并于经济工作区间运行为动力电池充电，以备需要时使用。

6.2.3　插电式混合动力电动汽车的能量管理

在给定的行驶里程和驾驶循环条件下，对于混合型 PHEV，由于不存在纯电动续航里程，因此其能量管理的目标是在给定的驾驶循环和蓄电池总能量条件下，使油耗最小。这与能量源（蓄电池和发动机）的特性紧密相关。

图 6-7 所示为用于能量管理研究的理想化混合型 PHEV 的模型。在这个模型中，机械耦合装置和变速器的功率损失计入到车辆需求功率中，车辆需求的总功率由发动机

输出功率和电动机输出功率相加得到。

小写字母 p 表示损失的功率，大写字母 P 表示总功率或输出功率。

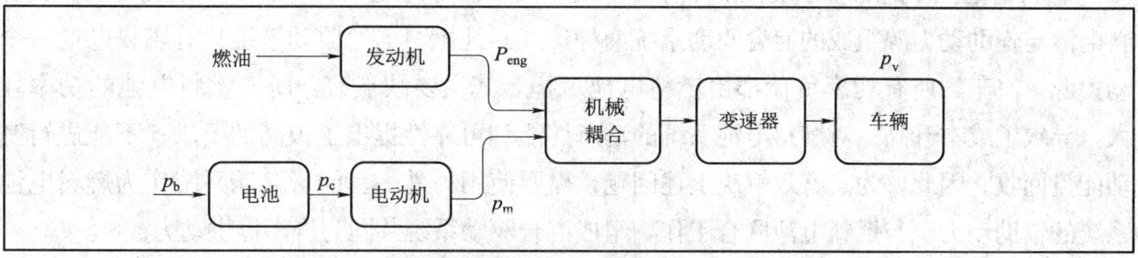

图 6-7　用于能量管理研究的理想化混合型 PHEV 模型

车辆需求功率可以使用驾驶循环工况曲线计算得到。图 6-8 所示为某乘用车在美国 EPA 的 UDDS 城市循环工况下行驶所需功率的分布情况。图 6-9 所示为额定需求功率的分布情况，其中 $f(P_0)/s$ 指车辆处于某一需求功率 P_0的次数。

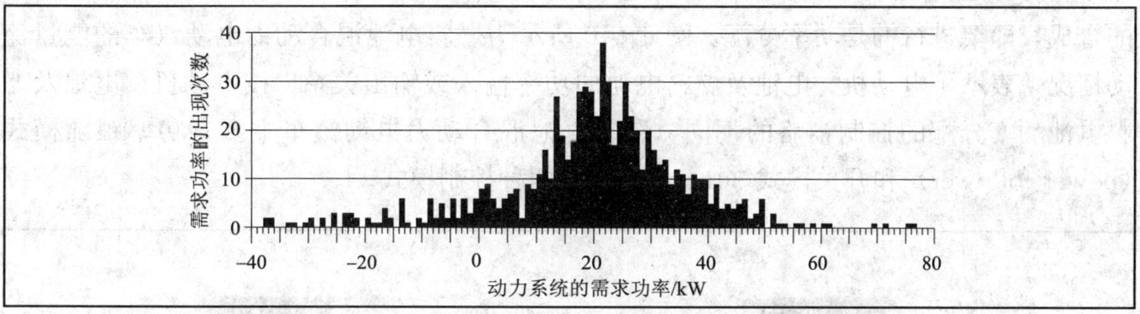

图 6-8　某乘用车在美国 EPA 的 UDDS 城市循环工况下行驶所需功率的分布情况

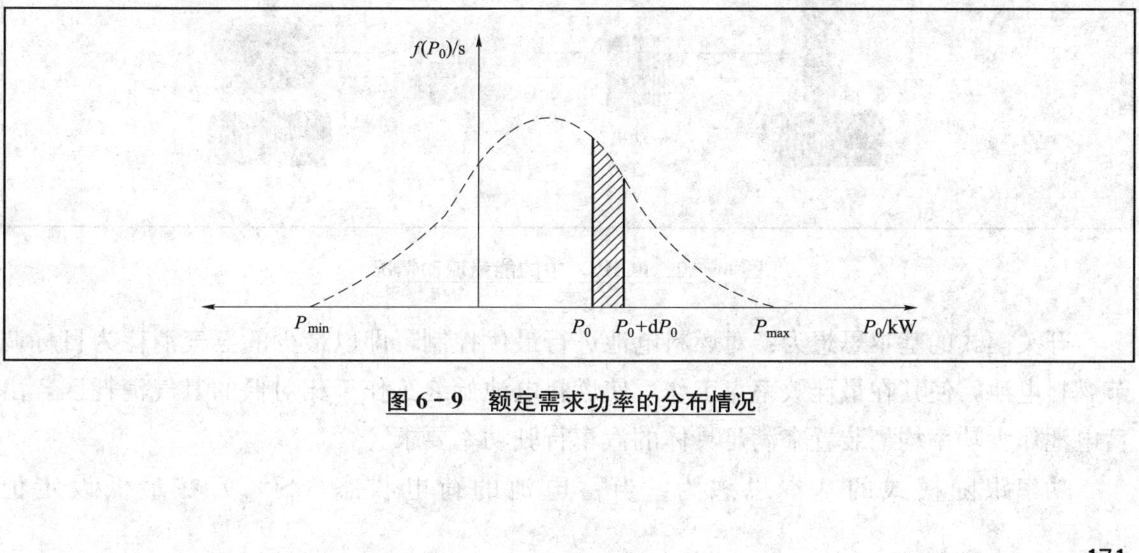

图 6-9　额定需求功率的分布情况

6.2.4 燃料电池汽车的能量管理控制

燃料电池汽车的驱动系统按照工作方式的不同可以分为纯燃料电池（FC）驱动系统和燃料电池与辅助动力源组成的混合驱动系统两种形式。纯燃料电池驱动系统只有燃料电池一个动力源，汽车的所有功率负荷都由燃料电池承担。其主要缺点有：所需燃料电池的功率较大，导致了成本升高；对燃料电池系统的动态性能和可靠性提出了很高的要求；不能进行制动能量回收。因此，为了有效解决上述问题，需要使用另外一套能量存储系统作为燃料电池系统的辅助动力源与燃料电池联合工作，组成混合驱动系统共同为汽车提供动力。

在采用混合驱动系统的燃料电池汽车中主动力源是燃料电池（FC），可应用的辅助动力源有蓄电池（B）、超级电容器（UC）和超高速飞轮（FW）等。燃料电池和辅助动力源组成的混合驱动系统主要有 FC+UC、FC+FW、FC+B 和 FC+B+UC 等几种形式。目前，各大研究机构普遍研究的是 FC+B 混合驱动形式。

传统的内燃机混合动力汽车采用内燃机与电动机驱动力的合成来使车辆行驶（即对两个动力源进行动力分配），而在燃料电池混合动力电动汽车（FCHEV）中则是电与电的合成，即要进行的是功率分配。图 6-10 所示为燃料电池混合动力电动汽车的能量流动情况，表示了电动机、电池及燃料电池的功率输入或输出关系。按电动机、电池及燃料电池功率分配的控制策略的不同，燃料电池混合动力电动汽车主要有功率跟随模式（power follower）和开关模式（thermostat）两种控制模式。

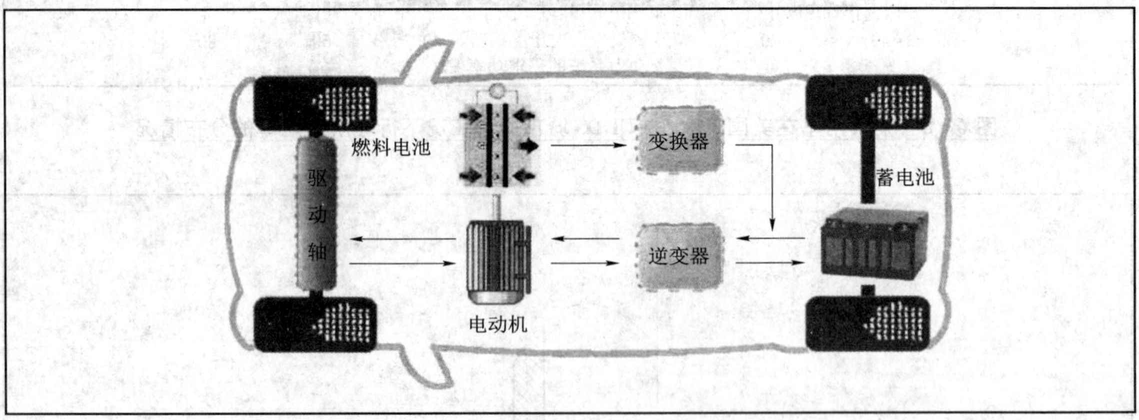

图 6-10 FCHEV 中的能量流动情况

开关模式的基本思想为：对燃料电池进行最优控制，即以最少的氢气消耗为目标调节燃料电池，使其在最佳效率点工作，使燃料电池始终工作于相对低的氢气消耗区，由蓄电池作为功率均衡装置来满足具体的汽车行驶功率要求。

功率跟随模式的基本思想为：当蓄电池的荷电状态（SOC）在最低设定值

(SOC_{low}）与最高设定值（SOC_{high}）之间时，燃料电池在某一设定的范围内输出功率，所输出的功率不仅要满足驱动车辆的要求，还要为电池组充电，该功率称为均衡功率（即对蓄电池进行能量补充，使其处于最佳的 SOC 区间）。

6.3　电动汽车的车载充电技术

6.3.1　充电机的分类

充电机通常是指将交流电转换为低压直流电为动力电池补充能量的装置。充电机按照输出功率的不同可以分为小功率充电机（250～500 W）、中等功率充电机（500～1 000 W）和大功率充电机（大于 1 000 W）三种。

1. 按照电能传输的方式划分

按照是否与电网直接接触，充电机又可以分为传导式充电机和感应式充电机。传导式充电机通过连接电缆进行电能传输，具有结构简单、成本较低、传输效率高等优点。

传导式充电机的工作过程类似于内燃机汽车的加油，内燃机汽车通过将加油嘴与油箱口连接实现加油为车辆补充燃料，而电动汽车则通过将充电插头连接到充电机为车上的动力组充电实现能量的补充。图 6－11 为插电式混合动力版本的普锐斯车型，该车型配备锂离子电池组，在 230 V 的电压下只用 1.5～2 h 即可充满。

图 6－11　插电式混合动力版本的普锐斯车型

感应式充电机，电动汽车与电网或能量装置没有直接接触和物理连接，而是通过变压器感应耦合磁路进行能量的传递。感应式充电机的结构复杂，但通用性强，而且更为安全可靠。感应式充电技术也叫无接触能量传输，就是将传统变压器的感应耦合磁路，分别绕成初、次级绕组，使电源与负载之间不需要物理连接就可以传递能量。因此不要求充电机与电动汽车之间有导体相连，从而优化电动汽车的充电通用性，自动充电更加安全便捷。交流电先经过整流滤波再送到高频逆变单元转换为高频交流电，再由初级耦合到次级，再次经过高频整流，得到直流电。在这个对电池充电过程中，电池的电流、电压和温度等物理量需要通过对应的传感器采集，无线传递到感应耦合器的初级，进而构成反馈控制。图 6-12 为感应式充电系统的结构。

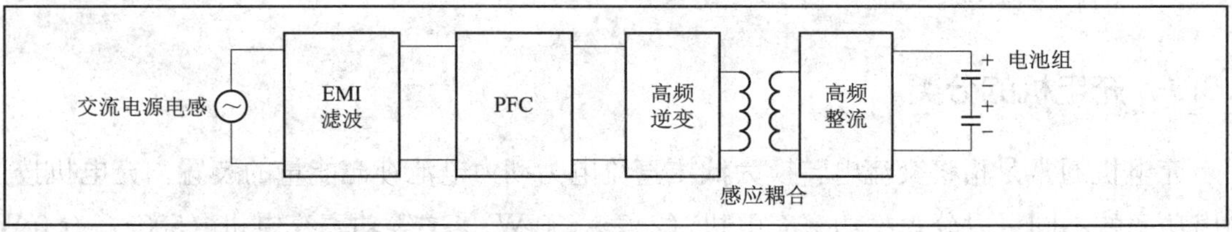

图 6-12　感应式充电系统的结构

图 6-13 为宝马公司开发的无线感应充电系统，该系统将被应用于宝马的 i 系列电动汽车及插电式混合动力汽车上。宝马公司研发的无线充电系统包含两个部分，分别为安装在汽车底盘上的次级线圈和安装在地面上的初级线圈，电能通过这两个线圈间的交变磁场传递。该系统的充电速率可达 3.6 kW/h，未来则有望提升至 7 kW/h。宝马公司认为这一系统的充电效率可达到 90%以上。

图 6-13　宝马公司开发的无线感应充电系统

2. 按照安装的位置划分

对于充电机是否安装在电动汽车上，可分为固定式充电机和车载式充电机。固定式充电机一般是指在充电站里的大型充电机，能够实现大功率和快速充电。然而其充电效果并不理想，存在充电时间长、充电效率低和充不满等问题。同时，充电控制系统的故障也不少，多数充电机与电池不匹配。车载充电机安装在电动汽车内部，其功率较小，但能够完全按照车载蓄电池的种类进行针对性设计，因此与电池具有非常高的匹配度。此外，安装有车载充电机的车辆可以在住宅小区、停车场及路边等提供电源的地方即用即充，具有良好的便捷性。因此，在如今充电站并未大规模建设和普及的情况下，车载充电机还是具有很好的发展潜力。

车载充电机是纯电动汽车的车载部件之一，不仅要提供高质量的充电电压和电流，而且对防水、防尘、防震和电磁兼容性（EMC）等方面提出更高的要求，同时较为严格地限制其重量、体积。所以，车载充电机在设计中应将可靠性作为最主要的性能指标。

车载充电机的可靠性要求主要有以下几个方面。

(1) 防水和防尘。由于车载充电机一般安装在电动汽车的底盘上，接近地面，所处的工作环境比较恶劣，并且充电机中的控制电路和功率器件不具备防水、防尘的功能，因此其外壳应为密封式结构，以确保能够有效地避免雨水和灰尘的影响。

(2) 具备良好的电磁兼容性（EMC）。随着电子设备在现代汽车上的应用日趋增多，车辆的电磁兼容问题也显得更加重要和突出。由于车载充电机的功率变换电路开关频率比较高，会不可避免地产生电磁干扰，因此其控制电路应对来自车载干扰源外界的电磁干扰具有一定的承受能力。

(3) 良好的抗震性能。根据国家标准 GB/T 2423.34—2005《电工电子产品环境试验　第 2 部分》的规定，车载设备在 10～500 Hz 的振动环境条件下，部件应无损，紧固件应不松脱。

(4) 体积小、质量轻。受汽车空间和整车质量的限制，车载充电机在设计中对质量和体积有较为严格的要求。采用先进的高频软开关技术不仅能够减少功率器件的损耗，而且还能达到缩减体积和质量的要求。

6.3.2　充电机的组成

车载充电电源将电网的交流电源变换为适合蓄电池使用的直流电，采用接触式充电方式，对蓄电池采用阶段式充电方法。充电机通常由以下几个部分组成，包括主电路部分、辅助电源部分、APFC 控制部分、DC/DC 控制部分和辅助电源控制部分等，充电机的组成和各部分之间的逻辑关系如图 6-14 所示。

6.3.3　动力电池的充电方法

车载充电机可以采用多种方法对蓄电池充电，主要有恒压充电法、恒流充电法、阶段式充电法、脉冲式充电法及正负脉冲充电法等。

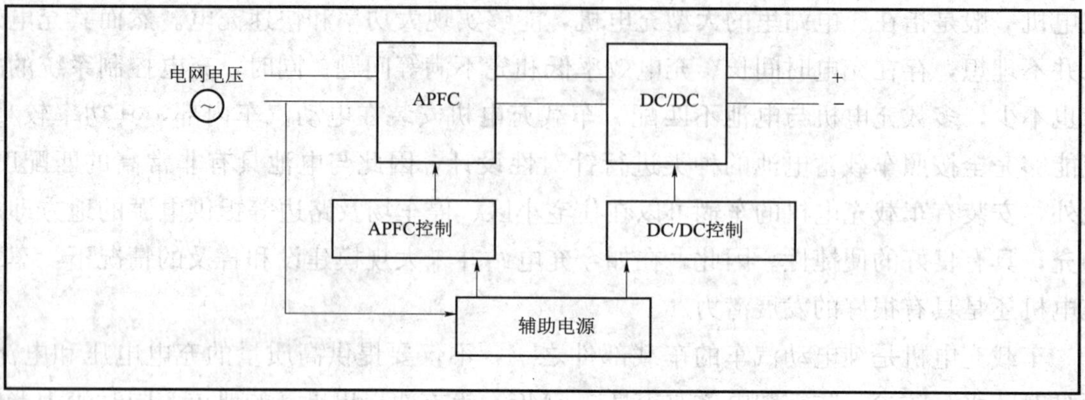

图 6-14　充电机的基本组成和各部分间逻辑关系

1. 恒压充电法

恒压充电法的电压、电流曲线图如图 6-15 所示，在整个充电时间内，充电机的电压不变，在充电初期，由于蓄电池的电动势较低，会产生很大的充电电流，随着充电过程的进行，充电电流随蓄电池端电压的升高将逐步变小。恒压充电法的控制相对简单，但充电初期的大电流可能会严重影响蓄电池的使用寿命。

2. 恒流充电法

恒流充电法的电压、电流曲线图如图 6-16 所示，恒流充电法的控制方法相对简单，即在充电过程中使充电电流保持不变，通过调节充电机的电压输出来对充电过程进行控制。随着充电过程的进行，充电电压将逐渐升高，当电池电压达到一定值时，则认为电池充满，充电过程结束。考虑到电池承受电流的能力随着充电时间的增加而逐渐降低，因此在充电后期，本来恒定的充电电流相对于电池逐渐降低的承受力而言将会放大，不利于蓄电池的使用维护。

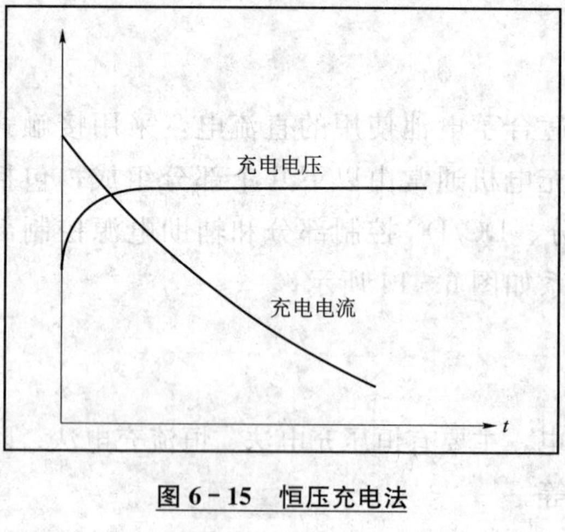

图 6-15　恒压充电法

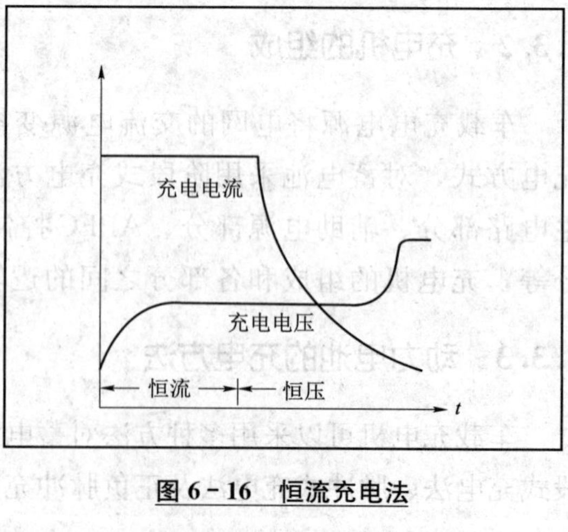

图 6-16　恒流充电法

3. 阶段式充电法

阶段式充电法又可以分为两阶段充电法和三阶段充电法两种类型。两阶段充电法采用恒流模式和恒压模式以达到快速充电的目的。在充电开始后，首先以恒流方式进行充电，当电池的端电压达到一定数值则转为恒压充电直至完成充电过程。两阶段充电技术在近年来发展较快，通过最大限度地增加蓄电池的化学反应，减轻蓄电池正负极板的极化现象，同时减少蓄电池充满的时间，从而提高蓄电池的充电效率。

三阶段充电法则是在充电开始和结束时采用恒流充电，中间阶段采用恒压充电。当电流衰减到预定值时，由第二阶段转换到第三阶段。这种方法可以大大减轻电池极板的极化现象，但充电速度会受到一定的限制。三段式充电法的电流、电压曲线图如图 6－17 所示。

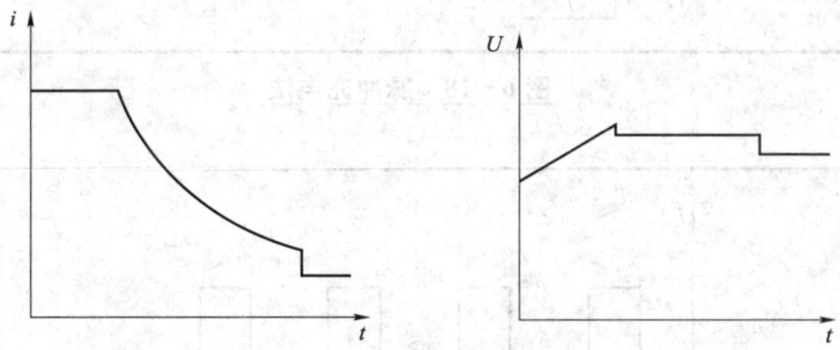

(a) 充电电流曲线　　(b) 充电电压曲线

图 6－17　三阶段式充电法

4. 脉冲式充电法

脉冲式充电法的电流曲线图如图 6－18 所示。脉冲式充电法按照一定的间隔使用脉冲电流对电池进行循环间歇充电。在充电过程中，脉冲令蓄电池充电，无脉冲电流期间蓄电池内部发生化学反应，可以消除极化现象，蓄电池内压的减少，使之可以进行更为顺利的脉冲充电，从而充电量被蓄电池吸收。脉冲式充电方式增加了蓄电池内部化学反应的时间，能够进一步提高蓄电池的充电电流接受率，从而消除了蓄电池充电指数接受曲线的限制。因而优于前几种充电方式，也是蓄电池充电理论发展的新方向。

5. 正负脉冲充电法

正负脉冲充电法的电流曲线图如图 6－19 所示，正负脉冲充电法在每个充电周期中，蓄电池经过了正脉冲充电、负脉冲放电和无脉冲三个阶段，首先以一个幅值较大的恒定正脉冲电流对电池充电，接着对电池施以一个幅值更大但持续时间小于正脉冲的恒定负脉冲电流，然后停止脉冲，电池脉冲停止的间歇期自恢复。负脉冲能够令电池放电，减小其极化现象，同时促进吸收热能，在加快充电速度的同时，还能提高电池可接受充电电流的稳定值。

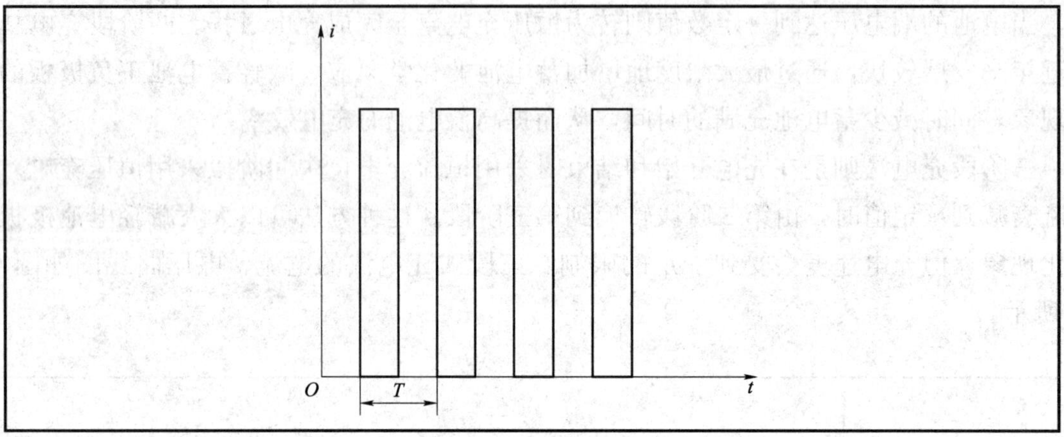

图 6-18　脉冲充电法

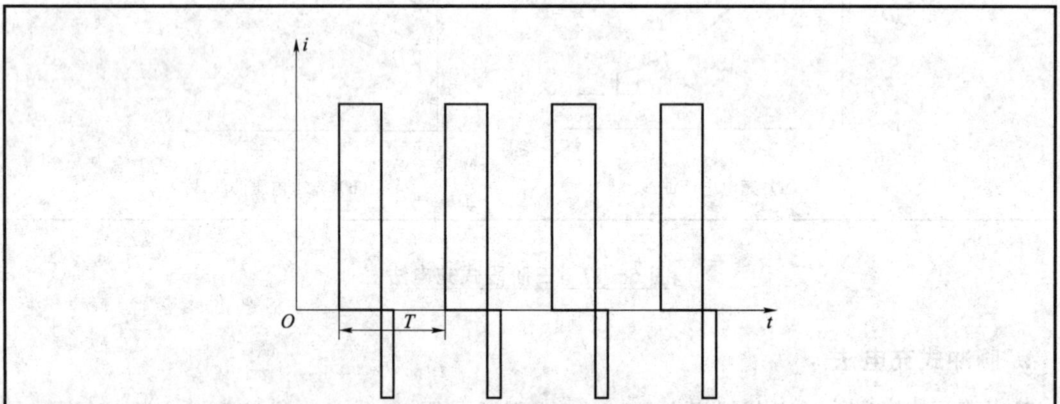

图 6-19　正负脉冲充电法

6.3.4　充电控制方法

充电控制方法主要是指判断电池充电过程结束的方法，主要包括容量控制法、定时控制法、最高电压控制法、电压变化率控制法、最小电流控制法、最高温度控制法和温度变化率控制法等。通过将充电控制方法与基本充电方式相结合可以使蓄电池的充电措施更加完善。

1. 容量控制法

该方法通过实时计算充电过程中电池电量的变化情况来判断是否结束充电过程，当电池的电量达到设定值时，结束充电。由于电池在每次充电前的初始电量值不等，因此需要对充入的电量进行人工设定，这种充电控制策略可以应用于车载充电机，并由电池管理系统（BMS）提供初始电量等数据。但这种控制方式的可靠性目前还受一些因素的制约，如电池组剩余电量（SOC）信息的准确度和跟随时间持续而变小的电池容量等。

2. 定时控制法

受设定的充电时间限制，采用定时器进行计时充电可以方便达到控制要求，具有方法简单、可操作性强等优点。但这种控制策略无法根据电池的充电状态进行自动调整，很容易出现欠充或过充等情况，不利于蓄电池的保养和维护。

3. 最高电压控制法

该方法主要用于恒流充电，在电池的充电过程中，当电池电压达到某一固定值时，则认为电池充满，此时充电过程结束。为了延长电池的使用寿命，充满电池时相应的电压值也是各不相同，如果仅靠设定一个单一的最大电压值来判断充电完成与否，有可能会产生很大的误差。此外，不同厂家生产的不同型号的电池最高电压设定值也有所不同。

4. 电压变化率控制法

该方法根据不同电池的充电特性曲线，通过电压变化率判别是否结束充电过程。电池的端电压随着充电过程的持续而不断改变，依次出现电压升高、电压达到最大、电压趋于平缓、电压负增长等现象，当电池电压的变化与预先设定的变化率相符时，可视作充电过程的终止。这种充电策略受电池种类差别的影响较小，其依据电压变化率曲线得到的判断结果也相对精确。

5. 最小电流控制法

该方法通常与恒压充电法配合使用，在以恒定电压对电池进行充电时，随着电池电压的升高，充电电流逐步减小，当减小到一定值时，则视为电池已经充满，充电过程结束。

6. 最高温度控制法和温度变化率控制法

最高温度控制法和温度变化率控制法也是两个较为常用的终止充电过程的控制策略。温度反映了电池内部的电化学反应程度，是充电过程中的一个重要参数。测取电池的温度较为简单，但由于受到充电方法、环境温度、温度滞后性和传感器精度等因素的影响，测量时易产生误差。因此通常情况下，这两种充电控制策略需要配合其他控制策略的实施，作为停止电池充电过程的辅助判别依据。

6.3.5　充电机的主电路拓扑

充电机的主电路主要承担将电网的交流电源转换为所适宜的直流电输出，从而给蓄电池组充电的功能，一般由整流部分、功率因数校正（PFC）部分、DC/DC变换部分等组成。目前大多数充电机的整流部分都采用二极管整流桥，结构较为简单，因此下述内容将主要对其他两个部分的电路拓扑进行分析。

1. 功率因数校正（PFC）电路拓扑

功率因数校正（power factor correction，PFC）电路的主要功能是提高功率因数和抑制输入电网侧的高次谐波。PFC电路根据是否采用有源器件可以分为有源功率因数校正（APFC）电路和无源功率因数校正（PPFC）电路两大类。

1）无源功率因数校正

PPFC中工作频率一般与输入交流频率一致，对输入电流进行整波相移。PPFC电路结构简单，功率因数不如APFC高，通常可以使功率因数提高到0.7～0.8，而且由于输入低频率电流，电感、电容的体积较大，容易和电网阻抗发生谐振造成电路元件损坏，无法实现对无功功率的动态补偿，对谐波电流的抑制也不理想，因而此方法主要应用于中小功率等级的电源变换器中。

2）有源功率因数校正

APFC工作于高频开关状态，与PPFC相比具有体积小、质量轻，效率高等优点，电网阻抗和负载阻抗不会影响其补偿特性，并且能对变化的谐波进行迅速的动态跟踪补偿，其基本原理就是通过控制电路强迫交流输入电流波形跟踪交流输入电压波形，从而提高功率因素，因此其能够应用于更为广泛的场合，具有良好的发展前景。

APFC的电路拓扑主要有Buck、Boost、Flyback和Buck-Boost四种。

（1）Buck：输入电流不连续，并且纹波较大，滤波效果差，开关管上电压应力较大，只能用于降压输入。

（2）Boost：输入端的储能电感使电感电流连续，能够减少对输入滤波器的要求，抑制电网对主电路的瞬态高频干扰，输出电压峰值比输入电压峰值高，电流畸变率小，其控制方式容易实现，电容储能增加，掉电保护持续时间长，因而得到了广泛的应用，考虑到本设计的功率要求，故应选用此拓扑。

（3）Flyback：采用电压型控制，驱动电路较为简单，输入和输出之间通过变压器隔离，但磁芯会因此产生单向磁化，较难实现磁通复位，并且变压器的利用率不高，因而常用于小功率（100 W及以下）和多输出场合。

（4）Buck-Boost：输入输出电压的脉动较大，为了减小其脉动，可以在输入输出侧增加滤波器。由于开关管上承受的电压应力很大，一般只应用于中小功率输出的场合。

2. APFC的工作模式

一般通过判断电感电流是否连续，将APFC分成三个工作模式：不连续模式

(DCM)、连续模式（CCM)、临界模式（TM)。几百瓦中小功率范围内，这三种方式均有使用。其中前两种模式较为常见，故主要叙述此两种模式。DCM 模式下，输入电流畸变率小但纹波较大，对输入滤波电路要求高，开关管容易实现 ZCS（零电流开关)，二极管无须承受反向恢复电流。峰值电流值很大，开关管器件应力增加，其开通损耗增大，故多用于小功率场合，一般在 500 W 以下。CCM 模式下，输入电流纹波小总谐波畸变（THD）小，电磁干扰小，对输入滤波器要求低，从而限定了电流的有效值，导致器件导通损耗减小，较适应于大功率场合，图 6－20 所示为 Boost 电路 CCM 模式下的相应波形。

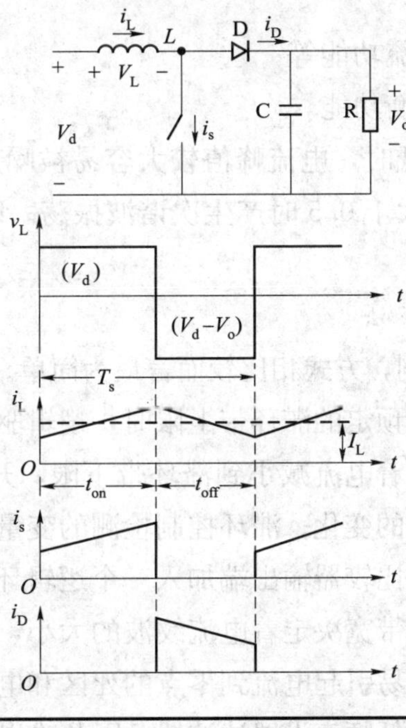

图 6－20　Boost 电路 CCM 模式下的相应波形

3. APFC 的控制策略

在 APFC 控制策略的选择方面，目前电流控制应用最多。这种电流控制通过乘法器将电压的输出误差信号与输入信号作乘积，而后再与采集到的电流信号一起作用控制开关管的通断，输入电流通常都会携带少许开关频率的纹波，根据所选拓扑的基本结构，选择反馈的电流量可以分为 3 种常见的控制方式：峰值电流控制(PCMC)、滞环电流控制（HCC)、平均电流控制（ACMC)，表 6－1 为三种控制策略的比较。

表 6-1　三种控制策略的比较

控制方法	工作模式	检测电流	开关频率	应用拓扑	对噪声	其他
峰值电流	CCM	开关电流	恒定	Boost	敏感	需斜率补偿
滞环电流	CCM	电感电流	变频	Boost	不敏感	需环滞控制
平均电流	均可	电感电流	恒定	任意	不敏感	需误差放大器

1）峰值电流控制（PCMC）法

峰值电流控制的优点为：

① 暂态闭环反应比较快，能够较快地对输入电压和输出负载变化做出瞬态响应；

② 控制环设计容易；

③ 具有瞬时峰值电流限流功能等；

④ 具有简单自动的磁平衡功能。

功率一定，输入电压较低时，电流峰值较大容易被噪声影响，需要在比较器输入端加斜波补偿，来减缓占空比大于 0.5 时产生次谐波振荡。PFC 电路中，PCMC 逐渐不再得到广泛使用。

2）滞环电流控制（HCC）法

Boost 电路运用 HCC 控制，方式相比较而言最为简单。在该控制模式下，电流动态响应快，电感电流上升，当达到预定的滞环带上限时，逻辑驱动输出由负变为正，使开关管关断，导致电感电流减小。随着电流减小到滞环带下限，开关管又接着导通，如此循环，使电感电流跟踪乘法器输出值的变化。滞环控制检测的变量是电感电流，与峰值电流控制相比，无须外加调制信号，在比较器输出端加入一个逻辑环节，产生电流滞环带，可以获得很宽的电流频宽，滞环带的带宽决定着电流纹波的大小，对开关频率和系统性能造成很大影响。开关频率不恒定，容易引起电流到零点的死区和电磁干扰问题。由于负载很大程度上影响开关频率，只好按最低频率设置滤波器，因此难以实现其最小化设计。

3）平均电流控制（ACMC）法

ACMC 控制模式采集电感电流，经控制可得到较为平滑的输入电流波形。ACMC 方法具有以下特点：开关管频率固定，不容易受噪声影响；THD 较小，减少电感电流的峰值和平均值之间的误差；理论上能够检测任何拓扑支路上的电流；普遍适用于大、中功率场合，在 PFC 电路中应用最为广泛。

4. DC/DC 变换电路拓扑

目前大部分充电机主电路的 DC/DC 变换部分都选用全桥变换器，一方面是由于大功率应用的要求，另一方面，全桥功率变换器的利用率高，开关管承受的电压和电流应力小。全桥变换器的控制方式主要有单极性控制、双极性控制及移相控制三种。近年来移相控制在全桥变换器中得到了广泛的应用，主要分为两种：一种是超前和滞后桥臂的开关管均为零电压开通，称为移相控制 ZVS-PWM 全桥直流变换器，另一种是超前桥臂的开关管为 ZVS 开通，滞后臂的开关管为 ZCS 关断，称为移相控制 ZVZCS-PWM 全桥直流变换器。下面将主要介绍 ZVZCS-PWM 变换器的拓扑结构。

1）原边加饱和电感和隔直电容

原边加饱和电感和隔直电容的 ZVZCS 全桥变换器在原边加入的饱和电感与开关管上并联的电容进行 LC 谐振，使开关管实现 ZVS 开通，然而原边电感损耗比较大，而且频率较高，不利于整体效率的提高。隔直电容可以使换向期间原边电流实现复位，从而实现 ZCS（ZCS 零电流开关），功率传输期间原边为隔直电容提供能量，开关管的应力增大。

2）次级采用有源钳位

有源钳位采用的是硬开关，一个开关周期内，短时开通钳位开关向钳位电容充电，超前臂断开后，钳位电容放电，实现原边电流复位，钳位开关的工作时间很短，但还是会对整体效率造成一定的影响，同时与钳位电容一起作用，可以减缓占空比的丢失现象。

3）次级采用耦合电感

副边增加了耦合电感和二极管，电流换相期间，通过为副边电流提供回路，耦合电感的电势作为反向阻断电压，折算到原边使原边电流复位。控制相对简便，不存在有源开关，也就不会产生硬开关损耗，原边电流的应力也不会增加，因此应用较为广泛。

4）次级增加简单辅助电路

这种简单的辅助电路由一个容值较小的电容和两个小裕量的二极管组成，辅助电路既不包含能耗元件也没有额外的有源开关，控制简单，通过超前臂开关管并联电容与变压器原边等效漏感谐振，使超前臂开关管实现零电压开通（ZVS），其辅助电路为原边电压提供反压，使其功率开关管的滞后臂实现零电流关断（ZCS），因此使全桥变换器更有效、成本也更低。

6.4　电气系统的电磁兼容和电气安全

6.4.1　电气系统的电磁兼容性

由于电动汽车上使用了大量的电力电子设备，在运行中不断发生着高功率、高频率的电气切换，由此而产生宽频的电磁发射，并通过电缆和底盘对车辆控制系统产生干扰，形成复杂的电动汽车电磁环境。因此，电磁兼容（electromagnetic compatibility，EMC）是电动汽车领域的一个重要问题。

1. 电磁兼容的主要术语

（1）电磁兼容。电磁兼容是研究在有限的空间、时间和频谱资源条件下，各种电气设备可以共存并不会引起性能降级的一门学科。国家标准 GB/T 4365—2003《电工术语　电磁兼容》对电磁兼容性所下的定义为："设备或系统在其电磁环境中能正常工作且不对该环境中任何事物构成不能承受的电磁骚扰的能力。"实际上，电磁兼容包括了两方面的重要内容，即不仅要能够抵御环境中的电磁干扰，并且不能对环境造成不能承受的电磁骚扰。

国内外大量的经验表明，在产品的研制与生产过程中，及早发现并解决电磁兼容问题可以在很大程度上节约人力与物力。

（2）电磁发射。从源向外发出电磁能量的现象。发射不仅包括电磁能量向外界空间传播的电磁辐射，也包括以电流的形式在电导体中进行的电磁能量的传导。

（3）电磁噪声。电磁噪声是一种明显不传送信息的时变电磁现象，它可能与有用信号叠加或组合。

（4）电磁干扰。电磁干扰是指电磁骚扰导致电气设备、传输通道或系统性能下降的电磁噪声。

2. 电磁兼容标准

我国自 1983 年发布第一个电磁兼容领域的国家标准 GB 3907—1983 以来，截至 1999 年，已经发布了 75 个有关电磁兼容的国家标准。适用于电动汽车领域的电磁兼容相关国家标准是 GB/T 18387—2008《电动车辆电磁场辐射强度的限值和测量方法，宽带 9 kHz～30 MHz》。该标准在引用 GB/T 4365—2003《电磁兼容术语》、GB/T 6113.1—1995《无线电干扰和抗扰度测量设备规范》、GB 14032—2006《车辆、机动船和由火花点火发动机驱动装置的无线电骚扰特性的限值和测量方法》等标准的基础上，给出了关于电动车辆电磁辐射的测量系统组成、测量方法和辐射限值。该标准规定了电动车辆电磁辐射的外部特性，但对于电动汽车内部各电气设备的电磁干扰及其传播特性尚未有相关限值的规定及给出测量方法。

因此，深入分析电动汽车内部电磁噪声的产生机制与传播过程，研究抑制电磁干扰的方法与措施，是电动汽车设计并使其满足相关标准规定的重要基础。表 6-2 为适用于汽车领域的电磁兼容方面的国际和地区标准。

表 6-2 适用于汽车领域的电磁兼容方面的国际和地区标准

	标准代号	标准名称	标准主要内容
国际标准（ISO）	ISO 11451	道路车辆-窄带辐射电磁能量所产生的电气骚扰-整车测试法	该系列标准为窄带电磁辐射源产生的电磁骚扰的整车测试方法
	ISO 11452	道路车辆-窄带辐射电磁能量所产生的电气骚扰-零部件测试法	该系列标准主要规定了不同频段的测试方法
	ISO 7637	道路车辆-由传导和耦合产生的电器骚扰	该系列标准规定了车载设备必须对电源线和信号线进行传导抗扰度测试
国际无线电干扰特别委员会（CISPR）	CISPR12	车辆、船和由内燃机驱动的装置无线电骚扰特性限值和测量方法	对居住环境中使用的广播接收机在 30 MHz～1 000 MHz 的频率范围内提供保护
	CISPR25	用于保护用在车辆、船和装置上车载接收机的无线电骚扰特性的限值和测量方法	对用于车辆、船舶和装置上的接收机提供免受 150 kHz～1 000 MHz 频率范围内的无线电骚扰的保护
欧洲 ECE 法规和 EEC 指令	95/54/EC	对于车内点火发动机产生的无线电干扰的抑制	该指令是欧洲汽车认证所依据的法规，包括汽车整车的型式认证和电气、电子组件的型式认证
	95/96/EC	车辆保安系统	该指令是有关汽车保安系统（即防盗和报警系统）的标准
	37/24/EC	轮式车辆	该指令是有关二轮或三轮车辆方面的电磁兼容标准

3. 电磁干扰的主要方式和传播路径

电磁干扰是指干扰源产生的电磁能量从一个设备或系统到另一个设备或系统的不希望的或非故意的耦合现象。可见，在纯电动汽车的动力系统中，潜在的电磁干扰源产生的电磁干扰必须要经过某种介质并通过一定的耦合路径才有可能传播耦合至系统中的受扰设备。因此，在对纯电动汽车动力系统的电磁环境进行研究时，首先需要对电磁干扰的传播耦合特性进行分析。电磁能量根据传播介质的不同有多种不同的传播耦合路径。如将纯电动汽车动力系统电磁环境中的电磁干扰源看作发射机，将纯电动汽车动力系统中的电磁受扰设备看作接收机，那么在纯电动汽车动力系统的电磁环境中，由电磁干扰源产生的电磁干扰传播至受扰设备的耦合路径大致有以下 5 种：

① 由发射机直接辐射到接收机；

② 由发射机辐射到动力系统的电缆线束，再由线束传导至接收机；

③ 由发射机的电缆线束直接辐射到接收机；

④ 由发射机的电缆线束辐射至动力系统中的电缆线束，再由线束传导至接收机；

⑤ 由发射机经过公共导体直接传导至接收机。

上述几种电磁干扰传播的耦合方式又可分为辐射耦合和传导耦合两类。

1）辐射耦合

辐射耦合是指电磁干扰源产生的电磁能量通过某种介质以辐射的形式耦合至受扰设备。动力系统所受到的辐射耦合干扰既可以表现为由其电磁环境中的电磁干扰源产生的电磁能量直接辐射至系统中的受扰设备，也可以表现为电磁能量先耦合至动力系统中的线束，然后再传导至受扰设备。电磁能量的辐射耦合是以电磁波的方式传播至动力系统的，而电磁波的传播会形成电磁场，这种电磁场根据性质的不同又可以分为远场和近场。其中，在近场区域以内的电磁场强度要远比在远场区域的大。因此，电动汽车动力系统所受到的辐射耦合电磁干扰与其所处的场区有很大的关系。近场区内电磁场的性质与电磁辐射干扰源的特性有很大关系。当电磁辐射干扰源是低压大电流源时，近场由磁场占主导地位，此时，磁场能量主要通过电感间的耦合传播至动力系统中的受扰设备；而当电磁辐射干扰源是高压小电流源时，近场则由电场占主导地位，此时，电场能量则通过电容间的耦合传播至动力系统中的受扰设备。

在电动汽车动力系统的电磁环境中，既有来自车内的电磁干扰源，也有来自车外的电磁干扰源，因此电动汽车的动力系统不仅要承受自身产生的辐射耦合干扰，还要承受系统外的电磁干扰源产生的电磁辐射耦合干扰。外界的广播信号、电视信号，附近的输电线路及驾乘人员使用的无线通信设备等都有可能向动力系统辐射电磁干扰。但这些外界的电磁干扰源通常与动力系统的距离较远，因此对动力系统的电磁干扰一般不是很严重。相对来说，动力系统主要的辐射耦合电磁干扰源还是来自于系统内部。

电动汽车动力系统中的辐射耦合干扰主要有电磁发射信号，以动力系统中的线束为天线产生的辐射耦合干扰，电力电子脉宽调制引起的辐射耦合干扰和系统中的射频设备引起的辐射耦合干扰等多种形式。

2）传导耦合

传导耦合干扰是指电磁能量直接通过电磁干扰源与受扰设备之间的导电通路而形成的电磁干扰。纯电动汽车动力系统所受到的传导耦合干扰可以表现为其电磁环境中的电磁干扰源产生的电磁能量直接通过公共导体而传导至系统中的受扰设备，也可以表现为由耦合至线束上的电磁能量通过线束传导至受扰设备。传导耦合干扰根据传播方向的不同可以分为两种；分别为由动力系统的线束引入的外界干扰和由动力系统中的部件或设备产生并由线束传导出去的电磁干扰。根据电流在导线中传输方向的不同，传导耦合电磁干扰还可以分为共模干扰和差模干扰。差模干扰主要是由储能电容上的电压产生的，而共模电流主要是由电缆线束对地杂散电容形成的回路引起的。另外，当两个或两个以上的设备（或部件）共用电源线和地线时，不同的设备或部件之间也会存在共阻抗干扰。差模干扰和共模干扰通常是同时存在的，二者有时还可以相互转化。

传导耦合电磁干扰的传播形式主要包括直接传导耦合电磁干扰、转移阻抗耦合电磁干扰及公共阻抗耦合电磁干扰等。电动汽车动力系统所受的传导耦合干扰主要是指电磁环境中的电磁干扰源产生的电磁干扰能量以电压或电流的形式通过系统中的金属导线或集总元件耦合至系统中的受扰部件或设备。表现为由开关器件的开通和关断、继电器的切换及电机的换向等操作在电路中产生的暂态过程引起的电磁能量进入电缆线束之后作用到其他相连的用电设备或系统，或通过传输导线以电容耦合、电感耦合的方式作用到其他电路中。由于电动汽车动力系统在运行时与车外没有电缆相连，所以传导耦合干扰仅限于车内。

4. 电动汽车中的主要车载干扰源

电磁干扰是一种有害的电磁效应，轻则会使设备或系统的性能降级，重则会导致设备或系统性能失效，通常前次干扰源借助前门耦合或者后门耦合作用于敏感对象。一般情况下，电磁干扰源发射的电磁能量需要通过某种耦合通道传输至敏感设备，导致敏感设备出现某种形式的响应才能产生效果，这一作用过程及效果构成电磁干扰。因此，无论系统的复杂程度如何，所有类型的电磁干扰都需要具备以下三个条件才会发生，即具有电磁干扰源，具有传输电磁干扰的途径或通道，以及具有被干扰的对象或者敏感设备。

干扰源产生的电磁能量通过干扰源与敏感设备之间已存在或潜在的耦合途径传输到敏感设备上，从而在敏感设备上产生电磁干扰。根据电子设备干扰耐受能力及电磁干扰强度的不同，电磁干扰可能对其没有影响，也可能会使设备产生误动作，严重情况下将会导致设备损坏。电磁兼容问题的实质就是干扰源的电磁能量传递到敏感设备上。

电磁干扰的传播途径包括直接耦合方式、漏电耦合方式、公共阻抗耦合方式、电容耦合方式、电磁感应耦合方式和辐射耦合方式等类型。直接耦合最普遍的表现方式为干扰信号经过导线直接传导到被干扰电路中，从而造成对电路的干扰。这些导线可以是设备之间的信号线、电路之间的连接导线及供电电源与负载之间的供电线。漏电耦合是当相邻的元件或导线之间的绝缘电阻降低时，一部分信号耦合到输入端形成干扰。干扰能量在漏电耦合方式下的传导情形与直接耦合方式基本相同，二者的不同之处主要为直接耦合方式是通过导线传输能量，在传递干扰信号的同时也传递有用信号，但漏电耦合并不传递有用信号。公共阻抗耦合是由于信号源和噪声源具有公共阻抗时产生的一种传导耦合，公共阻抗随着实际元器件配置的不同而有所变化。公共阻抗耦合干扰一般发生在几个电路的电流经过同一个阻抗时，一个电路在该阻抗上的电压降会对另一个电路产生一定的影响。常见的公共阻抗耦合有公共电源阻抗耦合和公共接地耦合两种。为避免出现公共阻抗耦合，通常应尽量减小耦合阻抗，从而减小通过耦合阻抗上的干扰电流和干扰电压。电容耦合是指因为电位变化在干扰源与干扰对象之间引起的静电感应，也称为电场耦合或静电耦合。在实际应用中，导线与大地间的分布电容往往不能忽略不计。电磁场辐射也会造成干扰耦合。高频电流流经导体时会在导体周围产生电力线和磁力线，进而形成在空间传播的电磁波，会使处于电磁波中的导体感应出相应频率的交变电动势。

汽车的电磁环境是指汽车在行驶的过程中，汽车上的电子电气设备承受来自车内外各种类型的电磁干扰，以及汽车上的电子设备向外界辐射的电磁干扰。为了更好地对电动汽车的电磁环境进行模拟，需要对电动汽车的车载干扰源进行分析，车载干扰源主要包括如下几种类型。

1）触点放电干扰源

电动汽车使用的电子电气设备中包含有众多的导线、连接器和线圈等导体，它们具有不同的电容和电感，一旦构成闭合回路，有可能产生振荡。其中分布着的各种触点（如开关触点、继电器触点和电机电刷触点等）在开关的瞬间会产生不同程度的火花或电弧放电，形成高频电磁噪声干扰源，进而影响其他电子设备的正常工作。虽然这种触点间放电的能量较小，但由于其持续时间短，因此其放电瞬间的能量密度可达到造成危害的程度。

2）电机系统干扰源

电机是电动汽车的动力源，其向外传播的电磁干扰主要有传导干扰和辐射干扰，传导干扰是指由电机内部电路发出并沿外部电源线向外传播的电磁干扰，辐射干扰是指由电机内部磁路发出并经外部空间以电磁波的形式向外传播的干扰。传导发射是直流电机EMC中的重要特性，许多宽频带干扰噪声信号都通过电源线向外发射，其主要原因是各种线圈中的寄生电容、耦合电感、接地电阻不为零，线圈对地分布电容，电枢反应引起的磁场波形畸变，以及换向不良等。

3）CAN总线干扰源

一般情况下，CAN总线在正常工作时会产生较大的传导干扰，产生传导干扰的节点包括开关电源、伺服系统和控制器等，而更大的干扰则是由大功率的电力电子设备产生的瞬态干扰，其特点为时间短、幅值大、功率小。电流瞬态改变产生的快速电脉冲群干扰、雷电或大功率开关等都会在电缆上产生较大的浪涌、静电放电感应等。CAN总线电缆是传导式干扰传播的一个重要途径，为保证总线通信的可靠性，需要在系统中应用LC滤波器、瞬态抑制二极管和光电隔离等设备或措施。

4）动力总成控制器干扰源

汽车动力总成控制器长期处于汽车的电磁环境中，对车内电磁环境的变化非常敏感，空间电磁场的变化会对汽车控制系统造成不同程度的干扰。动力总成控制器由车用蓄电池供电，系统中存在大容量的感性负载，当把这些感性负载切断时，会产生很大的电压和电流变化率，因此会对控制系统产生较大的影响。感性负载瞬间变化产生的干扰是主要的干扰形式之一。另外，连接动力总成控制器和电源及其他设备的大量导线在工作过程中也会产生电磁耦合，按传导模式可分为共模噪声和差模噪声。动力总成控制器中的电磁干扰源为以感性负载瞬变为主的车载 PCB 电路板和电气设备，这些干扰源有可能会影响动力总成控制器的正常工作，在严重时甚至会引起失效，造成安全隐患，因此不容忽视。

5）DC/DC 变换器干扰源

关于电磁干扰的理论和实践一致表明，干扰源的本质是变化的电流和变化的电压。此外，不同的干扰电压和不同的干扰电流之间也存在相对强弱性，通常相对强的干扰电压和干扰电流是主要的干扰源，而且不太容易受到干扰；而相对弱的干扰电压和干扰电流是次要的干扰源，也可能成为受扰源。在电动汽车的动力系统中，大功率 DC/DC 变换器是一个重要的组成部分，内部由主电路和控制电路组成，两者之间通过接口线束进行连接。DC/DC 变换器中换流单元的周期性换流动作是干扰产生的根本原因，而电路中的寄生元件既起到增强高频干扰的作用，也改变了电源及负载的天线效应。

5. 减少电磁干扰的主要措施

解决电磁干扰问题一般可以从三个方面着手，分别为抑制电磁干扰源的电磁发射、切断或削弱电磁干扰的传播耦合途径和提高电路或设备的抗干扰能力，其中抑制电磁干扰源的电磁发射是最为主要的解决措施。

因此，在对电动汽车动力系统进行电磁干扰解决措施的研究时，一般应先从电磁干扰源入手，即分析电磁干扰产生的机理，并对电磁干扰源采取措施加以抑制，当采取措施后仍达不到规定的电磁兼容指标时，再从切断或削弱电磁干扰的耦合途径及提高设备抗干扰能力两个方面采取措施。一般抑制电磁干扰源电磁发射的常见措施有屏蔽、滤波和接地。

1）屏蔽

屏蔽就是对两个空间区域之间进行金属隔离，以抑制电磁能量由一个空间向另一个空间的传播耦合。屏蔽是一种以切断电磁干扰耦合路径的方式来抑制电磁干扰的解决措施。根据屏蔽壳体所屏蔽对象的不同，电磁屏蔽可以分为主动屏蔽和被动屏蔽两种类型。对于电动汽车系统而言，主动屏蔽是指为了防止系统内部的电磁干扰源向外辐射电磁噪声影响周围设备或系统的正常工作而采取的将系统内电磁干扰源进行屏蔽的措施，具体体现在用屏蔽体将动力系统电磁环境中的部件、设备乃至系统的电磁干扰源包围起来，防止电磁干扰向外界扩散；被动屏蔽则是指为了防止系统中敏感接收设备或部件受到系统外部电磁干扰源的电磁干扰而采取的将敏感接收设备进行屏蔽的措施，即用屏蔽体将动力系统中的接收电路、敏感设备乃至整个系统包围起来，防止它们受到外界的电磁干扰。

电磁屏蔽壳体的材料通常选用导电性能良好或同时具有导电和导磁特性的材料，所需屏蔽或被屏蔽的对象放置在壳体内部。屏蔽体对电磁波起到吸收或反射的作用，由此来防止壳体内部的电磁波向外辐射或防止外部的电磁波辐射至壳体内部。在实际应用中，电磁屏蔽的效能在很大程度上依赖于屏蔽壳体的结构，即壳体导电的连续性。壳体上的孔缝或开口都会导致电磁波的泄漏。在纯电动汽车的动力系统中，穿过屏蔽壳体的电缆线束是造成屏蔽效能下降的主要因素。

一般情况下，屏蔽可以分为电磁屏蔽和静电屏蔽两种类型。电磁屏蔽主要是指为了防止交变的磁场、电场或电磁场产生的电磁干扰而采取的屏蔽措施；而静电屏蔽主要是指为了防止恒定磁场及静电场产生的电磁干扰而采取的屏蔽措施。在纯电动汽车动力系统中应用较多的是电磁屏蔽。电磁屏蔽技术在实际应用中对所用屏蔽结构的导电连续性要求较高，并且要求屏蔽结构的接地性能良好。实际应用中经常采用的电磁屏蔽材料有铜、钢和铝等金属材料。

2）滤波

电动汽车动力系统中常见的一种电磁干扰是传导电磁干扰，而应用最为广泛的抑制传导电磁干扰的方法是在电磁干扰源与受扰设备之间增加滤波器，通过滤波器可以减小或抑制动力系统不需要的电磁能量。无论是用于抑制动力系统电磁环境中电磁干扰源产生的电磁干扰，还是用于增强系统内接收电路的抗干扰能力，都可以采用滤波器技术。滤波器通常有低通、高通、带通、带阻等多种类型。但各类滤波器的本质都是通过串联电感、并联电容或串并联必要的电阻来滤去不需要的高频电磁噪声。滤波器抑制电磁干扰的原理是利用电容和电感的高频特性来消耗掉高频干扰信号的能量，使干扰信号尽可能少地进入到受扰设备或系统中。

电动汽车动力系统中的线束具有很强的天线特性，其既可以接收外界辐射进系统的电磁波，又可以将系统产生的电磁能量辐射至周围空间。具体表现为线束既有可能作为电磁干扰源对周围设备或系统造成电磁干扰，又有可能作为受扰设备接收器将系统或设备之外的电磁能量传导至受扰设备。此外，线束在传递高频信号时很容易造成线束之间的串扰现象。尽管滤波器主要应用于抑制传导电磁干扰的场合中，但通过合理的设计，滤波器也可以用于抑制辐射电磁干扰。在辐射电磁干扰严重时，通常可以在电磁干扰源的输出端和受扰设备的输入端安装相应的电磁干扰滤波器来滤除干扰信号，达到电磁兼容的目的。因此，可以在电动汽车系统中采用滤波器来抑制电磁干扰产生的不良影响。

根据功能的不同，滤波器一般可以分为电磁干扰型滤波器和信号选择型滤波器两类。电动汽车动力系统中滤波器的设计既要保证在电路工作时能够使其避免受到电磁干扰，同时又不影响电路对有用信号的接收。而信号选择型滤波器的主要功能就是在确保对有用信号的幅值及相位特性影响最小的情况下，滤除对电路工作无用的信号，如在一般接收机和测量接收机内的高频放大级或中频放大级中就有许多信号选择型滤波器。电磁干扰型滤波器的主要功能则是抑制电路中的电磁干扰信号。本节介绍的主要是电磁干扰型滤波器。按使用场合的不同，电磁干扰型滤波器可以分为电源线滤波器、电话线滤波器、信号线滤波器、控制线滤波器和数据线滤波器等几种类型。这些滤波器都属于低通型滤波器，与滤波器名称所对应的数字就是需要在该类滤波器内通过的有用频率成分，而不在该频率的成分则属于滤波器的阻带。

电磁干扰型滤波器最主要的指标包括频率特性、阻抗、额定电压、额定电流和漏电流等。

（1）频率特性。频率特性反映了滤波器的插入损耗随频率的变化情况。对于通带，其插入损耗应很小；而对于阻带，则应具有很大的插入损耗。插入损耗 L 的定义为：

$$L=20\lg\frac{E_2}{E_1} \tag{6-1}$$

式中：L——插入损耗，dB；

E_1——不接滤波器时，信号源在负载电阻上建立的电压，V；

E_2——信号源通过滤波器在负载电阻上建立的电压，V。

随着应用场合的不同，电磁干扰型滤波器通带的最高频率也有所不同。如电源线滤波器主要通过工频信号（50 Hz、60 Hz 或 400 Hz）；信号线、控制线、数据线滤波器则需根据所传送的信号频带而定。当需要传送的频率上限较高时，往往高过所希望滤除的电磁干扰的最低频率，则会出现所要求的通带与阻带交叉的情况。对于这种情况，使用滤波器难以解决问题，必须采取其他措施（如采用光电隔离器等）。

（2）阻抗。滤波器位于信号源与负载之间，从理论上来说，其输入阻抗应与信号源匹配，输出阻抗应与负载匹配。但由于滤波器的工作频段（包括阻带与通带）很宽（如用于电磁屏蔽室的电源滤波器的阻带频段要求从 10 kHz 至十几 GHz，通带主要是 50 Hz），在这样宽的频率范围内要求输入、输出端具有良好的阻抗匹配是难以实现的，并且由于信号源本身（如电源滤波器的源就是公共电网）的阻抗变化也很大，更无法做到匹配。因此出现了测量频率特性曲线时需要规定一个固定的源阻抗与负载阻抗，而滤波器在实际使用时的阻抗又不可能与测试特性时的阻抗一致的情况。这种情况可能会导致滤波器工作时的频率特性曲线与在实验室测量的结果有出入。

为此，出现了一类电磁骚扰滤波器，故意设计成在阻带频带范围内阻抗的严重不匹配，从而通过反射达到阻带的高插入损耗，这种类型的滤波器又称为反射滤波器。

（3）额定电压。滤波器必须具有足够高的额定电压，以保证在所有预期条件下都能够可靠地工作。这是因为当外加电压超过额定电压时，滤波器内的电容或电阻有可能被击穿或烧毁，因此，额定电压这项指标对于电源线滤波器或在输入信号中含有脉冲时尤为重要。

（4）额定电流。额定电流是指在连续运用时，不破坏滤波器中电阻和电感性能的最大容许电流。额定电流与滤波器内部的开关、保险丝、电感线圈导线的载流量、工作温度等有关。此外，需要格外注意的是，如果滤波器中的电感采用了磁性材料，那么其在额定电流时的安匝数不应将磁性材料的工作点推至饱和区。因为一旦进入饱和区，将会导致电感量变小，影响整体的滤波特性，严重时还可能使滤波器输出的波形失真。

（5）漏电流。对于电源线滤波器，当负载开路时，输入端相线对地线之间的电流称为滤波器的漏电流。漏电流是由于滤波器的相线与地之间接有用于滤除共模骚扰的电容器而引起的。有时由于该电容器的容量过大，而使滤波器对于 220 V/50 Hz 电源的漏电流可高达数安。但工作在同一电压、频率下的微小漏电流滤波器可以将漏电流控制在 2 mA 左右。漏电流存在产生的问题主要有：在电源电路中，如果滤波器前接有漏电流保护器，那么滤波器的漏电流足以使保护器动作；此外，由于漏电流是容性的，如果大批高漏电流滤波器同时安装在同一电网上，将会使功率因数下降。对于同一滤波器，漏电流的大小与其输入端的工作电压成正比。

3）接地

接地是指在系统的电子电气部件（或设备）与接地参考点之间建立导电通路，是抑制电磁干扰的有效措施之一。接地是纯电动汽车动力系统的一个重要性能，整个系统能否稳定工作与其接地性能有很大关系。如果纯电动汽车动力系统的接地性能不良，不仅不能起到应有的作用，反而可能会使动力系统中已经得到妥善屏蔽的设备的屏蔽效能减弱，或使滤波器无法充分发挥作用，导致系统中的电磁干扰难以得到抑制。良好的基础接地平面或参考点是纯电动汽车动力系统可靠工作、不受干扰的基础。

理想的接地平面指的是一种具有零阻抗并且零电位的参考物体。但由于当电流在通过有限的阻抗时会产生电压降，而接地线的阻抗是不为零的，这就导致了地线上存在着电位差，因此，一个系统中不同接地点间的电位差总是不为零的。特别是当流经接地线的电流信号频率较高时，接地线的电感特性会更加明显，导线在此时的阻抗远远大于直流时的电阻，因此接地线上各点的电位差也就远大于直流或低频时的电位差。由此可见，理想的接地平面实际上是不存在的。而地线上各点之间的电位差有可能会造成电路的误动作。纯电动汽车动力系统中不同接地点间的电位差能否减小至接近于零及接地点接地电流下降程度的大小取决于接地点的接地效率。接地效率与接地方式有关，为保证动力系统的接地效率，应谨慎选取其接地点的接地方式。

常见的接地方式有单点接地、多点接地、混合接地和悬浮接地等。为了确保接地效率，可以根据电磁信号工作频率的不同采取不同的接地方式。

（1）通常当信号工作的频率范围在 1 MHz 以内时，可以采用单点接地方式。

（2）当信号工作的频率范围在 10 MHz 以上时，由于接地线的电感特性会使其阻抗增加，导致的寄生电容有可能会产生意外的通路，因而不再适用于单点接地方式，此时可以采取多点接地的方式。

（3）当信号工作的频率范围在 1～10 MHz 之间时，则需要根据接地线的长度确定所采取的接地方式。若接地线的长度不大于信号波长最小值的 1/20，可以采取单点接地的方式；而当接地线的长度大于此值时，则需要采取多点接地的方式。

此外，接地线的选取也会影响接地性能，一般情况下可以采用扁平的导体作为接地线也可以采用距离较大的多条导体并联作为接地线。与此同时，系统输入端的接地线要尽可能缩短，以使系统受到干扰的可能性尽量减少。

6.4.2　电动汽车的电气安全技术

电动汽车的一个重要特征是车内装有为车辆行驶提供能量并保证足够动力性能的高压电源，形成具有高电压、大电流的动力回路。与发电厂、变电站、电力机车等场所或设备的高压系统相比，电动汽车的电源系统有其自己的特点。目前电动汽车所使用的电池组大多由电压在 3.6 V 的单体电池通过串并联组成，电动汽车高压电气系统的工作电压通常在 300 V 以上，并且由于电力传输线路的阻抗很小，高压电气系统的正常工作电流可能达到数十至数百安培，瞬时短路放电电流更是成倍增加。高压回路的短路、漏电等故障都对电动汽车的高压用电安全构成了潜在的威胁。当发生高压电路绝缘失效或短路等故障时，高电压和大电流有可能会危及车上乘客的人身安全，同时还会影响低压电气和车辆控制器的正常工作。因此在设计和规划高压电气系统时，应充分确保驾乘人员和车辆运行环境的安全。

内燃机汽车采用燃油或者天然气作为动力源，很少存在高压绝缘问题，而电动汽车作为一种复杂的机电一体化产品，电气系统是电动汽车的重要组成部分，其中的动力电池、电机、充电机、能量回收装置、辅助电池充电装置等部件都会涉及高压电气绝缘问题。这些部件的工作条件比较恶劣，震动、酸碱气体的腐蚀、温度及湿度的变化等都有可能造成动力电缆及其他绝缘材料的迅速老化甚至绝缘破损，使设备的绝缘强度大大降低，危及人身安全。同时，由于电动汽车所使用的动力电池组的工作电压一般在 300 V 以上，较高的工作电压对电动汽车高压电气系统与车辆底盘之间的绝缘性能提出了更高的要求。如果由于两者之间的绝缘性能下降致使车辆底盘电位上升，不仅会危及司乘人员的人身安全，而且将影响低压电器和电机控制器的正常工作，同时由于漏电流回路的热积累效应，情况严重时甚至会使车辆出现自燃的情况。

较高的供电电压也对整车的电气安全性能提出了更高的要求，尤其是对高压系统的绝缘性能有着更为苛刻的要求。高压电气系统相对车辆底盘的电气绝缘性能的实时检测是电动汽车电气安全技术的核心内容，对乘客安全、电气设备的正常工作和车辆的安全运行具有重要的意义。国家电动汽车安全相关标准规定，绝缘电阻是表征电动汽车电气安全性能好坏的重要参数。为了消除高电压对车辆和驾乘人员的潜在威胁，保证电动汽车电气系统的安全，根据国家标准规定，同时满足车辆在任何情况下都进行绝缘状况检测和相应故障处理的要求，通过绝缘电阻实时检测电路，来定量地分析直流正端相对底盘地的绝缘性能和直流负端相对于底盘地的绝缘性能。

1. 高压直流系统漏电流检测的一般方法

对于封闭回路的高压直流电气系统，其绝缘性能通常用电气系统中电源对地漏电流的大小来表征。目前普遍使用的漏电流检测方法有两种，分别为辅助电源法和电流传感法。

1）辅助电源法

在我国某些电力机车中采用的漏电检测器中，使用一个 110 V 的检测用辅助蓄电池，蓄电池正极与待测高压直流电源的负极相连，蓄电池负极与机车的壳体采用单点连接。在待测系统绝缘性能良好的情况下，蓄电池没有电流回路，漏电流为零；在电源电缆绝缘层老化或环境潮湿等情况下，蓄电池通过电缆线绝缘层形成闭合回路，产生漏电流。检测器根据漏电流的大小进行报警，并关断待测系统的电源。这种检测方法的缺点是需要 110 V 的直流辅助电源，增加了系统结构的复杂程度，而且也难以区分绝缘故障是来自电源的正极引线电缆还是负极引线电缆。

2）电流传感法

对高压直流系统进行漏电检测还可以采用霍尔式电流传感器来进行。将待测系统中电源的正极和负极同方向一起穿过电流传感器，没有漏电流时，从电源正极流出的电流等于返回到电源负极的电流，因此，穿过电流传感器的总电流为零，电流传感器输出电压为零；当发生漏电时，电流传感器则具有一定的输出电压，根据该电压的正负可以进一步判断产生的漏电流是来自电源的正极引线电缆还是负极引线电缆。但应用这种检测方法的前提是待测电源必须处于工作状态，要有工作电流流出和流入，它无法在电源空载状态下评价电源对地的绝缘性能。

目前，一些电动汽车在研发中采用母线电压在“直流正极母线——底盘”和“直流负极母线——底盘”之间的分压来表征直流母线相对于车辆底盘的绝缘程度，但这种电压分压法只能表征直流正、负母线对底盘的相对绝缘程度，无法判别直流正、负母线对底盘绝缘性能同步降低的情况。此外，在直流正、负母线对底盘绝缘电阻差异较大的情况下有可能会出现绝缘性能下降的误判断。因此，从严格意义上来说，对于电动汽车的电气系统，只有定量地分别检测直流正、负极母线对底盘的绝缘性能才能保证电动汽车的电气安全性。

2. 电动汽车电气系统绝缘电阻的检测方法

电动汽车的电气设备直接安装在车辆底盘上，每个电气设备都有独立的电流回路，与底盘之间没有直接的电气连接。整个高压系统是与底盘绝缘的封闭式电气系统。绝缘体是相对导电体而言的，在直流电源系统中，定量描述一种介质绝缘性能和导电性能的物理量是电阻。导体的电阻小，绝缘体的电阻大，绝缘体电阻的大小表征了介质的绝缘性能。电阻越大，绝缘性能越好，反之亦然，因此该电阻也称为绝缘电阻。在电动汽车的高压电气系统中，分别用电源的正极引线电缆和负极引线电缆对底盘的绝缘电阻来表征电气系统的绝缘性能。

绝缘监测技术是关系到人身安全的一项重要技术。根据相关电动汽车和人体安全标准规定，在最大工作电压小于 660 V/AC 或 1 000 V/DC，以及整车质量小于 3 500 kg 的条件下，电动汽车的高压安全要求如下：

① 人体的安全电压低于 35 V；

② 触电电流和持续时间乘积的最大值应小于 30 mA；

③ 为保证电动汽车车载电池的绝缘安全，必须在车辆运行过程中对蓄电池组与车体间的绝缘电阻进行实时测量，出现问题时能够及时报警。

可见，绝缘电阻的测量对于动力电池组的应用具有重大的意义。目前，绝缘电阻的检测方法主要有以下几种。

1）兆欧表测量法

兆欧表是一种以兆欧为单位刻度的常用电工测量仪表，由于其大多采用手摇发电机供电，所以又称为“摇表”。兆欧表主要由手摇发电机和磁电式比率表组成。

兆欧表在工作时，首先通过摇动手柄带动手摇式发电机产生高压交流电，然后经二极管整流输出为测量所用的直流高压，再用磁电式比率表测量电压线圈和电流线圈中的电流比值，由指针指示器指明电阻值所在的刻度。由此可见，兆欧表的工作原理为首先通过一个电压激励被测装置或网络，然后测量激励所产生的电流，再利用欧姆定律得出电阻的具体数值。

兆欧表的缺点主要有以下几点：

① 测量时必须摇动手柄带动发电机并保持在一定的速度范围内才能维持正常的电压输出；

② 同一台兆欧表的电压等级少，量程范围小；

③ 手摇式兆欧表由表针指示读数，但由于其刻度为非线性，测量误差和读数误差都较大；

④ 无法输出比较稳定的电压，并且操作复杂；

⑤ 指针式兆欧表在关机时的反向冲击电流较大，如操作不当有可能会损坏指针。

2）交流信号注入法

交流信号注入法就是向直流系统中注入交流信号，通过相应的比较计算来监测系统的绝缘状态，其原理如图 6-21 所示。

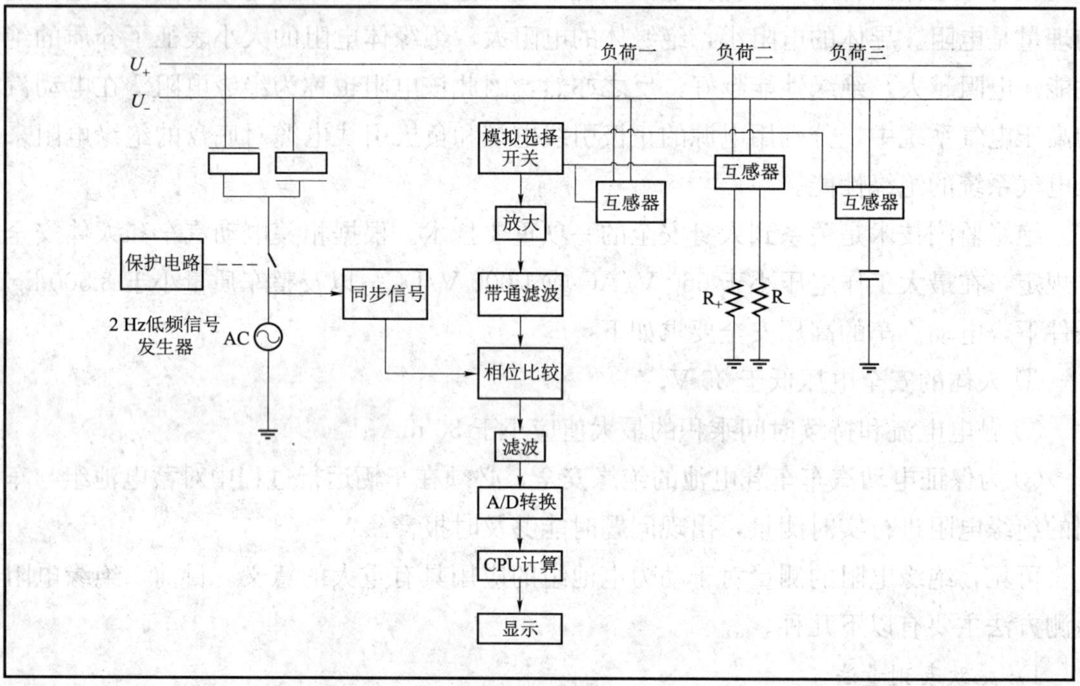

图 6-21 交流注入法绝缘监测的工作原理

该方法通过 2 Hz 的信号发生器将低频交流信号注入直流系统，如果系统中存在接地绝缘故障，交流信号则从接地线路中流出，经过大地与信号源形成回路，同时采用移相技术将各负荷上的互感器采集的信号经过放大和滤波处理后通过相位比较电路与标准的同步信号进行比较，滤除掉电容的干扰后就可得到真正的电阻性阻抗，从而准确计算出各负荷的实际接地电阻，查找出绝缘故障。

该方法的缺点为向直流系统所注入的附加交流信号受分布电容的干扰较大，并且其自身也会对直流系统带来一定的影响。分布电容是指除电容器外，由于电路的分布特点而具有的电容。分布电容往往没有具体形态，如在线圈中相邻的两匝之间，两个分立的元件之间，两根相邻的导线间，一个元件内部的各部分之间等场合中都具有一定的电容，其对电路的影响可以用给电路并联上一个电容器来等效，这个电容值就是分布电容的大小。由于分布电容的阻抗与频率成反比，所以在采用低频信号注入法时会降低系统的分辨率。此外，该方法对低频信号的稳定性也提出了更高的要求，而且需要增加交流信号发生系统，增加了成本。

3）直流电压绝缘测量法

直流电压绝缘测量一般通过测量绝缘电阻的方式完成，其原理如图 6－22 所示。

在图 6－22 中，R_1、R_2、R_3、R_4 分别是 500 kΩ 的电阻，较高的阻值保证了在测量期间绝缘等级不会出现人为的下降。R_+和 R_-分别是动力电池组的正、负极对车体的绝缘电阻；R 和 R′是 200 Ω 左右的分压电阻，由于这两个电阻的阻值与 500 kΩ 相差很大，因此可以使 AD 转换芯片 CS5460A 得到毫伏（mV）级的模拟信号。

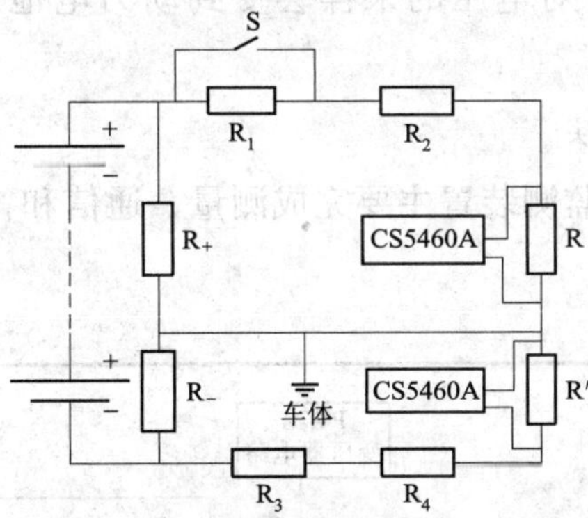

图 6－22　直流电压绝缘测量的原理

当开关 S 为关断状态时，通过 CS5460A 测量芯片可以获到 R_+和 R_-两端的电压，得到如下方程：

$$\frac{V_1}{R_+}+\frac{V_1}{R_1+R_2+R}=\frac{V_2}{R_-}+\frac{V_2}{R_3+R_4+R'} \tag{6-2}$$

式中：V_1——开关 S 断开时，正极母线对地的电压，V；

V_2——开关 S 断开时，负极母线对地的电压，V。

同理，当开关 S 为闭合状态时，可以得到另一个方程：

$$\frac{V_1'}{R_+}+\frac{V_1'}{R_2+R}=\frac{V_2'}{R_-}+\frac{V_2'}{R_3+R_4+R'} \tag{6-3}$$

式中：V_1'——S 闭合时，正极母线对地的电压，V；

V_2'——S 闭合时，负极母线对地的电压，V。

由于串联电阻 R_1、R_2、R_3、R_4、R 和 R′的阻值已知，将式（6-2）和式（6-3）联立即可解出 R_+和 R_-的数值，这也是目前最常用的一种绝缘电阻检测方法。

由于开关S选用的是开关管（MOSFET），并且开关S的控制信号与车体是共地的，因此在绝缘测量的过程中，电动汽车的大电流信号会对其产生一定的扰动信号，从而导致开关管（MOSFET）的关断受到交流信号的干扰，对绝缘电阻的计算造成较大影响，严重影响绝缘电阻的测量精度。

在实际的应用中，考虑到成本与工艺等问题，该绝缘电阻测量方案中的信号采样与电池管理系统（BMS）中电流电压的采样共用一个芯片（即 CS5460A）。CS5460A是CRYSTAL公司出品的一种用于测量电压、电流、功率和能量等参数的集成芯片，其内部具有24位的A/D转换器，可以实时测量电压。但由于CS5460A测量芯片的测量信号为毫伏（mV）级别，由此所接受的测量信号宽度不高，并且从图6-23中也可以看出针对电压的采样会受到动力电池组高压侧的影响，其测量精度也有待提高。

4）有源在线绝缘监测方法

电动汽车有源在线绝缘监测装置主要完成测量、通信和警示三个主要的功能，其硬件组成如图6-23所示。

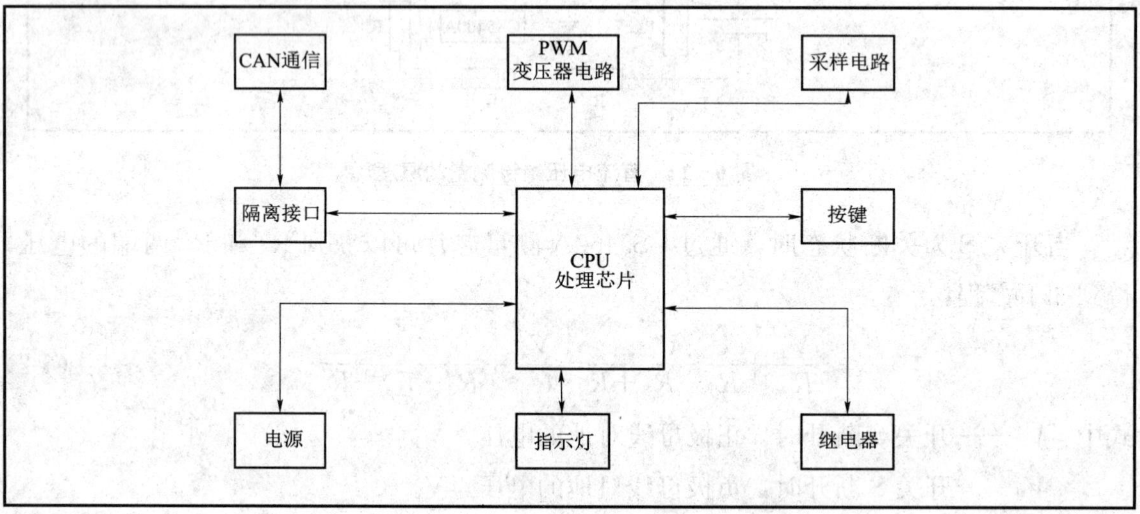

图6-23　有源在线绝缘监测系统的硬件组成

该装置以MC9S12D64CPV芯片为核心，通过线性光耦及芯片PWM的控制，运用比较跟随的方法对车辆电池组正、负极对地的电压和电流进行检测，进而得到绝缘电阻的阻值。除CPU外，系统还包括采样电路、按键电路、继电器控制电路、指示灯、电源电路、CAN通信电路、PWM整形和变压器控制电路等组成部分。各模块的具体功能如下。

（1）采样电路。根据采样对象的不同，采样电路的主要工作范围有两大部分，一部分是通过采样电阻对系统注入绝缘电阻的电流和正负绝缘电阻所分得的电压进行采样，另一部分是对电池总电压进行采样。

对绝缘电阻的注入电流和正负绝缘电阻所分得的电压的测量中，首先通过采样电阻来获得测量信号，再经过一系列的滤波、跟随、比较放大等环节后，将修正后的信号通过 CPU 的 AD 采样通道读取。在这一过程中，需要值得注意的是，采样电阻、后续的比较放大电路和 CPU 均需要共地才能保证采样的准确。

考虑到电池总电压瞬变对绝缘电阻测量准确性的影响，需采用专门的电压测量芯片对动力电池组的总电压进行测量，测量信号经线性光耦隔离后送到电压测量芯片，最后通过 CPU 中的 AD 采样通道读取。

（2）按键电路。按键电路主要用调试和监测提供便利，由于两次绝缘监测之间有一定的时间间隔，在进行监测时，如果想知道当时整车的绝缘电阻阻值只要通过按键电路即可实现，无须等待。

（3）继电器控制电路。由于 CPU 与车体之间是共地的，因此在继电器的控制部分，为了保证信号不受车体的干扰而出现错误，对于 CPU 输出的控制信号采用了光耦隔离，从而防止了继电器的误动作。

（4）指示灯。针对各种指示灯的说明如表 6－3 所示。

表 6－3　指示灯说明

名称	型　式	状　态
电源指示灯	单色灯	系统中各不同等级电源的指示灯，当电源正常时，为绿色灯，无电源时灯灭
绝缘监视指示灯	单色灯	1. 绝缘监视结果为正常时，灯灭； 2. 绝缘监视结果为一级绝缘故障时，灯开始闪烁； 3. 绝缘检测结果为一级绝缘故障时，灯开始长亮
通信灯	单色灯	CAN 正常通信时，灯处于闪烁状态

（5）电源电路。由车上的 24 V 电源供电，根据各系统元器件的实际需要，通过电源变换器得到非隔离电源和隔离电源，并提供不同电压等级的输出，用以驱动系统中各功能模块。

（6）CAN 通信电路。用于车辆控制器与电池管理系统（BMS）之间的通信，根据实际需要，可以将计算得出的电源正负极对车体的绝缘电阻和绝缘等级等结果发送给车辆控制器，从而优化驾驶。

（7）PWM 整形、变压器控制电路。通过 CPU 内部的参数设定，将设定好频率和占空比的 PWM 信号通过运放整形后，对变压器进行控制。系统的整体控制采用单片机测控系统，用以完成对上述各种电路的控制和测量，并且综合了测量、通信和警示三大功能，从而形成一个完整的有源绝缘监测装置。

参考文献

[1] 赵航，史广奎．新能源汽车研究与开发丛书：混合动力电动汽车技术［M］. 北京：机械工业出版社，2012.

[2] 何洪文．电动汽车原理与构造［M］. 北京：机械工业出版社，2014.

[3] 林程，韩冰．北京市纯电动汽车技术培训教程［M］. 北京：北京理工大学出版社，2014.

[4] 石川宪二. 新能源汽车技术及其未来［M］. 康龙云，余开江，译．北京：科学出版社，2012.

[5] 雷特曼．插电式混合动力电动汽车开发基础［M］. 王震坡，孟祥峰，译．北京：机械工业出版社，2010.

[6] 朱军．新能源汽车动力系统控制原理及应用［M］. 上海：上海科学技术出版社，2013.

[7] 陈全世，朱家琏，田光宇．先进电动汽车技术［M］. 第 2 版．北京：化学工业出版社，2014.

[8] 胡骅，宋慧. 电动汽车［M］. 3 版. 北京：人民交通出版社，2016.

[9] CHRIS MI，MABUL MASRUR，DARID WENZHONG GAO. 混合动力电动汽车原理及应用前景［M］. 赵治国，姜娇龙，译．北京：机械工业出版社，2013.

[10] 王震坡，孙逢春，刘鹏．电动汽车原理与应用技术［M］. 北京：机械工业出版社，2014.

[11] 赵立军，佟钦智．电动汽车结构与原理［M］. 北京：北京大学出版社，2012.

[12] 王震坡，孙逢春．电动车辆动力电池系统及应用技术［M］. 北京：机械工业出版社，2013.

[13] 梅尔达德，爱赛尼，高义民，等．现代电动汽车、混合动力电动汽车和燃料电池车：基本原理、理论和设计［M］．倪光正，倪培宏，熊素铭，译．2 版．北京：机械工业出版社，2014.

[14] 章桐，贾永轩．电动汽车技术革命［M］. 北京：机械工业出版社，2010.

[15] 哈代．电动汽车实用技术（双语版）［M］. 徐永，杨斐翡，译．北京：机械工业出版社，2013.

[16] 侯赛因．纯电动及混合动力汽车设计基础［M］. 林程，译．第 2 版．北京：机械工业出版社，2014.

[17] 杨世春，徐斌，姬芬竹．电动汽车设计基础［M］．北京：国防工业出版社，2013.
[18] CHRIS M. 车辆能量管理：建模、控制与优化［M］．张希，米春亭，译．北京：机械工业出版社，2013.
[19] 王菊，郑贺悦，尤可为．燃料电池汽车技术政策研究［M］．北京：北京理工大学出版社，2013.
[20] 李红辉，墨柯．新能源汽车及锂离子动力电池产业研究［M］．北京：中国经济出版社，2013.
[21] 吴锋，杨汉西．绿色二次电池新体系与研究方法［M］．北京：科学出版社，2009.
[22] 杜发荣，吴志新．电动汽车传动系统参数设计和续驶里程研究［J］．农业机械学报，2006，37（11）：426-428.
[23] 李国良，初亮，鲁和安．电动汽车续驶里程的影响因素［J］．吉林工业大学学报（自然科学版），2000，30（3）：20-24.
[24] 陈勇，孙逢春．电动汽车续驶里程及其影响因素的研究［J］．北京理工大学学报，2001，21（5）：578-582.
[25] 徐贵宝，王震坡，张承宁．电动汽车续驶里程能量计算和影响因素分析［J］．车辆与动力技术，2005，98（2）：53-56，61.
[26] 温旭辉．电动汽车电机驱动技术现状与发展综述［J］．电力电子技术，2013（2）：5-9.
[27] 何洪文，余晓江，孙逢春．电动汽车电机驱动系统动力特性分析［J］．中国电机工程学报，2006，26（6）：136-140.
[28] 于瀛霄．插电式混合动力汽车动力总成参数匹配及控制策略研究［D］．沈阳：辽宁工业大学，2014.
[29] 李斌花．纯电动汽车电机驱动系统控制策略研究［D］．长沙：湖南大学，2005.
[30] 陈安红．电动汽车电机驱动控制系统研究［D］．西安：长安大学，2006.
[31] 刘晴．纯电动汽车动力系统的电磁兼容性分析与评估［D］．南京：南京航空航天大学，2013.
[32] 李婧．电动汽车用 3.3 kW 软开关车载充电机仿真研究［D］．北京：北京交通大学，2011.
[33] 王嘉悦．电动汽车有源在线绝缘监测装置的研究与开发［D］．北京：北京交通大学，2011.
[34] 徐超．汽车电子的电磁兼容性研究［D］．上海：上海交通大学，2012.
[35] 颜俊平．汽车电子电磁环境（辐射及抗扰）模拟研究［D］．南京：南京航空航天大学，2012.

[36] 于文婷 . 人体在电动汽车电磁环境中的人身安全性研究［D］. 南京：南京航空航天大学，2012.
[37] 张新磊 . 电动汽车总体设计及性能仿真优化［D］. 哈尔滨：哈尔滨工业大学，2010.
[38] 杨文兴 . 纯电动汽车动力系统匹配设计与仿真研究［D］. 兰州：兰州理工大学，2014.
[39] 诸葛晓宇 . 电动汽车车身造型设计研究［D］. 武汉：武汉理工大学，2013.